पेंगुइन बुक्स

देवलोक : देवदत्त पट्टनायक के संग - 3

देवदत्त पट्टनायक आधुनिक समय में पौराणिक गाथाओं की प्रासंगिकता के बारे में लिखते हैं, चित्रांकन करते हैं और व्याख्यान देते हैं। उन्होंने 1996 से अब तक 30 से अधिक पुस्तकें और 600 से अधिक लेख लिखे हैं कि कैसे गाथाएँ, प्रतीक चिन्ह और अनुष्ठान पूरी दुनिया में प्राचीन और आधुनिक संस्कृतियों की व्यक्तिपरक सच्चाई (मिथकों) का निर्माण करते हैं। वे कॉर्पोरेट संगठनों को नेतृत्व एवं शासन-प्रणाली पर, तथा टीवी चैनल्स को माइथोलॉजी पर आधारित सीरियल हेतु परामर्श देते है।

उनके बारे में अधिक जानकारी के लिए www.devdutt.com पर जाएँ।

पेंगुइन द्वारा प्रकाशित
लेखक की अन्य किताबें :

देवलोक : देवदत्त पट्टनायक के संग

देवलोक : देवदत्त पट्टनायक के संग 2

मिथक

जय

सीता

राम की गाथा

देवलोक

देवदत्त पट्टनायक के संग

3

epic

पेंगुइन बुक्स
पेंगुइन रैंडम हाउस इम्प्रिंट

पेंगुइन बुक्स

यूएसए | कनाडा | यूके | आयरलैंड | ऑस्ट्रेलिया
न्यू ज़ीलैंड | भारत | दक्षिण अफ्रीका | चीन

पेंगुइन बुक्स, पेंगुइन रैंडम हाउस ग्रुप ऑफ़ कम्पनीज़ का हिस्सा है,
जिसका पता global.penguinrandomhouse.com पर मिलेगा

पेंगुइन रैंडम हाउस इंडिया प्रा. लि.,
चौथी मंजिल, कैपिटल टावर -1, एम जी रोड,
गुड़गांव 122 002, हरियाणा, भारत

पेंगुइन
रैंडम हाउस
इंडिया

प्रथम अंग्रेज़ी संस्करण पेंगुइन रैंडम हाउस इंडिया प्रा. लि. द्वारा 2018 में प्रकाशित
प्रथम हिन्दी संस्करण पेंगुइन बुक्स द्वारा 2018 में प्रकाशित
यह हिन्दी संस्करण पेंगुइन रैंडम हाउस द्वारा 2021 में प्रकाशित

10 9 8 7 6 5 4 3 2

ISBN 9780143445517

रूपांतरण : रचना भोला 'यामिनी'

मुद्रकः रेप्रो इंडिया लिमिटेड

www.penguin.co.in

FSC
www.fsc.org
MIX
Paper from
responsible sources
FSC® C047271

अनुक्रम

लेखक की ओर से कुछ टिप्पणियाँ

- यह पौराणिक कथाओं के बारे में बातचीत का एक संग्रह है जो इस नाम के टेलिविज़न शो पर आधारित है।
- यहाँ की गई चर्चा तथ्यपूर्ण हो, यह ज़रूरी नहीं - आप इसे बेहतर समझने के लिए अपने गुरु से सलाह ले सकते हैं।
- यहाँ पौराणिक कहानियों को सरलता से बताया गया है जो हमारे शास्त्रों और लोक कथाओं में मिलती हैं।
- कोशिश की गई है कि कहानियों का मर्म न बदले और इन्हें पढ़कर पाठक इनमें छिपे तत्त्वज्ञान को समझने की कोशिश करें।
- जो मैंने यहाँ दिया है वो एक आत्मपरक सच है, मेरा सच, जो कई प्रकार के सत्य में से एक है, क्योंकि -

अनंत पुराणों में छिपा है सनातन सत्य,
इसे पूर्णतः किसने देखा है?
वरुण के हैं नयन हज़ार,
इंद्र के सौ,
आपके मेरे केवल दो।

परिभाषाएँ

पश्चिमी चिंतन प्रक्रिया के आदी लोगों के लिए हिंदू विश्वदृष्टि चौंकाने वाली हो सकती है, अगर हम अंग्रेज़ी शब्द मिथ (जिसके लिए हिंदी में 'मिथक' शब्द चलन में है) की पुरानी परिभाषाओं ('अतार्किक, अविवेकपूर्ण, असत्य') को चुनौती नहीं दें और इसके लिए नई परिभाषा ('कथाओं, प्रतीकों और अनुष्ठानों में व्यक्त आत्मपरक सत्य, जो भारतीय या पश्चिमी, प्राचीन या आधुनिक, धार्मिक या धर्मनिरपेक्ष सभी संस्कृतियों को गढ़ता है') नहीं पेश करें। आत्मपरक सत्य के लिए संस्कृत शब्द 'मिथ्या' है - जो वस्तुगत सत्य का विपरीत नहीं बल्कि सत्य की (जो असीम है) एक सीमित अभिव्यक्ति है।

हिंदी अनुवाद में, इन सीमाओं को दृष्टि में रखते हुए, अंग्रेज़ी के 'मिथ' शब्द के लिए मुख्यतः 'आख्यान' का उपयोग किया जा रहा है।

1

ग्राम देवता

भारत में अनेक देवी-देवताओं के मंदिर हैं और कहा जाता है कि हमारे देश में तैंतीस करोड़ देवी-देवताओं का वास है। छोटे से छोटे ग्राम और कस्बे के भी अपने देवी और देवता होते हैं जो केवल उन्हीं स्थानों पर पूजे जाते हैं। इन्हें हम ग्राम देवता या ग्राम देवी कहते हैं।

मुंबई का नाम मुंबा देवी के नाम पर पड़ा, चंडीगढ़ को अपना नाम चंडी देवी से मिला, कोलकाता का नाम काली देवी के नाम पर रखा गया। इन स्थानों के नामों को देवियों के नामों से क्यों जोड़ा गया?

भारत ग्रामों का देश है और ग्रामों से ही नगर बनते हैं। कहते हैं कि जिस भी स्थान पर मनुष्य की आबादी बसती है, उस स्थान पर पहले से किसी देवी, देवता, गंधर्व, यक्ष व राक्षस का वास होता है। अगर आप उस स्थान पर बसने जा रहे हैं तो आपको उस स्थान की देवी को प्रसन्न करना होगा - जिसे ग्राम देवी कहते हैं। भारत के सभी गाँव ग्राम देवी या ग्राम देवता से संबंध रखते हैं।

मुंबई सात ग्रामों का समूह है और प्रत्येक ग्राम की अपनी एक देवी है जैसे प्रभा देवी, गाम देवी और इनमें से मुंबा देवी सबसे अधिक प्रसिद्ध है। चंडीगढ़ में चंडी देवी और मनसा देवी स्थित हैं। कोलकाता में कालीघाट है। इसी तरह बांग्लादेश के ढाका में, ढाकेश्वरी देवी का मंदिर है।

ऐसा क्यों है कि कुछ स्थानों पर ग्राम देवता की पूजा होती है और कुछ स्थानों पर ग्राम देवी को पूजा जाता है?

यह कोई व्यवस्थित या पूरी तरह से पद्धतिबद्ध ज्ञान नहीं है। किसी भी समूह या दल के मनुष्य या लोगों को अपनी भूख मिटाने के लिए भोजन चाहिए और अपने भय से सुरक्षा पाने का साधन चाहिए। ग्राम देवियों का संबंध प्रायः उर्वरता से जोड़ा जाता है, उस धरती से जोड़ा जाता है जो हमें अन्न देती है - अन्नपूर्णा व गौरी। इन्हें स्थानीय तौर पर आई, अम्मा, बा या अम्मावरु का संबोधन दिया जाता है। ये अन्न की देवी हैं। सुरक्षा के लिए ग्रामों में क्षेत्रपाल होते हैं, वे उस क्षेत्र विशेष के रक्षक हैं। इन्हें वीर या वीरोबा भी कहते हैं। प्रायः इन देवों को बड़ी-बड़ी मूँछों के साथ हाथों में तलवार, भाला या त्रिशूल लिए हुए दिखाया जाता है। इनके साथ एक घोड़ा या कुत्ता रहता है। ये शिकारियों की तरह ग्राम की सीमाओं की रक्षा करते हैं परंतु इसी आधार पर ग्राम देवी और देवता में अंतर नहीं किया जा सकता। ओड़िशा में, ठकुरानी नामक ग्राम देवी होती हैं, इस ग्राम देवी को हाथों में हथियारों सहित दिखाया जाता है। इस देवी का रूप भयंकर है, इसे मातृका भी कहते हैं। नेपाल में और हमारे पूरे देश में युद्ध व उर्वरता की देवियाँ पाई जाती हैं। इनके केश खुले हुए होते हैं। लंबे नाखूनों, बड़े-बड़े दाँतों और लाल नेत्रों वाली देवियों का रूप बड़ा भयावह होता है। इनका वर्णन बहुत रोचक लगता है। ये हाथी पर सवार हो कर आती हैं। इनके बालों में दो तीलियाँ खोंसी हुई दिखती हैं जिनमें आग जल रही है। इनके हाथ में त्रिशूल है जिस पर बिंधा हुआ हाथी दिखाई दे रहा है। कुल मिला कर ये ग्राम देवी और देवताओं के बहुत ही हिंसक व उग्र रूप होते हैं।

अगर आप हिंदू धर्म को देखें तो वेदों में वर्षा के देवता इंद्र, सूर्य व चंद्र को भगवान माना जाता था। जब उपनिषदों का काल आया तो देवताओं का संबंध तत्व ज्ञान की अवधारणाओं से जुड़ने लगा जैसे रचयिता, पालक, विद्या की देवी, धन की देवी आदि। ये मार्गी परंपरा थी जो किसी स्थान या काल से नहीं जुड़ी थी जिसे सनातन कहते हैं। ग्राम देवी और देवता सदा किसी स्थान, नदी, तालाब, पर्वत या कंदरा से जुड़े होते हैं। अगर आप किसी के घर जाएँ तो वे आपको कहेंगे कि उक्त देव उनके ग्राम देवता, कुलदेवता, इष्टदेवता या गृहदेवता हैं और इनमें थोड़ा-थोड़ा अंतर पाया जाता

है। इनके अनेक रूप हुआ करते थे जैसे कई बार ये वानर या सर्प के रूप में भी सामने आते। तमिलनाडु में ग्राम की सीमा के निकट, ग्राम देवताओं के विशाल मंदिर बनाए जाते हैं। राजस्थान में नागनेची माता हैं, गुजरात में आशापुरा माता हैं। दरअसल भारत के प्रत्येक ग्राम में ग्राम देवी या ग्राम देवता पाए जाते हैं।

क्या ये सब लोक कथाओं की देन हैं?

यह उस स्थान की लोक कथाएँ हैं जिन्हें बाद में, कहीं-कहीं पुराणों से जोड़ा गया। आरंभिक समय में, केवल उस स्थान के लोग ही उस देवी या देवता को जानते और पूजते थे परंतु जब वे ग्राम के बाहर भी जाने गए तो उनके तीर्थस्थल बने और स्थानीय कहानियाँ और देव विख्यात हो गए। इस तरह जो केवल देसी था, वह मार्गी हो गया। जो स्थानीय था, वह सनातन हो गया। वेदों में धरती को देवी कहा गया है किंतु आपको वेदों, पुराणों व यहाँ तक कि स्थल पुराण में भी मुंबा देवी का कहीं नामोल्लेख नहीं मिलेगा।

अगर आप मुंबा देवी के मंदिर जाते हैं, तो वे आपको बताएँगे कि देवी दुर्गा का रूप हैं और वे उनके जैसी दिखती भी हैं। वे एक सिंह पर सवार होंगी, उनके हाथ में एक त्रिशूल होगा। यदि आप उनकी कहानी के बारे में पूछें तो वे किसी राक्षस को मारने के बारे में बात करेंगे परंतु वे भी निश्चित तौर पर कुछ नहीं बता पाते। उस क्षेत्र के वासियों के लिए उनकी देवी बहुत महत्त्वपूर्ण हैं। अगर महामारी, बाढ़, अकाल या फ़सल ख़राब होने जैसी कोई भी विकराल समस्या आती है तो यह माना जाता है कि ग्राम देवी उनसे रुष्ट हो गई है।

जब हम ग्राम देवी के मंदिर में जाते हैं तो प्रायः उनकी पूरी मूर्ति के स्थान पर केवल शीश का ही पूजन होता है। यह मान्यता है कि वह ग्राम ही उनका धड़ है। उनके मुख पर नेत्र होंगे और उनका हाथ वरद या अभय मुद्रा में उठा होगा। ये मूर्तियाँ बड़ी अनगढ़ प्रकार की होंगी।

कोलकाता में काली देवी की मूर्ति को ही लें। यह एक बड़ी सी चट्टान पर है जिस पर चाँदी या पीतल के नेत्र, हाथ व जीभ काट कर लगाए गए हैं। तो जब उस स्थान पर नगर, ग्राम या कस्बा बना होगा तो स्थानीय कबीले वालों ने उस स्थान की शक्ति को अनुभव करके, उसे अपने क्षेत्र की

देवी घोषित किया होगा। यह बहुत ही स्थानीय रूप और आकार है। इसका आजकल के तात्विक देवी रूपों जैसे काली या दुर्गा से कोई संबंध नहीं है। धीरे-धीरे, कालांतर में इनका संबंध उनके साथ जुड़ने लगता है।

ठीक इसी प्रकार चेन्नई में तिरुपति देवस्थानम् है, पंढरपुर में विट्ठल का मंदिर है। पुरी में जगन्नाथ मंदिर है। वे सब आज से दो या तीन हज़ार वर्ष पूर्व ग्राम देवता रहे होंगे। वे धीरे-धीरे बड़े मंदिरों में बदलते गए और सारे देश में प्रसिद्ध हो गए। महाराष्ट्र में खंडोबा का नाम बहुत आदर से लिया जाता है। वे मराठों के महत्त्वपूर्ण स्थानीय देव हैं। आंध्र प्रदेश में इन्हें मलण्णा कहते है। और कनार्टक में भी एक बलशाली व वीर देव के रूप में पूजे जाते हैं। वे एक योद्धा थे जिनका विवाह बनाई नामक युवती से हुआ।

बहुत समय पहले की बात है। एक बार खंडोबा अपने मित्र युवकों सहित शिकार को निकले। वे लोग वन में घूमते-घूमते थक गए परंतु उनके हाथ कोई शिकार नहीं लगा। तभी उन्हें एक कुटिया के बाहर एक युवती दिखी। खंडोबा ने उससे पूछा, "देवी! क्या हमें पीने के लिए पानी मिलेगा। हम शिकार खेलते हुए बहुत थक गए हैं और थोड़ा विश्राम करना चाहते हैं।"

उस युवती ने उत्तर दिया, "आप लोगों की दशा बता रही है कि आज आपके भाग्य में शिकार नहीं बदा। मैं आप लोगों के लिए जल लाती हूँ। आप जितनी देर चाहें, इस स्थान पर विश्राम करें।"

खंडोबा के मित्र लौट जाते हैं परंतु उस युवती के मोहपाश में बँधे खंडोबा उस घर में ही सहायक के तौर पर काम करने लगते हैं और इस प्रकार उन्हें कार्य करते-करते एक वर्ष बीत जाता है। बनाई का पिता का स्वभाव सख़्त है और वह सदा रुखाई से पेश आता है।

एक दिन खंडोबा उससे कहते हैं, "स्वामी! आपके पास काम करते हुए पूरा एक वर्ष हुआ पर आपने कभी कोई पारिश्रमिक नहीं दिया।"

"तुम्हें रहने को छत और खाने को भोजन दे तो रहे हैं। और क्या चाहते हो? जाओ, मेरी बकरियों को पानी पिला कर लाओ और वापसी में वन से लकड़ियाँ काट लाना।" उसने कड़े सुर में उत्तर दिया।

खंडोबा कहते हैं, "मैं आपकी पुत्री से विवाह करना चाहता हूँ। वह लज्जा के मारे आपसे कुछ नहीं कहती किंतु वह भी मुझे चाहती है।"

यह सुन कर बनाई का पिता आग-बबूला हो जाता है। वह खंडोबा को फटकार कर वन की ओर रवाना कर देता है और मन ही मन अपने नौकर की धृष्टता का उपहास करते हुए, पुत्री सहित कुटिया में चला जाता है।

कुछ ही समय बाद एक दूसरा नौकर वन की ओर चिल्लाते हुए वापस आता है। "अनर्थ हो गया स्वामी, अनर्थ हो गया। खंडोबा ने आपकी सारी बकरियों को जान से मार दिया।"

बनाई का पिता इस बात पर विश्वास करने को राज़ी नहीं परंतु तभी खंडोबा कुटिया में प्रवेश करता है। उसकी पूरी देह और कुल्हाड़ी खून से लथपथ थे। बनाई का पिता चौंक कर पूछता है कि आख़िर खंडोबा ने ऐसा क्यों किया। वह क्या चाहता है। खंडोबा अपनी बात दोहराते हैं, "मैं आपको बता चुका हूँ कि आपकी पुत्री से विवाह करना चाहता हूँ। यदि आप आशीर्वाद देंगे तो मैं आपको वरदान दूँगा जिससे आप और अधिक संपन्न होंगे।"

"एक ओर मेरी बकरियों का वध करते हो और दूसरी ओर संपन्नता की बात करते हो?" बनाई के पिता ने आश्चर्य से कहा।

"मैंने आपकी बकरियों को मारा ताकि आपको उनका मालिक होने का घमंड न रहे। अगर हमारा विवाह हो गया तो मैं आपकी सारी बकरियों को भी जीवित कर दूँगा और मेरे आशीर्वाद से आपके क्षेत्र की सदा उन्नित होगी। इसी में ही आपकी पुत्री का भी कल्याण व सुख छिपा है।" बनाई के पिता को इस विवाह की स्वीकृति देनी पड़ती है और उनका विवाह हो जाता है।

इस तरह देवता से विवाह करने वाली यह बात बहुत महत्त्व रखती है। संभवत वे इन कहानियों के माध्यम से, यह कहना चाहते होंगे कि विभिन्न कुल या परिवार एक ग्राम में आ कर कैसे बसे। किसी भी स्थान या क्षेत्र के साथ एक ग्राम देवता जुड़ा है और विभिन्न परिवार अपनी कुलदेवी का विवाह उससे कर रहे हैं। यह सब मौखिक परंपरा में ही रहा है इसलिए आपको इस बारे में बहुत अधिक कथाएँ नहीं मिलतीं। तिरुपति देवस्थानम् के बारे में एक बहुत ही रोचक कथा प्रसिद्ध है। वैकुंठ में एक बार भगवान विष्णु विश्राम कर रहे थे और लक्ष्मी उनके चरण दबा रही थीं। तभी महर्षि भृगु ने अपने पैर से उनकी छाती पर प्रहार किया। यह देख कर लक्ष्मी को

बहुत बुरा लगा परंतु विष्णु जी ने इस अपमान को पी लिया और महर्षि से पूछा कि कहीं उनके कोमल पैर को आघात तो नहीं लगा।

लक्ष्मी इस अपमान का प्रतिशोध चाहती थीं परंतु विष्णु के मन में कुछ और था। उनके बीच इस बारे में बहस हुई और वे उनसे रुष्ट हो कर धरती पर आ गईं। वे कोल्हापुर में महालक्ष्मी के रूप में रहने लगीं। विष्णु उनके बिना नहीं रह सके। वे पीछे-पीछे आए तो लक्ष्मी ने बात करने से इंकार कर दिया। विष्णु कहते हैं कि वे भी धरती पर ही रहेंगे और लक्ष्मी को साथ ले कर वापस प्रस्थान करेंगे परंतु उन्हें भू-लोक में रहने के लिए कोई स्थान नहीं मिलता क्योंकि हर ओर देवी और देवताओं का वास था। तब उन्होंने भूपति को बुलाया जो धरती के स्वामी थे, वे वास्तव में वराहरूप में विष्णु ही थे। उन्होंने विष्णु जी से कहा, "प्रभु! यदि आप धरा पर रहना ही चाहते हैं तो आप वहाँ विश्राम करें, जहाँ आपको शेषनाग दिखाई दे।" तिरुपति में ऐसे सात पर्वत शिखर हैं, जो दिखने में शेषनाग के सिरों के समान दिखते हैं। विष्णु ने अपने निवास के लिए वही स्थान चुना। वे उस स्थान पर अकेले थे और उनके भोजन का कोई प्रबंध नहीं था। तब शिव और ब्रह्मा जी गाय और बछड़े का रूप ले कर धरती पर आते हैं ताकि विष्णु जी को दूध दिया जा सके और उनका पोषण हो सके।

यह समाचार स्थानीय राजा तक पहुँचता है तो उसे बहुत गुस्सा आता है कि उसके राज्य की गौ किसी और को दूध कैसे दे सकती है। वह क्रोधित हो कर गाय को पीटता है और यह देख कर विष्णु भी क्रुद्ध हो उठते हैं। वे तो गोपाल हैं, वे गौ माता पर अत्याचार होते हुए कैसे देख सकते थे। राजा और विष्णु के बीच भारी संघर्ष हो जाता है। इस दौरान राजा की पुत्री पद्मावती और विष्णु के बीच प्रेम पनप जाता है। पद्मावती लक्ष्मी का ही रूप हैं। राजा उन दोनों के विवाह के लिए हामी तो भरता है परंतु साथ ही उसकी यह शर्त भी होती है जब तक विष्णु वधू मूल्य यानी दहेज की धनराशि नहीं चुका देते, तब तक उन्हें धरती पर ही रहना होगा।

विष्णु कुबेर से ऋण ले कर विवाह कर लेते हैं। कहते हैं कि आज तक वे अपने विवाह में दिए गए धन के ऋण से उऋण नहीं हो सके इसलिए उनका तिरुपति में वास है। इस तरह विवाह के माध्यम से, विभिन्न समुदायों के लोग ग्राम देवता के साथ एक प्रकार का संबंध स्थापित करते थे। कुछ

ग्राम देवता सदा अविवाहित रहते हैं। वे स्त्रियों से दूर, पर्वतों के शिखरों पर रहते हैं और लोगों की रक्षा का दायित्व संभालते हैं जैसे उत्तर भारत में नाथ पंथ के बाबा बालक नाथ हुए हैं या दक्षिण भारत में अयप्पा भगवान हुए हैं।

देवी का संबंध धरती से क्यों जोड़ा जाता है?

धरती को माता के रूप में देखा जाता है। ग्राम देवी माता का ही एक रूप है। एक ग्राम देवी की पूजा का अनुष्ठान अपने-आप में बहुत हिंसक होता है। भक्त अथवा साधक जलते अंगारों पर चलते हैं, त्रिशूल से अपनी जीभ छेद देते हैं या अपनी चमड़ी में एक हुक लगा कर उस पर झूलते हैं। दरअसल वे इन कष्टों के माध्यम से देवी के प्रति अपनी निष्ठा का प्रदर्शन करना चाहते हैं। मान्यता है कि मनुष्य ने अपने स्वार्थ के लिए देवी माता को सदा कष्ट दिए हैं। वह वृक्षों को काटता है, धरती पर हल जोतता है, धरती पर अपना स्वामित्व जताता है, उसके आसपास चारदीवारी खड़ी करके उसे सीमाओं में बाँधता है और उसे अपने वश में करने का प्रयत्न करता है। देवी को इन बातों से कष्ट होता है परंतु वह सब कुछ सहन करती है क्योंकि वह माता है। वर्ष में एक बार, माता अपना क्रोध प्रकट करती है और हम उससे क्षमा याचना करते हैं। उसकी प्यास बुझाने के लिए उसे अपना रक्त देते हैं। जिस प्रकार मनुष्य के हल जोतने से धरती की देह को कष्ट होता होगा। उसी तरह, उस दिन भक्त अपनी चमड़ी को चीर कर उसका रक्त देवी के नाम अर्पित करते हैं।

इस प्रकार बलि परंपरा को ग्राम देवी के नाम से जोड़ा जाता है। अक्सर कई स्थानों पर ग्राम देवता को बैल या बकरे की बलि दी जाती थी। दशहरे के दिन इसका विशेष विधान रहा है। कहते हैं कि ग्राम देवी प्रतिवर्ष दूध के रूप में फ़सलें देती है परंतु साल में एक बार वह रक्त पान करना चाहती है। यही जीवन का चक्र है। काली रक्त पीती है और गौरी दूध देती है। ग्राम देवता के अनुष्ठानों में हमें इसी जीवन चक्र के दर्शन होते हैं। पूरा वर्ष ग्राम देवी को इतना महत्त्व नहीं दिया जाता परंतु फ़सल की कटाई के बाद, नई फ़सल की बुआई से पहले, ग्राम देवी के नाम से बलि दी जाती है। उसे प्रसन्न किया जाता है ताकि धरती को नए सिरे तैयार किया जा सके।

पशुओं की बलि चढ़ाना तो अब ग़ैरक़ानूनी माना जाता है?

जी, यह ग़ैरक़ानूनी है परंतु अब इस बात को शाब्दिक तौर पर नहीं केवल भाव के रूप में प्रयुक्त करते हैं। नारियल चढ़ाना, कद्दू काटना या मिट्टी की गुड़िया बना कर उसे तोड़ना भी एक प्रकार से बलि ही कहलाता है। इस प्रकार यह पर्यावरणीय चेतना को जाग्रत रखने की एक परंपरा है जिसका निर्वाह सदियों से होता आ रहा है। यह सब इसलिए है ताकि मनुष्य के मन में बोध बना रहे कि उसने देवी को अपने अधीन करके ही अपनी सारी संपदा और वैभव पाया है जिसके लिए वह देवी का आजीवन ऋणी रहेगा।

कालभैरव पूजा नामक अनुष्ठान होता है। वे शिव के रूप माने गए हैं। क्या सभी ग्राम देवता शिव और विष्णु के ही रूप हैं?

हाँ भी और ना भी। इस प्रश्न के दोनों ही उत्तर हो सकते हैं। ग्राम देवता स्थानीय होते हैं। उनमें से कुछ को पौराणिक देवों के साथ जोड़ दिया गया है। जैसे एक कालभैरव हुए हैं और ऐसे ही काला भैरव और गोरा भैरव को भी शिव के साथ जोड़ा जाता है। इस प्रकार वे प्रधान देवों की श्रेणी में आ जाते हैं। स्थानीय देव प्रधान देवों की श्रेणी से जुड़ कर और महत्त्वपूर्ण हो जाते हैं। हम प्रधान देवों के रूप में शिव, विष्णु, शक्ति, राम व कृष्ण को स्थान देते आए हैं।

कुछ समय पूर्व एक मित्र का विवाह हुआ। उन्हें अपनी नई पत्नी के साथ अपने ग्राम जाना पड़ा ताकि वे दोनों उनके कुलदेवता का आशीर्वाद ले सकें। ये कुलदेवता कौन हैं?

कुलदेवता की अवधारणा का ग्राम देवता से निकट संबंध रहा है। ग्राम का संबंध भूगोल और भौतिक स्थान से है। परंतु कुलदेवता, कुल या परिवार से संबंध रखते हैं। वह परिवार अपना ग्राम या स्थान त्याग कर, जहाँ भी जाएगा, कुलदेवता को भी उनके साथ ले जाया जाएगा। सभी कुलों या संप्रदायों के अपने कुलदेवता होते हैं जैसे सारस्वत ब्राह्मण होते हैं जिनकी कुलदेवी शांता दुर्गा हैं। विवाह के बाद नई वधू को कुलदेवता का आशीर्वाद दिलवाने लाया जाता है ताकि कुलदेवता को बताया जा सके कि उक्त कन्या परिवार की सदस्या बनी है और अब उन्हें उसकी भी सुरक्षा का दायित्व लेना होगा।

2

रामायण के संस्करण

कहते हैं कि भारत के कण-कण में राम समाए हैं। भारत के प्रत्येक हिस्से में रामायण केवल एक कथा नहीं बल्कि परंपरा के रूप में जीवित रही है जिसमें मंदिर, संगीत, कला, रंगमंच, कला व भक्त भी शामिल हैं। हमें अपने देश की रामायण परंपरा का अनुभव पाना है। आप हमें मुंबई की रामायण परंपरा की जानकारी दें।

दक्षिण मुंबई में, बाणगंगा नामक तालाब है। कहते हैं कि राम ने इस स्थान पर अपने बाण से धरती में छेद किया जिससे जल की धारा फूटी थी ताकि सभी पेय जल पा सकें। आपको कई स्थानों पर राम, लक्ष्मण और सीता से जुड़े ऐसे कई तालाब, सरोवरों, नालों, कुंडों और गुफाओं का परिचय मिलेगा। महाराष्ट्र में, नासिक स्थान बहुत महत्त्व रखता है। कहते हैं कि राम ने गोदावरी नदी के तट पर, राम कुंड में अपने पिता का श्राद्ध कर्म संपन्न किया था। इस स्थान पर नदी विपरीत दिशा में बहती है। नासिक के निकट ही एक स्थान है, माना जाता है कि उसी स्थान से सीता का अपहरण हुआ। 'नासिक' शब्द, शूर्पणखा की नाक से आया है, जिसे लक्ष्मण ने काट दिया था। संत एकनाथ जी ने मराठी भाषा में 'भावार्थ रामायण' की रचना की। उसका रचना काल अनुमानतः वही था, जब तुलसीदास जी ने अपनी 'रामायण' रची। 'एकनाथ रामायण' में राम को भक्ति के स्वरूप में प्रकट किया गया है। वाल्मीकि की 'रामायण' में वे एक नायक के रूप में प्रकट होते हैं जिसमें वीर रस की प्रधानता है।

कर्नाटक में 'रामायण' की क्या परंपरा है?

इस स्थान पर अनेक रामायणों की रचना की गई, जिनमें से आरंभिक रामायण 'रवेरामायण' कहलाती है। इसी जगह पर पहली एक श्वेत-श्याम फ़िल्म भी बनी, 'सती सुलोचना,' यह फ़िल्म मेघनाद की पत्नी पर आधारित थी जो 'रामायण' में रावण का पुत्र है। उनकी लोक कथाओं में एक बहुत ही रोचक प्रसंग सुनने को मिलता है। कहते हैं कि एक बार शिवजी ने रावण की तपस्या से प्रसन्न हो कर उसे एक फल देते हुए कहा, "मैं तुम्हारे तप से बहुत प्रसन्न हुआ। यह लो, यह फल का प्रसाद अपनी पत्नी को खिला देना। तुम्हें संतान की प्राप्ति होगी।" रावण शिवजी से फल तो ले लेता है परंतु दुविधा में पड़ जाता कि उसे अपनी पत्नी को दे या न दे। जाने क्या सोच कर वह स्वयं ही उसे खा लेता है। वह नहीं जानता था कि शिवजी का वचन वास्तव में सत्य होगा। वह पुरुष होने के बावजूद गर्भ से हो जाता है। जब उसकी बेचैनी बहुत बढ़ जाती है तो वह जोर से छींक मारता है और एक बेटी को जन्म देता है। वह उसे गोद में ले कर आगे की बारे में योजना बना ही रहा था कि उसे एक मुनि मिलते हैं। वे उसे बताते हैं कि वही लड़की आने वाले समय में उसका काल सिद्ध होगी। रावण उसे अपने साथ लंका ले जाने के स्थान पर, पास बहती हुई एक नदी में प्रवाहित कर देता है। मान्यता है कि यही कन्या आगे चल कर सीता के रूप में सामने आती है और रावण की मृत्यु का कारण बनती है। यह राम कथा कहलाती है। 'रामायण' संस्कृत का काव्य है परंतु ये लोक कथाएँ हैं, स्थानीय गाथाएँ। कहानी के प्रमुख पात्र नहीं बदलते किंतु उनमें स्थानीय स्वाद और गंध आ जाते हैं जो उसे एक अनूठा रूप दे देते हैं। लोक परंपरा में रची-बसी कथाओं की यही सबसे बड़ी सुंदरता है। इन कथाओं को कहीं लिखा नहीं गया। ये मौखिक परंपरा से ही, सदियों से चलती आ रही हैं जिनमें आपको शहरी परिष्कृत संस्कृति के स्थान पर एक अनगढ़ और निश्चल ग्राम्य जीवन की झलक मिलती है। यही लोक परंपरा हमें मंदिरों, रामलीला, नाटकों, चित्रों, मूर्तियों और विविध कथाओं में मिलती है।

लक्षद्वीप में इस्लाम धर्म को मानने वाले अनेक मोपला मुसलमान रहते हैं। वे केरल से संबंध रखते हैं। उनके काव्य में 'रामायण' का अंश मिलता है। वे राम को सुलतान कहते हैं और 'रा' को अक्सर 'ला' कहते हैं। उनका

संबंध दक्षिण पूर्व एशिया से भी रहा है। उनका काव्य 'मापलेपट्टु' यानी मोपला का संगीत कहलाता है। इन गीतों में भी 'रामायण' की कहानियों को सुना जा सकता है।

अब यह बताइए कि श्रीलंका में रामायण की क्या परंपरा रही है?

आपको लगता है कि श्रीलंका में किसी जगह पर अशोक वाटिका होगी और रावण का महल भी होगा। कोई नहीं जानता कि उन स्थानों की कोई प्रामाणिकता है या उन्हें केवल पर्यटकों के लिए आकर्षण का केंद्र बनाया गया है। विद्वान भले ही उन पर विश्वास न करें परंतु श्रद्धालु उन्हें उसी दृष्टि से देखते हैं। तमिल परंपरा में सीता का एक मंदिर आता है जिसे सीता माता का मंदिर कहते हैं, श्रीलंका में भी यह परंपरा बहुत सुदृढ़ है।

अन्य दक्षिण पूर्व एशियाई देशों में क्या परंपरा है?

थाईलैंड व अन्य दक्षिण पूर्व एशियाई देशों में रामायण की एक लंबी परंपरा रही है। जिनमें मलेशिया, इंडोनेशिया, बाली, सुमात्रा, जावा, बर्मा, कम्बोडिया व लाओस जैसे देश शामिल हैं। इन स्थानों पर, आज से हज़ारों साल पहले, समुद्री व्यापारियों के माध्यम से 'रामायण' का प्रचार व प्रसार संभव हो सका। थाईलैंड के राजा का संबंध राम से जोड़ा जाता हे। चकरी वंश के राजा स्वयं को रामा प्रथम (1782-1809) व उनके अन्य उत्तराधिकारी क्रमशः रामा द्वितीय (1824-1851) तथा रामा तृतीय (1809-1824) कहलाते थे और उनके राज्य की राजधानी अयुथ्या कहलाती थी। यदि उनसे पूछें तो वे कहेंगे कि राम उनके यहाँ हुए और बाद में वे भारत गए। उनका मानना है कि 'रामायण' उनके यहाँ से है। इस जगह आ कर 'रामायण' और बौद्ध परंपरा का मिश्रण दिखाई देता है। राम राजा हैं और एमरल्ड बुद्ध उनके इष्ट देव हैं। उनके यहाँ 'रामकीयन' नामक राम काव्य भी मिलता है, जिसे स्वयं राजा ने रचा था। दक्षिण पूर्व एशिया में आपको राम की अनेक कथाएँ मिलेंगी परंतु उनमें भक्ति रस का नाम भी नहीं है, वे सभी वीर रस से ओत-प्रोत होंगी।

तमिलनाडु की 'रामायण' परंपरा क्या है?

इसी स्थान पर पहली बार 'रामायण' को स्थानीय भाषा में रचा गया। जिसे 'इरामवतारम' या 'कम्ब की रामायण' का नाम दिया गया। यह आज से लगभग हज़ार वर्ष पूर्व लिखी गई। बौद्ध और जैन परंपरा उत्तर से दक्षिण की ओर आई और भक्ति परंपरा दक्षिण से उत्तर की ओर गई। भक्ति परंपरा एक हज़ार वर्ष प्राचीन है और इसका संबंध 'रामायण' से जोड़ा जाता है क्योंकि इसे पहली बार लोक भाषा में रचा गया। इस 'रामायण' में राम को विष्णु का अवतार माना गया। पहली बार उन्हें एक देव के रूप में स्थापित किया गया। एक लोककथा के अनुसार रावण राम से युद्ध करते हुए भयभीत हो उठता है और लंका वापस जाना चाहता है परंतु जब तक उसके हाथ में धनुष है, वह ऐसा नहीं कर सकता। इसका अर्थ है कि जब तक वह भगवान के सामने घुटने नहीं टेक देता, हथियार नहीं डाल देता। वह युद्ध भूमि से नहीं जा सकता। उसे प्रभु की शरणागति होना ही होगा। इन कथाओं से संदेश मिलता है कि प्रभु जो चाहते हैं, वही होता है। मनुष्य की अपनी मर्ज़ी या इच्छा कोई मायने नहीं रखती। जिस प्रकार उस केवट को ही लें जो यह नहीं जानता कि राम स्वयं भगवान हैं परंतु उसका आतिथ्य राम को इतना भाता है कि वे उसके सारे दुखों का अंत कर देते हैं और उसे स्पर्श मात्र से मोक्ष प्रदान करते हैं। भले ही केवट अपने लिए ऐसा कुछ नहीं चाहता परंतु उसे बिन माँगे सब कुछ मिल जाता है क्योंकि ऐसी प्रभु की इच्छा है। नारायण की इच्छा अवश्य पूरी होती है। उसे कौन टाल सकता है भला? यह कथा श्री वैष्णव परंपरा में आती है।

आंध्र प्रदेश में 'रामायण' की क्या परंपरा रही है?

आंध्र प्रदेश और तमिलनाडु में चमड़े से बनी कठपुतलियों को नचाया जाता है जिन्हें 'रावण छाया' कहते हैं। इनके माध्यम से राम व रावण की कथा सुनाई जाती है। कहते हैं कि जब नाविक अपने जहाजों को दक्षिण पूर्व एशियाई देशों की ओर ले जाते थे तो रात को अपने मनोरंजन के लिए वे पाल के पीछे दीपक रख कर, इन छायाओं से कथाओं का प्रदर्शन किया करते। आंध्र, कर्नाटक और महाराष्ट्र में भी आपको स्त्रियों की रामायणें मिलेंगी। महिलाएँ खाना पकाते हुए, घर की साफ़-सफ़ाई आदि दूसरे काम

करते हुए 'रामायण' के प्रसंग गाती-गुनगुनाती हैं और इन गीतों में आपको एक अलग ही रस मिलेगा। आप इन्हें स्त्री वेदों का नाम दे सकते हैं। इन कहानियों में महिलाओं की ही भावनाओं की प्रधानता है। जैसे जब कौशल्या गर्भ से थीं तो सुबह उठते ही उन्हें कैसी तबीयत महसूस होती थी। जब उन्होंने राम को पहली बार गोद में लिया तो उन्हें क्या अनुभव हुआ। राम को पहली बार स्नान कराते हुए उनके मन में कैसे भाव उमड़े। सीता को पति के साथ वनवास के दौरान किन संकटों का सामना करना पड़ा। उर्मिला के मन की क्या व्यथा रही। शूर्पणखा के मन का संताप और गुस्सा। आपको इन कथाओं में, राम की बड़ी बहन शांता की कहानी भी मिलेगी। ये सभी रामायण प्रसंग मौखिक परंपरा से आते हैं। यदि महिलाएँ इन कहानियों को आने वाली पीढ़ियों को, अपनी पुत्रियों को नहीं सौंपेंगी तो ये कथाएँ विस्मृति के गर्भ में कहीं खो कर रह जाएँगी। मेरा मानना है कि पहली 'रामायण' वही होती है जिसे आप अपने परिवार में, अपनी माँ, नानी या दादी के मुख से सुनते हैं। इन्हीं कथाओं और गीतों के माध्यम से माएँ अपने बच्चों को संस्कार देती हैं। इन्हीं कथाओं के माध्यम से एक माँ अपनी पुत्री को सिखाती है कि सीता की तरह संकट और कष्ट के समय में भी कैसे अपने धैर्य व गरिमा को बनाए रखना चाहिए। इसके साथ ही वे जाने-अनजाने अनेक ऐसे पाठ पढ़ा देती हैं जो बालकों में भारतीय सभ्यता और संस्कृति के प्रति स्नेह का भाव पैदा करते हैं।

ओड़िशा में क्या परंपरा रही है?

पुरी में बलराम दास ने 'दांडी रामायण' की रचना की। प्रारंभ में, 'रामायण' से जुड़ा सारा पूजा-पाठ संस्कृत भाषा में ही होता था। पहले-पहल लोगों ने स्थानीय भाषाओं में रची गई रामायणों को स्वीकार नहीं किया। इस प्रकार 'ओड़िया रामायण' भी सड़कों पर गाई जाती रही। धीरे-धीरे यह इतनी लोकप्रिय हुई कि इसे मंदिर में स्थान दिया गया। स्थानीय 'रामायण' परंपराओं में हमें नई-नई कहानियाँ मिलती हैं जो अपना एक अलग ही स्वाद और रूप रखती हैं।

पश्चिम बंगाल में 'रामायण' की क्या परंपरा रही है?

पश्चिम बंगाल में 'कृत्तिवास की रामायण' रची गई। इस 'रामायण' में आपको बंगाल के भावों की झलक मिलेगी। इसी 'रामायण' में हमें पहली बार राम के राज्य में रहने वाले धोबी की कथा सुनने को मिलती है। इसी में हम लक्ष्मण रेखा की कहानी भी पढ़ते हैं जबकि वाल्मीकि और 'कम्ब रामायण' में लक्ष्मण रेखा का प्रसंग ही नहीं था। लोक कथाओं के कारण 'रामायण' में समय-समय पर परिवर्तन आते रहे और धीरे-धीरे वे उसका एक अविभाज्य अंग बनते गए।

जैसे यहीं हमें तारिणीसेन नामक राक्षस की कथा सुनने को मिलती है। वह एक राम भक्त है। उसके पूरे शरीर पर राम नाम अंकित है। परिस्थितियाँ कुछ ऐसी हैं कि वह राम के हाथों मुक्ति पाना चाहता है। राम उससे कहते हैं कि वे उसे नहीं मार सकते। यदि वे उस पर तीर चलाएँगे तो उनकी ही मृत्यु हो जाएगी क्योंकि राक्षस की सारी देह पर राम नाम अंकित है। तब राक्षण उनसे कहता है कि वे उसके खुले हुए मुख में तीर मार दें क्योंकि उसके भीतर राम नहीं लिखा है। राम ऐसा ही करते हैं और उसे मुक्ति प्राप्त होती है।

इसी प्रकार बंगाल में एक दुर्गा पूजा होती है जिसे वे अकाल बोधन कहते हैं। इसका अर्थ है कि अनुचित समय पर प्रभु की अर्चना करना। नवरात्रि बसंत माह में आती थीं परंतु राम ने इसे शरद माह में किया और देवी से प्रार्थना की कि वह उन्हें रावण को पराजित करने की शक्ति प्रदान करें। राम ने देवी के आगे प्रणाम करते हुए संकल्प लिया, 'मैं आपकी उपासना करते हुए एक हज़ार कमल पुष्प चरणों में अर्पित करूँगा।' राम प्रतिदिन अपने संकल्प के अनुसार पुष्प चढ़ाते हैं। देवी उनकी परीक्षा लेना चाहती है। वह अंतिम पूजन के समय एक कमल का फूल छिपा देती है। लाख खोजबीन करने पर, कहीं से भी कमल का फूल नहीं मिलता जिससे राम अपना संकल्प पूरा कर सकें। राम कहते हैं, 'मैं अपने संकल्प से हटने वालों में से नहीं हूँ। देवी की उपासना पूरी हो गई। मुझे माँ कमलनयन बुलाती थीं। उनका कहना था कि मेरे नयन कमल के समान हैं। मैं उस एक कमल के स्थान पर अपना एक नेत्र ही देवी को अर्पित कर दूँगा।' इतना कह कर, वे ज्यों ही अपना नेत्र बाण से निकालने लगते हैं तो देवी उन्हें वहीं

रोक देती है। इस प्रसंग में आप शाक्त परंपरा का प्रभाव देख सकते हैं। देवी महत्त्वपूर्ण भूमिका में सम्मुख आती हैं। आप तमिलनाडु में भी देवी की भूमिका देख सकते हैं। जब हनुमान लंका जाते हैं तो उनकी भेंट लंकिनी नामक राक्षसी से होती जो लंका नगरी की रक्षिका है। वह उन्हें कहती है कि वह भगवती शक्ति है और उसे शाप मिला था कि उसे राक्षस की नगरी की रक्षा करनी होगी। जब एक वानर नगरी की सीमा में प्रवेश करेगा तो वह शाप से मुक्त हो जाएगी। हनुमान उसे कहते हैं कि वह भयभीत न हो। वे कहते हैं, "मैं अपने अगले जन्म में कम्ब का रूप धारण करूँगा और जब भी 'रामायण' का पाठ होगा तो इसे भगवती को संबोधित किया जाएगा।"

असम में 'रामायण' की क्या परंपरा रही है?

उत्तर पूर्व भारत में कांदली की 'रामायण' का पाठ होता आया है। रघुनाथ महंत का एक संस्करण मिलता है जिसमें सीता अंत में पाताल लोक में जाने के बाद अपने बच्चों को बहुत याद करती हैं। वे वासुकि से कहती हैं कि वे उनके बच्चों लव-कुश को उनके पास ले आएँ। यह 'उत्तर रामायण' का एक विस्तृत संस्करण माना जा सकता है।

नेपाल में क्या कथा प्रचलित है?

नेपाल में जनकपुर है जिसे सीता का जन्मस्थल माना जाता है। उस जगह पर सीता का बड़ा सा भव्य मंदिर है और यहीं जनक की राजधानी भी थी। यह उत्तर बिहार का मिथिला प्रांत है। गया में, लोग श्राद्ध करने जाते हैं क्योंकि उनकी मान्यता है कि उस स्थान पर राम और सीता ने दशरथ का श्राद्ध किया था। यह वही स्थान है जिसका संबंध गौतम बुद्ध से भी रहा है।

बिहार से उत्तर प्रदेश की ओर चलते हैं। इस जगह की 'रामायण' परंपरा की जानकारी दें।

यह गंगा के मैदानी इलाकों में है और यहीं 'रामायण' की सुदीर्घ परंपरा पाई जाती है। यहीं विश्व प्रसिद्ध रामलीला होती है। यह बनारस से आरंभ हुई थी जिसे काशी भी कहते हैं। तुलसीदास ने सोलहवीं सदी में 'रामचरितमानस'

की रचना की। इसे इस तरह लिखा गया कि कथा का नाटक की तरह मंचन किया जा सके जैसे सीता स्वंयवर के दृश्य को ही लें। उसे इस तरह लिखा गया है कि उसका नाटकीय रूपांतरण बहुत ही भव्य और अद्भुत जान पड़ता है जबकि वाल्मीकि की 'रामायण' में ऐसा नहीं था। स्वयंवर का दृश्य मंच पर दिखाया जाता है तो यह बहुत ही सुंदर रूप में सामने आता है।

तुलसीदास जी के विषय में एक बहुत ही रोचक प्रसंग कहा-सुना जाता है। उनका विवाह रतना नामक कन्या से हुआ था। वे उससे इतना प्रेम करते थे कि दिन-रात उन्हें अपनी पत्नी के सिवा कुछ सूझता ही नहीं था। कहते हैं कि कई बार हमारा प्रिय पात्र ही हमें जीवन में आगे जाने का कोई न कोई मार्ग सुझा ही देता है। भले ही उस समय उसकी बात कड़वी जान पड़े परंतु कटु सत्य भी औषधि की तरह लाभदायक हो सकता है।

एक दिन तुलसीदास दूसरे गाँव से लौटे तो पड़ोस की महिला ने बताया कि उनकी पत्नी को अचानक मायके जाना पड़ा। उसके पिता की दशा ठीक नहीं है। वह उनका हाल-चाल ले कर जल्दी ही लौट आएगी। तुलसीदास के विवाह के बाद यह पहला अवसर था कि पत्नी घर में नहीं थी। वह उनका भोजन बना कर रख गई थी। भोजन खा कर बिस्तर पर जा कर लेट गए पर मन में तो रत्ना का ही नाम गूँज रहा था। उस रात भारी तूफ़ान आ रहा था और पत्नी के विरह में तड़पते तुलसीदास सो नहीं पा रहे थे। जब व्याकुलता बहुत बढ़ी तो उन्होंने उसके मायके जाने का निश्चय कर लिया।

उन्होंने आधी रात को अपनी पत्नी के कक्ष का दरवाजा खटखटाया तो वह उन्हें उस भरी बरसात में आया देख प्रसन्न होने की बजाए नाराज़ हो गई। उसने पति को देख कर कहा, "आप असमय मेरे मायके में कैसे आए?"

"रत्ना, मैं तुम्हारे बिना बहुत अकेला हो गया था। इतनी याद आ रही थी इसलिए मिलने चला आया।"

तुलसीदास के शब्दों से उनका स्नेह और तड़प एक साथ झलक रहे थे परंतु रत्ना पर इन शब्दों का कोई प्रभाव नहीं हुआ। उसने उन्हें लताड़ते हुए कहा, "स्वामी! आप आधी रात को इस तरह मेरे दरवाज़े आ कर खड़े हो गए हैं। जब से ब्याह हुआ है। आप एक पल को भी मुझे अकेला नहीं छोड़ते। आपकी वासना कब पूरी होगी?"

तुलसीदास को अपनी पत्नी से सकारात्मक प्रतिक्रिया नहीं मिलती तो वे इन शब्दों से आहत हो कर अपनी पत्नी से कहते हैं, "क्या अपनी पत्नी से प्रेम करना और उससे अपने प्रेम का प्रतिदान पाने की इच्छा रखना अनुचित है?"

"अनुचित तो नहीं किंतु यह प्रेम नहीं केवल दैहिक आकर्षण है। आपने इसी वासना के चलते अपना ज्ञान-ध्यान और लेखन आदि सब त्याग दिया है। अगर आप वास्तव में मुझसे प्रेम करते हैं तो मेरा प्रेम आपको जीवन में आगे ले जाने का माध्यम बनना चाहिए और इस समय आप निरंतर पतन के गर्त में जा रहे हैं।"

वर्षा से तर-ब-तर तुलसीदास पत्नी के इतने कठोर वचनों को सुन कर कहते हैं कि वे भोर होते ही लौट जाएँगे परंतु रत्ना नहीं चाहती कि उसके मायके वाले देखें कि तुलसीदास आधी रात को भेंट करने आए थे। वह उन्हें उसी समय वापस जाने को कहती है। तुलसीदास लौटने लगते हैं तो रत्ना अश्रुपूरित नेत्रों से कहती है, "स्वामी! जितना स्नेह और ध्यान मुझ पर न्यौछावर किया। यदि यही प्रीति प्रभु राम के चरणों में लगाई होती तो अब तक आपका जीवन सफल हो गया होता।"

पत्नी के इन शब्दों को संकल्प की तरह धारण कर तुलसीदास वापस आते हैं और अपनी 'रामायण' की रचना में जुट जाते हैं।

मध्यप्रदेश में, दलितों के बीच एक रामनामी संप्रदाय है। उन्हें मंदिरों में जाने की अनुमति नहीं थी इसलिए उन्होंने भक्ति के इस माध्यम से विद्रोह प्रकट किया। वे अपने सारे शरीर पर राम नाम का गोदना गुदवाए रखते थे। यह सौ-दो सौ वर्ष पुरानी परंपरा रही होगी। वे 'रामचरितमानस' के उस अंश को पढ़ते हैं जिसमें राम समानता की बात करते हैं। उत्तरकांड में पुरुष, स्त्री, किन्नर, पशु व वृक्षों के बीच समानता की बात की गई है क्योंकि वे सभी प्रभु के प्रिय हैं। ये सशक्त विचार राजनीतिक धारा में भी देखे जा रहे हैं।

क्या राजस्थान में भी कोई परंपरा मिलती है?

जी, राजस्थान में लंका चढ़ाई का प्रसंग लोकप्रिय है। लोक परंपरा में, मेवाड़ के जोगी इसे गाते हैं। वे शिव के भक्त हैं, इस्लाम धर्म का पालन

करते हैं और इसके साथ ही लंका चढ़ाई में राम के पराक्रम का वर्णन भी करते हैं।

एक प्रसंग के अनुसार जब राम व लक्ष्मण पहली बार हनुमान से भेंट करते हैं तो उनके बीच युद्ध छिड़ जाता है। हनुमान लक्ष्मण को समूचा निगल जाते हैं। राम के रोष का अंत नहीं रहता। उनके और हनुमान के बीच भयंकर संग्राम हो रहा है और कोई भी पीछे हटने को तैयार नहीं है। ऐसे में भगवान शिव मध्यस्थता करते हैं। वे हनुमान से कहते हैं, "तुम जिन्हें मारने का प्रयत्न कर रहे हो, वे तो स्वयं विष्णु का अवतार हैं।" हनुमान उनसे क्षमायाचना करते हैं और कहते हैं कि वे उनके लिए कुछ भी करने को प्रस्तुत हैं। तब राम कहते हैं कि उनके भाई के प्राण लौटा दिए जाएँ। हनुमान लक्ष्मण को वापस उगल देते हैं। लक्ष्मण को हनुमान की देह में जा कर उनकी शक्ति का अनुमान हो गया है। तो जब हनुमान लक्ष्मण से कुछ भी माँगने को कहते हैं तो लक्ष्मण कहते हैं, "आप हमारे सहायक बन कर साथ रहें। लंका पर आक्रमण के समय आपकी सहायता बहुत काम आएगी।"

क्या 'रामायण' का फ़ारसी भाषा में भी अनुवाद हुआ है?

'रामायण' फ़ारसी भाषा में अकबर के लिए लिखी गई थी क्योंकि फ़ारसी उन दिनों दरबार की भाषा थी। इसे 'रज़्मनामा,' युद्ध की पुस्तक का नाम दिया गया। यह 'रामायण' और 'महाभारत' का फ़ारसी अनुवाद है। इसमें चित्र भी बनाए गए हैं क्योंकि अकबर निरक्षर था। उसे चित्र दिखाने के साथ-साथ कथाएँ पढ़ कर सुनाई जाती थीं।

3

सूर्य देव

भारत में पुरातन काल से ही सूर्य को देवता माना जाता है। सूर्य शक्ति व ऊर्जा का प्रतीक है। भारत के अनेक हिस्सों में सूर्य की उपासना को बहुत अधिक महत्त्व दिया जाता है परंतु भारत में सूर्य की उपासना करना कब से आरंभ हुआ?

सूर्य का वर्णन वेदों में आता है। वेदों में सूर्य को जगत की आत्मा कहा गया है। वेदों की अनेक ऋचाओं में, अनेक स्थानों पर सूर्य देव की स्तुति की गई है। वे वेदों का एक अभिन्न अंग हैं। वास्तव में 'ऋग्वेद' का प्रथम श्लोक ही पुरोहित के विषय में है। 'पुरोहित' का अर्थ है, 'ऐसा व्यक्ति जो पूर्व में विराजता है,' जिसे सूर्य के कारण एक पवित्र दिशा माना जाता है। यह स्वाभाविक सी बात है। जब हम सुबह उठते हैं तो रात्रि के अंधकार के भय को लील कर, सूर्य देवता का प्रकाश हमारा स्वागत करता है। इस प्रकार सूर्योदय को बहुत शुभ, पवित्र और फलदायी माना जाता है। वे ही जगत की उत्पत्ति का अंत व कारण माने जाते हैं। इन्हें आदित्य, मार्तंड, हिरण्यगर्भ, भास्कर, सप्ताश्ववाहन, त्रिलोकेश, रवि व सर्वदेवनमस्कृत आदि नामों से भी जाना जाता है। हमारे शास्त्रों में सूर्य देवता की पूजा और उपासना का बहुत महत्त्व माना गया है।

जब हम सूर्य देव को देखते हैं तो इनका स्वरूप बहुत ही भव्य दिखाई देता है। क्या आप इसके विषय में जानकारी दे सकते हैं?

वैदिक और पौराणिक आख्यानों में सूर्य देव की आकृति को देखें तो उन्हें चार की बजाए दो हाथ वाला दिखाया गया है और उन्होंने अपने दोनों हाथों में कमल के पुष्प पकड़े हुए हैं। वे सात अश्वों वाले रथ पर आसीन होते हैं और माना जाता है कि वे सात अश्व सप्ताह के सातों दिनों का प्रतिनिधित्व करते हैं। यह प्रसंग रोचक है क्योंकि वैदिक काल में सप्ताह में सात दिन की अवधारणा नहीं थी। यह अठारह सौ वर्ष पूर्व आरंभ हुई जबकि हमारे वेद लगभग चार हज़ार वर्ष प्राचीन हैं। तो सूर्य देव के सातों अश्वों को सप्ताह के सात दिनों से जोड़ने का प्रसंग बाद में जुड़ा होगा। माना जाता है कि उनके रथ में सात चक्र हैं जो बारह माह का प्रतिनिधित्व करते हैं। यद्यपि कुछ चित्रों में उनके रथ पर एक विशाल पहिया ही दिखाया जाता है जिसकी बारह तीलियाँ, वर्ष के बारह माह की सूचक मानी जाती हैं। उनका यह भव्य रथ विमान कहलाता है। सूर्य देव रथी हैं और उनका यह रथ आकाश में इस प्रकार गमन करता है मानो कोई विमान उड़ रहा हो।

सूर्य देवता की कितनी पत्नियाँ थीं? विविध प्रसंगों में उनकी संख्या तीन या चार कही गई है। इस बारे में जानकारी दें?

सूर्य देवता को आप रोमानी प्रकृति के देवता भी कह सकते हैं। पौराणिक कथाओं से पूर्व की लोककथाओं में सूर्यमुखी के फूल का नाम आता है। कहते हैं कि सूर्यमुखी का फूल सूर्य को बहुत प्रेम करता था। सूर्यमुखी सदैव अपना मुख सूर्य की ओर किए, उसे स्नेहवश देखती रहती किंतु सूर्य को उसकी ओर देखने या उसके प्रेम का प्रत्युत्तर देने का समय नहीं था। यह एकतरफ़ा प्रेम है और आज भी जारी है। धरती पर सूर्यमुखी तभी खिलती है, जब सूर्योदय होता है। सूर्यास्त होते ही सूर्यमुखी या सूरजमुखी का पुष्प भी मुरझा जाता है।

इसी तरह रात की रानी के पौधे की भी रोचक लोककथा कही-सुनी जाती है। कहते हैं कि पहले यह सुंदर व सुगंधित पौधा स्वर्ग में हुआ करता था। इसे सूर्य से बहुत प्रेम था परंतु सूर्य को इसकी भी कोई परवाह नहीं थी। रात की रानी को अपने प्रेम का प्रतिदान नहीं मिलता तो वह रुष्ट हो

गई और धरती पर आ गई। उसने कहा, "तुमने मेरे प्रेम को नहीं जाना। तुम मेरी सुगंध पाने के भी अधिकारी नहीं रहे। आज के बाद मैं केवल रात्रि में ही सुगंध दूँगी ताकि तुम मेरा स्पर्श तक न कर सको।" तब से आज तक रात की रानी के फूल रात को ही अपनी सुगंध देते हैं और सूर्य के आते ही उसकी सुगंध मंद हो जाती है। इस तरह हमें प्रेम के दो रूप दिख रहे हैं। सूरजमुखी निःस्वार्थ भाव से, बिना किसी शर्त के, सूर्य को अपना प्रेम पात्र बनाए हुए है और रात की रानी का हृदय इतना दुःखी है कि उसने स्वयं को अपने प्रिय से दूर कर लिया है।

अगर हम सूर्य देव की पौराणिक गाथाओं की बात करें तो देवों के शिल्पी विश्वकर्मा का प्रसंग आता है। उनकी एक पुत्री का नाम संज्ञा था। कहीं-कहीं उसे शरण्या भी कहा गया है। संज्ञा का विवाह सूर्य से हुआ। सूर्य के प्रताप और चमक के आगे सब कुछ फ़ीका था। यहाँ तक कि उनकी पत्नी संज्ञा भी उनकी चकाचौंध के चलते, उन्हें सही तरह से देख नहीं पाती थी। सूर्य को भी अपनी चमक के आगे कुछ दिखाई नहीं देता था। सूर्य व संज्ञा ने 'मनु, यम व यमुना' नामक संतानों को जन्म दिया। संज्ञा सूर्य भगवान के तेज़ को सहन नहीं कर पाती थी। उसने उनसे दूर जाने का निश्चय कर लिया परंतु वह अपने स्थान पर अपनी छाया को वहीं छोड़ देती है ताकि किसी को कुछ पता न चल सके। सूर्य को इस घटना का कोई भान नहीं होता कि उनकी पत्नी संज्ञा उन्हें छोड़ कर चली गई और वे उसकी छाया के साथ जीवन बिता रहे हैं। छाया भी उनकी दो संतानों; 'शनि व रेवन्त' को जन्म देती है। पहली पत्नी संज्ञा के बच्चे अपने पिता को बताना चाहते हैं कि छाया उनकी वास्तविक पत्नी नहीं है। वह उनकी माता नहीं है परंतु सूर्य को समझाना इतना सरल नहीं था। इस रहस्य को उजागर करने के लिए यमराज जान-बूझ कर अपनी विमाता से झगड़ा करते हैं। वह क्रोध में आ कर उन्हें शाप देती है कि उनके पैरों में कीड़े पड़ जाएँगे। यह शाप सुन कर सूर्य देव को एहसास होता है कि जो पत्नी उनके साथ रह रही है, वह उन बच्चों की माँ नहीं हो सकती क्योंकि संसार की कोई भी माता अपनी संतान को शाप नहीं देगी। यमराज उन्हें सारी बात बताते हैं और सूर्य देव अपनी पत्नी के संधान में चल देते हैं। पत्नी की खोज में, अपने श्वसुर के घर जाना स्वाभाविक ही था। ज्यों ही संज्ञा को पता चलता है तो वह उस जगह से भी भाग जाती है। सूर्य अपनी पत्नी को मना कर वापस ले जाना

चाहते हैं। संज्ञा उनसे छिपने के लिए एक घोड़ी का रूप धारण करती है तो सूर्य एक घोड़े के रूप में उनके पास चले जाते हैं। वे अपनी पत्नी को मना कर प्रसन्न करते हैं और इस दौरान वे अश्विनी कुमार नामक जुड़वा संतान के माता-पिता बनते हैं। इस प्रकार कह सकते हैं कि सूर्य देव का जीवन नाना प्रकार के प्रसंगों से भरा है।

हम सभी जानते हैं कि कर्ण सूर्य पुत्र हैं। 'महाभारत' और 'रामायण' में, सूर्य देव और किस रूप में आते हैं?

वेदों में सूर्य व इंद्र को प्रधान देवों के रूप में वर्णित किया गया है। हालाँकि इंद्र के नाम अधिक ऋचाएँ रची गईं तो इस विषय में मतभेद है कि इन दोनों में से सर्वाधिक महत्त्वपूर्ण कौन है? परंतु वे दोनों ही आदित्य यानी अदिति के पुत्र हैं। मेघों व सूर्य का संबंध अलग ही रहा है... जब सूर्य का ताप अधिक होता है तो हम सब व्यग्र हो कर मेघों और वर्षा की कामना करते हैं परंतु जब बहुत अधिक वर्षा होने के बाद, सब कुछ गीला, गंदा और सीलन भरा हो जाता है तो हम सूर्य देव को वापस बुलाना चाहते हैं ताकि धूप निकले और जनजीवन सामान्य हो सके। इस तरह सूर्य व इंद्र के बीच एक तनाव सा बना रहता है। जो इनके लिए बुनी गई कहानियों में भी प्रत्यक्षतः झलकता है। पौराणिक समय तक आते-आते, सूर्य और इंद्र का स्थान दूसरे देव लेने लगते हैं। हमें शिव, विष्णु, दुर्गा जैसे अन्य महत्त्वपूर्ण देवी-देवताओं के आख्यान और प्रसंग पढ़ने को मिलते हैं परंतु इंद्र और सूर्य के बीच का तनाव और बैर यूँ ही बना रहता है। 'रामायण' में, सुग्रीव सूर्यपुत्र है जबकि बाली इंद्र का पुत्र है। 'महाभारत' में, कर्ण सूर्यपुत्र है और अर्जुन इंद्र का पुत्र है। इंद्र और सूर्य के बीच का बैर इनके सभी प्रसंगों से झलकता है।

सूर्य के रथ के सारथी कौन हैं?

सूर्य के रथ के सारथी अरुण हैं जिनका अर्थ होता है, 'भोर।' वेदों में इनका अरुण नाम नहीं आता। वहाँ इनका उल्लेख उषा के रूप में किया गया है, ये मादा रूप में वर्णित हैं। पुराण काल तक आते-आते इनका उल्लेख एक नर, अरुण के रूप में होने लगता है। ये पक्षीराज गरुड़ के बड़े भाई हैं। गरुड़ वह पक्षी है जो सदा विष्णु के साथ रहता है। वेदों में सूर्य का संबंध

गरुड़ से जोड़ा गया है। अरुण प्रजापति कश्यप के पुत्र हैं। उनकी माता विनता ने दो अंडे उत्पन्न किए। वे अधीर हो कर उनसे बच्चे पैदा होने की प्रतीक्षा करने लगीं। जब लंबी प्रतीक्षा के बाद भी अंडों से बच्चे नहीं निकले तो वे कुंठित हो गई। उन्होंने एक अंडे पर प्रहार किया जिससे एक ऐसी संतान का जन्म हुआ, जो समय से पहले जन्म ले रही थी। वही अरुण थे। अभी उनके शरीर का केवल ऊपरी हिस्सा ही परिपक्व हुआ था और निचला हिस्सा बनना शेष था। इस तरह यह पता लगाना कठिन था कि संतान के रूप में पुत्र जन्मा है या पुत्री। भोर के समय प्रकाश तो होता है परंतु आप सूर्य को नहीं देख सकते। यह अस्पष्ट रहता है और इसी तरह अरुण की लैंगिकता भी स्पष्ट नहीं हो सकी। वे उषा हैं या अरुण? यह हम भी नहीं जानते। इस पौराणिक कल्पना के आधार पर अरुण पंगु हैं और इनके लिंग के विषय में कोई जानकारी नहीं है। 'रामायण' में इनके बारे में एक कथा कही जाती है। कहते हैं कि अरुण इंद्रसभा में नृत्यरत अप्सराओं का नृत्य देखने की इच्छा रखते थे। जब वे इंद्रसभा के बाहर पहुँचे तो द्वारपालों ने वहीं रोक लिया और बोले, "आप भीतर नहीं जा सकते। इस इंद्र सभा में इंद्र के अतिरिक्त किसी भी अन्य पुरुष का प्रवेश वर्जित है। केवल स्त्रियों को ही इसमें जाने की अनुमति दी जाती है।" अरुण के हृदय में अप्सराओं का नृत्य देखने की इच्छा इतनी बलवती थी कि वे इसके लिए कुछ भी करने को तैयार थे। उन्होंने एक मोहिनी स्त्री का रूप लिया और इंद्र की सभा में प्रवेश कर गए। जब वे मंत्रमुग्ध भाव से नृत्य का आनंद ले रहे थे तो इंद्र की दृष्टि उन पर पड़ी और अपनी सभा में आने वाली उस अज्ञात सुंदरी को देखते ही इंद्र उस पर मोहित हो उठा। इंद्र ने उसके बारे में पता लगाना चाहा, उसे सुंदरी के बारे में कुछ पता नहीं चला परंतु आकर्षण इतना तीव्र था कि वह उसे अपने साथ रमण के लिए बुलाने का लोभ संवरण नहीं कर सका। युवती बने अरुण देवता ने, इंद्र के साथ बहुत सुखदायक समय व्यतीत किया और उन्होंने उसी दौरान बाली नामक संतान को जन्म भी दिया। इसी तरह बहुत समय बीतने पर भी जब अरुण देव वापस नहीं लौटे तो सूर्य को बहुत बुरा लगा। वे लंबे समय से अरुण की अनुपस्थिति को सहन कर रहे थे परंतु अब मामला हद से बाहर हो गया था। अरुण देव वापस आ कर उन्हें इंद्र सभा में जाने और इंद्र के साथ संतान उत्पन्न करने तक की सारी कथा सुनाते हैं तो सूर्य के मन में भी अरुण का स्त्री रूप देखने की

इच्छा जाग्रत होती है। अरुण पुनः स्त्री वेष में आते हैं और इस बार सूर्य देव उन पर मोहित हो उठते हैं। उन दोनों के संसर्ग से सुग्रीव नामक संतान का जन्म होता है।

सूर्य के चित्रों में उन्हें रथ पर सवार दिखाया जाता है। सारथी अरुण देव के हाथ में घोड़ों की कमान है परंतु उनका मुख पीछे की ओर है और वे निरंतर सूर्य देव की उपासना करते रहते हैं। उनके शरीर का केवल ऊपरी हिस्सा ही दिखाया जाता है। कुछ स्थानों पर उन्हें हाथ में धनुष लिए हुए दिखाया जाता है। इसका अर्थ है कि वे अपने बाणों के प्रहार से अंधकार का नाश करते हैं। तो जिस प्रकार इंद्र के वर्षा मेघ अकाल व सूखे को नष्ट कर देते हैं, उसी प्रकार सूर्य अंधकार का नाश कर देते हैं। ये दो आदित्य सूखे और अंधकार के विनाशक हैं और दोनों ही पूज्य हैं।

हमें सूर्य मंदिरों के विषय में जानकारी दें। हम कोणार्क के सुंदर सूर्य मंदिर के बारे में थोड़ा जानते हैं?

एक समय था, जब भारत में अनेक स्थानों पर सूर्य मंदिर हुआ करते थे। आठवीं सदी में, जम्मू और कश्मीर में मार्तंड सूर्य मंदिर था। पंद्रहवीं सदी में, एक मध्य पूर्व के राजा सिकंदर शाहीन ने इसे तुड़वा दिया इसलिए अब केवल इसके अवशेष ही देखे जा सकते हैं। ओड़िशा में कोणार्क का सूर्य मंदिर है, जो अपने निर्माण काल में ही विखंडित हो गया था। कोणार्क सूर्य मंदिर के शिखर पर एक चुंबकीय पत्थर लगा था। गर्भ गृह में स्थित प्रतिमा धरती से सदा ऊपर ही रहती क्योंकि उसके नीचे भी एक चुंबक लगा था और चुंबकीय क्षेत्र में ही प्रतिमा का वास था। कहते हैं कि छत वाले चुंबक को किसी ने चुरा लिया और इस तरह सारा ढाँचा ध्वस्त हो गया। सूर्य मंदिर के नष्ट होने के पीछे यह एक कथा भी कही जाती है। यद्यपि इसके लिए हमें कोई पुष्ट प्रमाण नहीं मिलते। इसके अलावा गुजरात में, मोढेरा में भी सूर्य मंदिर है जिसके केवल अवशेष ही उपलब्ध हैं। एक समय था, जब सूर्य देव के विशाल और भव्य मंदिर बनते थे और उनमें अरुण के नाम से भी प्रकाश स्तंभ लगाया जाता था परंतु अब सूर्य की पूजा के लिए अलग से मंदिर नहीं रहे।

क्या मौजूदा मंदिरों में सूर्य देव की उपासना के लिए स्थान नियत होता है?

नहीं, ऐसा नहीं है। सूर्य देव की पूजा नौ ग्रहों के साथ की जाती है। आंध्र प्रदेश व तमिलनाडु में, सूर्य देव के एकाध मंदिर हैं परंतु वे इतने लोकप्रिय नहीं हैं जितने प्राचीन सूर्य मंदिर हुआ करते थे। कोणार्क मंदिर का आकार अपने-आप में बहुत विशाल था और यह केवल सूर्य देव को ही समर्पित था। अपनी विशालता के कारण ही इसे 'ब्लैक पगोड़ा' भी कहते थे। अब हमारे पास राम व कृष्ण आदि देवों के मंदिर तो हैं परंतु सूर्य देव के मंदिर नहीं बनाए गए हैं। संभवतः वैदिक युग के बाद, सूर्य परंपरा व सूर्य की उपासना से जुड़े लोग विष्णु को पूजने लगे और उनसे अपना संबंध जोड़ लिया। कुछ स्थानों पर सूर्य की प्रतिमा को जूते पहने हुए भी दिखाया गया है। ये मूर्तियाँ कुषाण युग से हैं जो वैदिक और पुराण काल के मध्य में था। लगभग अठारह सौ वर्ष पूर्व, कुषाण गंगा के मैदानी इलाक़ों में स्थित मथुरा के राजा थे। वे मध्य एशियाई थे और जूतों से कज़ाक व तुर्कमेनिस्तान प्रभाव झलकता है परंतु वह प्रभाव अधिक समय तक नहीं रहा क्योंकि उसके बाद हमें सूर्य देव की ऐसी मूर्तियाँ देखने को नहीं मिलतीं।

क्या सूर्य देव के कोई भक्त भी हुए हैं?

अगर सूर्य देव के भक्तों की बात करें तो सबसे पहले साम्ब का नाम आता है। वे भगवान कृष्ण के पुत्र थे। साम्ब दशमी नामक एक त्योहार भी मनाया जाता है जिसमें सूर्य देव की आराधना की जाती है।

साम्ब को एक दिन अपनी पत्नी की ओर से एक पत्र मिला, जिसमें उन्हें एकांत स्थान पर मिलने को कहा गया था। वे अपनी पत्नी के कौतुक का आनंद लेने के लिए उक्त स्थान पर गए तो शीघ्र ही पता चला कि वे जिस युवती को अपनी पत्नी समझ बैठे थे। वह उनके पिता श्री भगवान कृष्ण की पत्नी नंदिनी यानी उनकी विमाता थी। नंदिनी ने ही छल से उन्हें उस एकांत स्थल पर भेंट के लिए बुलवाया था। साम्ब इसका तीव्र विरोध करते हैं और अपनी विमाता को समझाते हैं कि उनके लिए ऐसा सोचना भी अशोभनीय और पाप है। वे नंदिनी से कहते हैं कि उन्हें तुरंत अपने महल में लौट जाना चाहिए।

साम्ब अपनी विमाता के इस छल से खिन्न हो कर लौटने लगते हैं तो वह गिरने का बहाना बना कर, साम्ब से सहायता की याचना करती है। ज्यों ही साम्ब अपनी विमाता का हाथ थाम कर उन्हें सहारा देने लगते हैं। उसी समय कृष्ण उस जगह आ जाते हैं। वे भी उस दृश्य को देख कर वही अनुमान लगाते हैं जो उनके स्थान पर कोई भी दूसरा व्यक्ति लगाता। कृष्ण के आग उगलते नेत्र देख कर साम्ब झट से उनके पास जा कर सारी वस्तुस्थिति समझाने की चेष्टा करते हैं। वे पिता को समझाते हैं कि विमाता ने उनके साथ छल किया। वे अपनी विमाता के साथ ऐसा कोई भी संबंध रखने के बारे में सोच तक नहीं सकते। उनके मन में कोई पाप नहीं है परंतु साम्ब की बातों का कृष्ण पर कोई प्रभाव नहीं होता। वे साम्ब को कोढ़ी होने का श्राप दे देते हैं। तब महर्षि कटक साम्ब की पीड़ा को समझ कर उपाय सुझाते हैं। वे कहते हैं कि केवल सूर्य देव ही साम्ब को उसके त्वचा रोग से रोगमुक्त कर सकते हैं। विज्ञान के अनुसार भी सूर्य का प्रकाश त्वचा के रोगों को दूर करने में सहायक होता है। इसमें विटामिन डी पाया जाता है जो त्वचा के लिए आरोग्यकारी होता है।

साम्ब ने चंद्रभागा नदी के सागर संगम पर, कोणार्क में बारह वर्ष तक सूर्य देव के लिए तप किया और सर्वरोगविनाशक सूर्य देव ने प्रसन्न हो कर साम्ब को रोगमुक्त कर दिया। कहते हैं कि साम्ब ने ही उस स्थान पर सूर्य देव के मंदिर निर्माण का संकल्प पूरा किया था।

नवग्रहों में सूर्य की क्या भूमिका है?

ज्योतिष शास्त्र में सूर्य प्रधान देवता के रूप में आसीन हैं। उनके आसपास ही चंद्र तथा अन्य ग्रह विराजमान हैं। उनकी पत्नियाँ सितारे, उनके पीछे उपस्थित रहते हैं। जब आप सूर्य देव का पूजन करते हैं तो उसके साथ ही अन्य ग्रहों का पूजन भी हो जाता है क्योंकि सूर्य देव सभी ग्रहों के प्रमुख देव हैं।

क्या सूर्य नमस्कार का माइथोलॉजी से कोई संबंध है?

यह मान्यता है कि सूर्य नमस्कार का संबंध हनुमान से है। हनुमान सूर्य देवता के शिष्य थे। अपने गुरु से शिक्षा प्राप्त करने के उपरांत, हनुमान ने

सूर्य देव को दीक्षा देने के लिए सूर्य नमस्कार की रचना की। योग सदा पूर्व की ओर मुख करके किया जाता है। किसी भी महत्त्वपूर्ण कार्य को करने के लिए पूर्व दिशा को श्रेष्ठ व शुभ माना गया है। हमारे सभी ऋषि-मुनि सुबह जल्दी उठ कर, पूर्व की ओर मुख कर, अपनी पूजा व उपासना करते आए हैं और इसके साथ ही सूर्य को जल देने की परंपरा भी रही है। पूर्व दिशा का विशेष महत्त्व माना जाता है।

तभी भारत में हम कहते हैं कि बायाँ वाम है, परंतु दायाँ दक्षिण है। ऐसा इसलिए है क्योंकि जब आपका मुख पूर्व की ओर होता है तो दक्षिण आपके दायीं ओर, पूर्व आगे की ओर तथा पश्चिम पीछे की ओर होता है।

4

राधा

जब कृष्ण का नाम लेते हैं तो वह राधा के बिना अधूरा लगता है। राधा का नाम कृष्ण के साथ सदा लिया जाता रहा है। ये राधा कौन हैं? वे कृष्ण प्रिया क्यों कहलाती हैं?

जब भी हम राधा और कृष्ण की बात करते हैं तो यह प्रेम का क्षेत्र है। हमारे योगियों व ऋषियों ने राधा और कृष्ण के माध्यम से प्रेम जैसे विषय का विस्तृत वर्णन किया। भारत में देवी-देवताओं को सदा जोड़ों, नर व मादा के रूप में चित्रित किया जाता रहा है - शिव-शक्ति, विष्णु-लक्ष्मी व राधा-कृष्ण। ये सभी रूप विविध भावों तथा विचारों को प्रकट करते हैं। यदि हम राम व सीता का संबंध देखें तो उसमें हमें पति-पत्नी के संबंध की गरिमा व मर्यादा के दर्शन होते हैं। राम-सीता की जोड़ी आदर्श स्वरूप है। विष्णु व लक्ष्मी की युगल जोड़ी को देखें तो विष्णु निरंतर नाना उपायों से लक्ष्मी को प्रसन्न करने में लगे रहते हैं। वे उनकी देख-रेख करते हैं और ऐसा करने के लिए वे कई अवतार लेते हैं। उनके अधिकतर अवतारों में वे लक्ष्मी की सहायता करते हैं और उन्हें विपदा से उबार लेते हैं। यह एक अलग तरह का भाव है। लक्ष्मी की प्रत्येक समस्या का हल विष्णु के पास है क्योंकि विष्णु को गोपाल माना गया है और लक्ष्मी गोमाता हैं। गोपाल सदा गोमाता की रक्षा करता है। उनका संबंध यही है। इसी तरह शिव व शक्ति के संबंध को देखें तो शिव बैरागी हैं जो एकांतसेवन करते हैं। शक्ति उन्हें गृहस्थ

जीवन में ला कर संसारी बनाती हैं और वे अपने तपस्वी रूप को त्याग कर गृहस्थी की बागडोर संभालते हैं। इन संबंधों के माध्यम से दांपत्य जीवन के अलग-अलग भाव उकेरे गए परंतु जब राधा व कृष्ण की बात आती है तो हम प्रेम और काम के अंतर को समझा रहे हैं। उनके प्रेम की कथाओं में हमें प्रेम के सच्चे और विशुद्ध स्वरूप के दर्शन होते हैं। राधा व कृष्ण का संबंध प्रेम के पावन रूप का उदाहरण है और इन्हीं के संबंध से जुड़े प्रसंगों से हमें प्रेम की विस्तृत व्याख्या मिलती है। यही कारण है कि राधा व कृष्ण का नाम सदा एक साथ लिया जाता है। यदि श्री कृष्ण देह हैं तो राधा उनकी आत्मा हैं। वे कृष्ण की प्रेयसी व जाग्रत चेतना हैं। प्रेम जैसे विषय पर कुछ लिखना इतना सरल नहीं होता क्योंकि यह एक अमूर्त विषय है। इसे दर्शाने के लिए ही राधा व कृष्ण के प्रेम-प्रसंगों का आश्रय लिया गया। जिनमें हमें प्रेम के एक नए ही आयाम व स्वरूप के दर्शन होते हैं।

राधा का यह नाम कैसे पड़ा? इसका अर्थ क्या है?

संभवतः राधा का नाम 'आराधना' शब्द से आया है। आराधना में ही राधा छिपी है। प्रभु की आराधना में ही राधा छिपी हुई है। आराधना का अर्थ है, किसी से प्रेम करना, उसे पूजना, उसका उत्सव मनाना। हालांकि हम सौ प्रतिशत रूप से इसी तथ्य को सत्य नहीं मान सकते कि आराधना शब्द से ही राधा का नाम आया है।

जब हम पहली बार कृष्ण के बारे में सुनते हैं तो क्या राधा का उल्लेख भी वहीं से आता है?

हमारा इतिहास बहुत प्राचीन है। हमारे चार हज़ार वर्ष पुराने वेदों में राधा व कृष्ण का नामोल्लेख नहीं है। उपनिषदों में कृष्ण और देवकी का प्रसंग मिलता है परंतु क्या वे वही मथुरा वासी कृष्ण ही हैं, इस विषय में हम पक्के तौर पर नहीं कह सकते। 'महाभारत' नामक महाकाव्य आज से लगभग दो हज़ार वर्ष पूर्व लिखा गया, और वहीं हमें पहली बार कृष्ण के बारे में पता चलता है। इस जगह हम कृष्ण और कुरु वंश के साथ उनके संबंध के बारे में जानते हैं। इस जगह उन्हें एक ग्वाले के रूप में नहीं दर्शाया गया। लगभग सोलह सौ वर्ष पूर्व, 'हरिवंश' नामक महाकाव्य की रचना हुई, जिसमें पहली

बार कृष्ण के बाल्यकाल का वर्णन करते हुए, उन्हें ग्वाले के रूप में दिखाया गया। 'महाभारत' में केवल एक प्रसंग में कृष्ण को गोपाल कहा गया, जब शिशुपाल को परास्त किया जाता है तो उस समय यह बात उठती है। दसवीं सदी के 'भागवत् पुराण' में, कृष्ण गोपियों के साथ नाचते-गाते व रासलीला करते दिखाई देते हैं। इसी ग्रंथ में हमें पहली बार रासलीला का वर्णन मिलता है परंतु इसमें भी कहीं राधा का नाम नहीं आता। राधा सर्वप्रथम प्राकृत काव्य में प्रकट होती हैं। हाल नामक कवि ने सामान्य लोकजीवन को चित्रित करते हुए 'गाथासप्तशती' की रचना की जिसमें सात सौ गाथाओं का समावेश है, इसमें ही राधा व कृष्ण के प्रेम का वर्णन मिलता है। इस ग्रंथ में करुणा, विरह व हास्य आदि भाव तो हैं परंतु इसमें शृंगार रस की प्रधानता है। इस स्थान पर श्री कृष्ण कोई देवता नहीं बल्कि गोपाल हैं। गोधूलि के समय गौओं के खुरों से उड़ने वाली धूल का एक कण राधा रानी की आँख में जा गिरता है और कृष्ण जिस नेह और कोमलता से उसे राधा की आँख से निकालते दिखाई देते हैं, वहीं से सारी गोपियों को अनुमान हो जाता है कि राधा कृष्ण की प्रिया हैं। इसे पश्चात् संस्कृत में 'गीतगोविंद' आता है और राधा अपने भव्य और विशाल रूप में प्रकट होती हैं। वे प्रधान पात्र बन जाती हैं। राधा व कृष्ण का प्रसंग हमें प्रेम और काम का अंतर समझाता है। प्रेम और काम में क्या अंतर है? ये क्या हैं? अगर ध्यान से देखें तो कृष्ण व कामदेव के बीच अनेक समानताएँ दिखती हैं। कृष्ण को मनमोहन और मदनरूप कहते हैं परंतु वे कामदेव नहीं है। तो कृष्ण और कामदेव में क्या अंतर है। यह वही अंतर है जो आपको राधा व रति में मिलेगा। जब हम कामवासना की बात करते हैं, तो उसमें कहा जाता है, 'मैं भोग लेता हूँ, मैं आनंद उठा रहा हूँ।' जबकि प्रेम में कहते हैं, 'मैं भोग देता हूँ। मैं आनंद दे रहा हूँ।' वर्तमान समाज से उदाहरण लेना हो तो आप बॉलीवुड की फ़िल्मों में नायिका के पीछे चक्कर लगाते हुए नायक को देख सकते हैं, जो किसी भी दशा में उसे पा लेना चाहता है। वह केवल अपने बारे में सोच रहा है। वह उस नायिका को नहीं बल्कि अपने-आप को देख रहा है। अपने सुख की चाहना कर रहा है और यह प्रेम क़तई नहीं कहा जा सकता। यह भाव दर्शाता है कि उसे अपनी क्षुधा शांत करनी है। उसे इस बात से अंतर नहीं पड़ता कि उसका प्रिय पात्र उसके बारे में क्या सोचता है। उसे लगता है कि नायिका उसके उपभोग के लिए बनी है। क्या नायिका भी उससे यही चाहती

है, वह इस बारे में विचार तक नहीं करता। वहीं दूसरी ओर कृष्ण राधा के प्रेम में, उसे अपना भोग देते हैं और इसी प्रक्रिया में स्वयं देवत्व पा लेते हैं। यहाँ प्रश्न यह नहीं कि भोग अच्छा है अथवा बुरा। हमें यह देखना है कि कौन किसे क्या दे रहा है। कौन दर्शन कर रहा है? जब तक हम इस अवधारणा को नहीं समझेंगे, तब तक हम राधा और कृष्ण को नहीं समझ सकते। राधा और कृष्ण का प्रेम दिव्य भाव की पराकाष्ठा है।

आपने भी एक हिंदी फ़िल्म का गीत सुना होगा... 'वो करें तो रासलीला, मैं करूँ तो करेक्टर ढीला...' इस तरह के प्रसंग से यह लगता है कि कृष्ण भोग ले रहे हैं। जब कोई व्यक्ति भोग लेता है तो वह कामवासना के चंगुल में उलझ जाता हे। कृष्ण का कामवासना से कोई संबंध नहीं है। वे राधाजी के साथ लीला रचाते हैं और स्वयं को निष्काम भाव से प्रस्तुत करते हैं। शिवजी ने अपने तीसरे नेत्र से कामदेव को इसलिए भस्म किया था क्योंकि वह प्रेम को नहीं समझता। उसे देह से इतर कोई भाषा समझ नहीं आती। जब हम दूसरे को निःस्वार्थ भाव से समर्पित हों, अपने सुख से पहले, उसके सुख को जानें; तब वह प्रेम कहलाता है। रासलीला के दौरान कृष्ण अपनी क्षुधा शांत नहीं कर रहे। वे तो देवता हैं, उनके भीतर ऐसा कोई भाव नहीं है। वे मानव के रूप में धरती पर आए हैं और दूसरों की क्षुधा शांत कर रहे हैं। वे दूसरों को उनके सौंदर्य का भान करा रहे हैं। उनकी प्रेरणा का स्रोत बन रहे हैं। इस स्थान पर यही संबंध दर्शाया गया है। जब राधा कृष्ण के जीवन में आती हैं, तो वे प्रकृति की बात करती हैं, वे उन्हें कहती हैं कि उनके प्रति भी कृष्ण का कर्तव्य बनता है। 'गीतगोविंद' में लास्यमयी राधिका कृष्ण से कहती हैं कि वे उनका आभूषणों से शृंगार करें। यहाँ उनके स्वर में एक अधिकार, एक माँग झलकती है। इस जगह कृष्ण कोई भगवान नहीं; राधिका के प्रेमी हैं और राधा एक मुग्धा नायिका की भाँति व्यवहार करती हैं। इसी ग्रंथ में एक जगह वर्णन आता है, जिसमें कृष्ण उनके चरण स्पर्श कर रहे हैं। वे राधा से कहते हैं कि वे उनके चरणों पर अपने शीश पर धारण करना चाहते हैं क्योंकि राधा को अपना भोग देने में, राधा के सम्मुख आत्मसमर्पण करने में ही उन्होंने अपने देवत्व की उपलब्धि पाई है। वे प्रभु हो गए हैं। उन्होंने राधा की सेवा में अपना दिव्य भाव पाया है।

क्या राधा कृष्ण से आयु में बड़ी थीं?

राधा कवि के मन की कल्पना हैं। कवि जिस प्रेम की बात कर रहा है। उसे किसी सीमा में नहीं बाँधा जा सकता। इस प्रकार राधा व कृष्ण का प्रेम नीति, रीति व नियमों से परे है। कुछ प्रसंगों में यह दिखाया जाता है कि वे कृष्ण से आयु में बड़ी हैं। कुछ प्रसंगों में वे कृष्ण को अपनी गोद में लिए दिखती हैं तो कुछ प्रसंगों में कृष्ण एक किशोर के रूप में चित्रित हैं। इस प्रेम भाव को दर्शाने के लिए नियमों का निरंतर उल्लंघन किया जा रहा है। कुछ प्रसंगों में कहा जाता है कि राधा विवाहिता थीं। कुछ स्थानों पर कहा गया है कि रिश्ते में उनकी मामी लगती थीं या फिर उनका कृष्ण से ऐसा ही कोई नाता था। मूलभूत रूप से सामाजिक नियमों को तोड़ा जा रहा है। संभवतः यह प्रवृत्ति तंत्र परंपरा से आई हो, जिसमें हर प्रकार के नियम का निषेध किया जाता है। हर नियम को भंग किया जाता है। यदि हम राम और सीता के संबंध को देखें तो वे नियमों की चारीदीवारी के भीतर अपने संबंध को पोषित करते दिखते हैं। उनके जीवन के किसी भी प्रसंग में, वे अपनी मर्यादाओं और सामाजिक नियमों से परे जाते नहीं दिखते क्योंकि उन्हें समाज में मर्यादा की स्थापना करनी है। वे मर्यादापुरुषोत्तम हैं। वहीं दूसरी ओर कृष्ण सारे नियम तोड़ते हुए, अपने इस अद्भुत और विचित्र प्रेम संबंध को पोषित करते हैं।

राधा और कृष्ण का विवाह नहीं होता किंतु कृष्ण की आठ पत्नियाँ थीं। तो उन्होंने राधा को अपनी जीवन संगिनी क्यों नहीं बनाया?

उन्होंने राधा को अपनी पत्नी बनाया या नहीं, यह चर्चा का विषय रहा है और इस विषय में ज्ञानी और भक्तगण में मतभेद रहा है। दो परंपराएँ हैं - स्वकीयपरंपरा व परकीयपरंपरा। स्वकीयपरंपरा में गोलोक में राधा व कृष्ण का विवाह होता है और यह प्रसंग 'ब्रह्मवैवर्तपुराण' में मिलता है। परकीयपरंपरा में इन दोनों का विवाह नहीं होता। वे अन्य युवक और युवती से विवाह करते हैं। इस तरह यह दिखाया जाता है कि उनका प्रेम विशुद्ध था और उसका विवाह से कोई संबंध नहीं है। राम-सीता और शिव-शक्ति का प्रेम विवाह की संस्था से जुड़ता है परंतु राधा और कृष्ण के संबंध में विवाह नामक संस्था की अनिवार्यता नहीं है। भक्त गण अपनी श्रद्धा के अनुसार मान कर चलते हैं कि उनके आराध्य प्रभु कृष्ण और राधिका रानी का विवाह हुआ था या

फिर नहीं हुआ था। कुछ भक्त इसे विशुद्ध प्रेम का स्वरूप कहते हैं। पुराणों के अनुसार कृष्ण राधा से विवाह नहीं करते और जब वे मथुरा से द्वारिका चले जाते हैं तो उनके आठ विवाह होते हैं। उनकी आठों पत्नियों के नाम हैं - सत्यभामा, रुक्मिणी, लक्ष्मणा, भद्रा, सत्या, कालिंदी, जांबवती, मित्रवृंदा। वे पत्नियाँ उनके जीवन की विभिन्न परिस्थितियों की देन हैं जैसे सुभद्रा को अपहरण करके लाया गया है। यहाँ वे एक पति के कर्तव्यों, नियमों और विधानों से बँधे हैं। वे एक प्रेमी नहीं, पति की भूमिका में हैं। यह सब संस्कृति की सीमाओं के भीतर है। ये कृष्ण बांसुरी नहीं बजाते। राधा के कृष्ण बांसुरी बजाते थे, रुक्मिणी के पति कृष्ण बांसुरी नहीं बजाते। वे अपने जीवन के उस दौर को पीछे छोड़ आए हैं। उन्होंने मधुबन में जो जीवन जिया, मथुरा आने के बाद वे उसके विषय में बात नहीं करते।

राधा व कृष्ण अभिन्न हैं। जब वे मधुबन में थे तो श्रीकृष्ण के सखा, सखियाँ और राधा रानी मिल कर रासलीला रचाते। आँख-मिचौनी का खेल खेलते। कान्हा गोल घेरे में खड़े रहते और उनके आसपास मुरली की धुन पर थिरकती गोपियों का दृश्य मन मोह लेता। गोपियाँ मन ही मन जान गई थीं कि भले ही कान्हा सबके साथ एक सा व्यवहार करते हों परंतु राधिका उनकी प्रिया थीं। जब वे सदा के लिए मधुबन और वृंदावन को त्याग कर मथुरा जाने लगते हैं तो राधिका लाख चाहने पर भी अपनी पीड़ा और दुःख छिपा नहीं पातीं। वे कृष्ण को उलाहना देती हैं कि उन्हें यह बात पहले क्यों नहीं बताई गई। अपनी म्लान मुखी प्रेयसी को देख कृष्ण उन्हें मनाने का प्रयत्न करते हुए कहते हैं, "प्रिये! तुम जानती हो कि मुझे जाना ही होगा। मुझे कंस को चुनौती देनी है। जीवन के इस नए रंगमंच पर बहुत से नए प्रसंगों का पटापेक्ष हो रहा है।"

राधा प्रत्युत्तर देती हैं, "मैं जानती हूँ कि आपका जाना बहुत ज़रूरी है परंतु क्या आप मुझे इस स्थान पर अकेला छोड़ देंगे। क्या आपने यह निर्णय लेते हुए, एक क्षण के लिए भी मेरे लिए नहीं सोचा।" श्रीकृष्ण हँस कर उत्तर देते हैं, "कैसी बात करती हो राधे, तुम मेरी एक-एक श्वास में बसी हो। भला तुम्हें कैसे भुला सकता हूँ। तुम ही तो मेरे जीवन का पाथेय हो।" राधा कृष्ण के आलिंगन में आ कर अपना दुःख भुला देती हैं और उन्हें माता यशोदा और वासुदेव के विषय में सोचने को कहती हैं। उनका

कहना है कि कृष्ण के जाने के बाद यशोदा मैया के आँसू नहीं थमेंगे और नंद बाबा कितने अकेले पड़ जाएँगे। कृष्ण मौन भाव से सब सुनने के बाद राधा से केवल इतना कहते हैं, “मैं यह भी जानता हूँ कि वे दोनों मेरे वियोग को सह नहीं कर सकते परंतु मुझे यह निश्चिंतता है कि तुम उनके पास रहोगी। उनका ध्यान रखोगी। कान्हा और राधिका एक ही तो हैं। तुम उनका दुख हरोगी और मेरी अनुपस्थिति में उनके जीवन का उल्लास बनाए रखोगी।” राधा अपनी भुवनमोहिनी मुस्कान के साथ कान्हा को आश्वस्त करती हैं कि ऐसा ही होगा।

एक दिन कृष्ण राधा से कहते हैं कि यदि वे मथुरा जा कर कंस को चुनौती देने और उसे परास्त करने में सफल रहे तो वे राधा को अपने पास बुला लेंगे किंतु राधा इन बातों से नहीं बहलतीं। वे भली-भाँति जानती हैं कि उनका और कृष्ण का साथ केवल इतना ही था। भले ही कृष्ण उन्हें अपने पास बुलाना चाहें परंतु वे वृंदावन की एक साधारण ग्राम्य कन्या हैं, वे मथुरा के राजगृह की स्त्रियों के समकक्ष नहीं हो सकेंगी। उन्हें कृष्ण के साथ जीवन व्यतीत करने की अपेक्षा उनके छूटे हुए दायित्वों को पूरा करने की लगन है। विरह में डूबी राधा को कान्हा अपने हाथ की बांसुरी थमा कर कहते हैं, “राधे! तुम ही मेरे जीवन का संगीत थीं। तुमसे बिछुड़ने के बाद, मेरी इस बांसुरी को सुनने और इसकी प्रेरणा बनने वाला कोई न रहेगा। लो इसे मेरी निशानी जान कर अपने पास रखो।”

इस प्रकार कृष्ण मथुरा के लिए प्रस्थान करते हैं। उन्होंने राधा से विदा लेते हुए, उन्हें अपनी बांसुरी सौंप दी क्योंकि वे अच्छी तरह जानते हैं कि केवल राधा ही उनके संगीत के सार को समझती हैं। वे ही तो उनके संगीत की श्रोता व प्रेरणा रही हैं। वे रास और संगीत के संसार से दूर जा रहे हैं। कान्हा के लिए विलासभूमि को त्याग कर, कर्मभूमि में प्रवेश करने का समय हो गया है।

क्या राधा और कृष्ण की पुनः कभी भेंट नहीं होती?

लोकपरंपरा के अनुसार राधा व कृष्ण की कभी भेंट नहीं होती परंतु कृष्ण की रानियों के मन में सदैव कौतूहल रहता है कि राधा कौन है, जिसका नाम उनके पति के साथ लिया जाता है। उनके हृदय में सदा से ही राधा को

देखने और उसके बारे में जानने की साध रही है। वे यह जानना चाहती हैं कि अपने पति से इतना प्रेम करने के बावजूद वे अपने पति की प्रिया क्यों नहीं कहलातीं? इसी विषय में एक रोचक प्रसंग कहा-सुना जाता है।

कहते हैं कि उन दिनों कृष्ण द्वारिका में अपनी आठ पत्नियों के साथ रहते थे। एक दिन महर्षि नारद उनसे भेंट करने आए। कृष्ण की तबीयत ठीक नहीं थी। उन्हें हल्का ज्वर हो आया था। वैद्य की किसी भी औषधि का असर होता नहीं दिख रहा था। नारद का यथोचित स्वागत-सत्कार हुआ और उन्हें कृष्ण से भेंट करने भेज दिया गया। वार्तालाप के दौरान नारद उनकी आठों पत्नियों को उनके आसपास सेवा-टहल करते देखते हैं। वे एकांत पाते ही कृष्ण से पूछते हैं कि उन्हें सबसे अधिक प्रेम कौन करता है? कृष्ण इस प्रश्न का उत्तर नहीं देते और कहते हैं, "देवर्षि नारद, मेरा ज्वर तो उतरने का नाम ही नहीं लेता। दैव संयोग से मुझे इसका उपाय सूझ गया है। यदि मुझसे प्रेम रखने वाली कोई स्त्री अपनी चरण-रज जल में घोल कर देगी तो उसका पान करने से यह ज्वर तत्क्षण उतर जाएगा। आप कृपया मेरी पत्नियों से कहें कि उनमें से कोई अपनी चरण-रज दे दे।"

नारद कक्ष से बाहर आ कर रानियों को एक स्थान पर बुला कर कृष्ण की संभावित चिकित्सा के बारे में बताते हैं। रानियाँ अपने पति के अच्छे स्वास्थ्य की कामना तो करती हैं किंतु नारद की बात सुन कर चौंक जाती हैं। "हैं! भला ऐसा कैसे हो सकता है, देवर्षि? अपने पति को अपनी चरण-रज दे दूँ। मैं नर्क में नहीं जाना चाहती।" सत्यभामा कहती है। रुक्मिणी उत्तर देती है, "देवर्षि, पतिदेव को कितने दिन से ज्वर आ रहा है। वे दुर्बल हो रहे हैं और मेरी सेवा से भी कोई लाभ नहीं हो रहा परंतु यह उपाय तो मेरी समझ से बाहर है। एक पत्नी हो कर, पति को अपने चरणों की धूल दूँगी तो मुझे घोर पाप लगेगा। मैं नर्क की भागी नहीं बनना चाहती।" अन्य रानियाँ भी लगभग यही उत्तर देते हुए, देवर्षि से पूछने लगीं कि इस उपाय का कोई अन्य विकल्प क्या हो सकता है? जब कुछ नहीं सूझा तो नारद अन्य स्त्रियों से पूछने चल दिए। कोई भी कृष्ण को अपनी चरण-रज नहीं देना चाहती थी। दैव-वश वे गोकुल में राधा से भेंट करते हैं। राधा एक भी क्षण गँवाए बिना अपनी चरण-रज उन्हें सौंप देती है। वे उससे पूछते हैं, "यह तो मुझे पता है कि तुम्हें कृष्ण प्रिय हैं परंतु क्या उन्हें अपनी चरण-रज दे कर तुम नर्क की अधिकारी नहीं हो जाओगी। तुमने अपने विषय में नहीं सोचा?"

राधा उत्तर देती हैं, "कृष्ण के शीघ्र स्वास्थ्य की कामना रखती हूँ। उनके रोग के बारे में जानने के बाद तो केवल यही इच्छा शेष रही। चरण-रज दे कर मुझे स्वर्ग मिलेगा या नर्क; यह विचार तो मन में आया ही नहीं।" इस उत्तर को सुन कर नारद को अपने प्रश्न का उत्तर मिल जाता है जो उन्होंने श्री कृष्ण से किया था। उन्हें पता लग गया था कि समस्त संसार में ऐसा कौन है जो कृष्ण को सर्वाधिक प्रेम करता है। राधिका रानी ही कृष्ण को सबसे अधिक चाहती हैं। उन्हें कृष्ण के हित के आगे अपनी भी परवाह नहीं है। हालाँकि राधा व कृष्ण की आजीवन पुनः भेंट नहीं होती।

मैंने लोगों के घरों में बने मंदिरों में राधा-कृष्ण की प्रतिमाएँ देखी हैं परंतु क्या कोई मंदिर भी ऐसे हैं जो इस युगल जोड़ी को समर्पित हों? क्या राधा का भी कोई बड़ा मंदिर बनाया गया है?

गौड़ीय परंपरा में, राधा और कृष्ण की मूर्तियाँ मिलती हैं। गंगा के किनारे कुछ मदिर स्थित हैं जिनमें आप राधा-कृष्ण की मूर्तियाँ देख सकते हैं। परंतु कृष्ण के बड़े और भव्य मंदिरों - ओड़िशा के जगन्नाथ पुरी मंदिर, गुजरात के श्रीनाथ जी मंदिर, महाराष्ट्र के पंढरपुर मंदिर, कर्नाटक के उडुपि मंदिर और केरल के गुरुवायूर मंदिर में राधा की मूर्तियाँ नहीं हैं। भक्ति संप्रदाय में दो दल हैं। एक दल में राधा व कृष्ण को एक साथ देखा जाता है, कुछ लोग कृष्ण को पूजते हैं और गोपियों की बात भी होती है परंतु राधा का उल्लेख नहीं आता। असम में शंकरदेव, महाराष्ट्र में चक्रधर स्वामी और महानुभाव पंथ में राधा के विषय में बात नहीं होती।

पुरी में, 'गीतगोविंदम्' को एक वस्त्र में बुना गया है, जिसे कृष्ण को ओढ़ाया जाता है परंतु वहाँ राधा की कोई प्रतिमा नहीं है। वे स्वामिनी की बात करते हैं परंतु राधा का नामोल्लेख नहीं होता। जैसा कि मैंने पहले भी कहा, स्वकीय-परकीय परंपरा के कारण और इस संबंध को स्पष्ट रूप से भक्तों को समझाने की असमर्थता की वजह से राधा को अधिकतर मंदिरों से दूर ही रखा गया है। यह दर्शन बहुत ही संवेदनशील है, इसे इतनी आसानी से समझाया नहीं जा सकता। यह संस्कृति की सीमाओं व दायरे में नहीं समाता इसलिए इसे बहुत सरलता से लोग अश्लील या निम्न श्रेणी में डाल सकते हैं। उनके पास ऐसी बुद्धि नहीं कि वे राधा और कृष्ण के दिव्य प्रेम स्वरूप को जान व समझ सकें।

5

पिता

पिता को परिवार का अन्नदाता, पालनहार कहा जाता है। वे एक गुरु, अनुशासन को लागू करने वाले तथा मार्गदर्शक की भूमिका निभाते हैं। पिता से इन सभी कर्तव्यों को पूरा करने की अपेक्षा की जाती है। माइथोलॉजी में ब्रह्मा को ब्रह्माण्ड का रचियता कहा गया है। क्या इसके अनुसार उन्हें पहले पिता कहा जाना चाहिए?

ऐसा कहना उचित होगा परंतु पिता की अवधारणा अपने-आप में थोड़ी जटिल है। चित्रों में दिखाया गया है कि ब्रह्मा एक कमल पर आसीन हैं, जो विष्णु की नाभि से निकल रहा है। तो क्या विष्णु ब्रह्मा जी के पिता हैं? एक पिता का भी पिता होता है, उनके भी एक पिता होते हैं और फिर उनके भी कोई पिता रहे होंगे। इस तरह आरंभ में कौन था? कौन जानता है? यहाँ तक कि देवता भी बाद में आए। 'ऋग्वेद' के सृष्टि श्लोक में यह एक प्रसिद्ध्ध पंक्ति है - सबसे पहले कौन था, किसको पता, देवता भी बाद में आए। ब्रह्मा को पिता नहीं, उन्हें पितामह कहते हैं। और अन्य सजीवों के पिता हो सकते हैं जैसे कश्यप, पुलस्त्य, सप्तर्षि और प्रजापति और ब्रह्मा इन सबके पिता हैं। वे निश्चित तौर पर पिता हैं परंतु रचयिता और पिता शब्द में थोड़ा अंतर है। ये दो अलग बातें हैं। प्रकृति का कोई रचयिता नहीं है। इसे किसी ने नहीं रचा। यह सनातन है, यह सदा से थी। जब सजीव यानी क्षुधा को जानने वाले आए, तो उन्हें ब्रह्मा जी ने रचा। इस तरह ब्रह्मा जी सारी सृष्टि के नहीं, केवल सजीवों के पितामह हैं। प्रकृति की रचना किसी ने

नहीं की। हिंदू धर्म, बौद्ध धर्म व जैन धर्म में यही धारणा चली आ रही है। ब्रह्मा प्रकृति में आते हैं। तो एक प्रसंग कहा जाता है जिसमें एक क्षीरसागर है, उसमें एक शेषनाग हैं, जिन पर विष्णु निद्रालीन हैं। उनकी नाभि से एक कमल निकल रहा है, जिस पर ब्रह्मा बैठे हैं। ब्रह्मा प्रजापति, सप्तर्षि आदि के पिता हैं। वे उनके मानस पुत्र हैं, वे अनेक देवियों से विवाह करते हैं और उनके मेल से सभी सजीवों का जन्म होता है। यह लंबी कथा इसलिए कही जाती है ताकि रचयिता और पिता के बीच का अंतर समझ आ सके।

विष्णु और शिव के पिता कौन हैं?

यह इस बात पर निर्भर करता है कि हम कौन सा ग्रंथ पढ़ रहे हैं। हमें उसके अनुरूप ही अपना उत्तर मिलेगा। अगर आप 'शिव पुराण' पढ़ें तो उसमें पता लगेगा कि शिव ने स्वयं अपनी रचना की है। वे स्वयं भू हैं। 'विष्णु पुराण' में लिखा है कि विष्णु ने इस संसार की रचना की। शिव पुराण में विष्णु का उल्लेख बाद में आता है। यहाँ संप्रदायों के आधार पर अंतर आ जाते हैं। शाक्त परंपरा में देवी ब्रह्मा, विष्णु और शिव की माता हैं और इन तीनों के पिता कोई नहीं हैं। यहाँ पिता शब्द का कहीं नामोल्लेख तक नहीं है। ब्रह्मा शिव के पिता नहीं हैं। उनके बीच कोई संबंध नहीं है। वे स्वयं भू हैं। वे देवी के पुत्र हैं। परंतु शिव के कोई पिता नहीं हैं। वेदों में विष्णु को अदिति और कश्यप की संतान कहा गया है। जबकि विष्णु पुराण में कहते हैं विष्णु भी स्वयं भू हैं।

शिव जी को उनकी पत्नी पार्वती व पुत्र गणेश के साथ पिता के रूप में दिखाया जाता है।

पहाड़ी पेंटिंग में, कला के इस रूप में, शिव एक स्नेही पिता की तरह दिखते हैं। उन्हें पुत्र गणेश को गोद में बिठाए हुए दिखाया जाता है। वे स्नेही पिता तो हैं परंतु वे किसी प्रकार का उत्तरदायित्व नहीं लेते। संतान के पालन-पोषण का सारा दायित्व माता के कंधों पर है। लोक कथाओं में ऐसे ही दिखाया जाता है। वे एक बैरागी हैं। वे नहीं जानते कि एक गृहस्थ को किस प्रकार के कर्तव्यों का पालन करना होता है। उन्हें एक गृहस्थ के तौर पर दिखाया जाता है। शिव परिवार का चित्र देखने में बहुत ही सुंदर भी लगता है परंतु वे पिता के कर्तव्य नहीं निभाते।

विष्णु की भी ऐसी ही एक कथा आती है। वे एक सांसारिक राजा और ब्रह्माण्ड के पालक हैं,परंतु उन्हें एक पिता के तौर पर कहीं नहीं दिखाया जाता। हालाँकि कामदेव को उनका पुत्र कहा जाता है। कामदेव वही देवता है जो प्रत्येक जीव को भोगी बनाने की क्षमता रखता है परंतु ऐसा कोई चित्र कभी देखने में नहीं आया कि विष्णु ने कामदेव को गोद में बिठा रखा हो या पुत्र की तरह उसे दुलार रहे हों। यह भी अपने-आप में एक विडंबना है। शिव बैरागी होने के बावजूद एक स्नेही पिता के रूप में चित्रित हैं परंतु विष्णु संरक्षक और पालक होने के बावजूद पिता के रूप में नहीं दिखाए जाते। राम और कृष्ण के भी स्नेही पिता के रूप को कहीं नहीं दर्शाया गया। व्यास आदि ऋषियों ने ऐसा क्यों किया, यह एक विचारणीय प्रश्न है।

ईश्वर को माता कहना चाहिए या पिता?

अंग्रेज़ी में आप कहेंगे कि गॉड मेरे पिता हैं। भारत में, हिंदू धर्म में भगवान शब्द पुल्लिंग, स्त्रीलिंग और नपुंसकलिंग; तीनों रूपों में प्रयुक्त होता है। जब हम भगवान की बात करते हैं तो वे कोई एक सत्ता नहीं हैं। हम प्रकृति और आत्मा की बात करते हैं। यदि हम आत्मा को ईश्वर मानते हैं, तो वह नर है। अगर प्रकृति मानते हैं तो वह मादा है। 'भगवद् गीता' में भगवान श्री कृष्ण ने कहा है, 'यह सारा विश्व मुझसे जन्मा है।' तो हम कहेंगे कि भगवान पुरुष है। परंतु फिर कृष्ण आगे कहते हैं, 'मेरी दो योनि हैं - पुरुष व प्रकृति। आत्मा और भौतिक जगत।' इस प्रकार जो पिता हैं, वे माता हो जाते हैं। कृष्ण को महाराष्ट्र में विट्ठई या माता विट्ठल भी कहा जाता है। भगवान का कोई लिंग नहीं होता। जब आप इसे एक लिंग दे देते हैं तो आपने इसे सीमित कर दिया। जो अनंत है, असीम है, उसे आप किसी तरह की सीमाओं में नहीं बाँध सकते।

पिता, पुत्र व पितृ शब्दों में क्या अंतर है?

यह मान्यता है कि हम जिस जगह रहते हैं, यह भूलोक है। मृत्यु के पश्चात् हम पितृलोक जाते हैं जिसे हमारे पूर्वजों की धरती कहते हैं। मृतक पूर्वज फिर से भूलोक में जन्म पाना चाहते हैं। यह तभी संभव है जब आप भूलोक में संतान पैदा करते हैं। श्राद्ध के दौरान पुत्र पिंड दान करते हुए, अपने पूर्वजों

को वचन देते हैं, 'आपने मुझे जन्म दिया, मैं आपको पुनः भू लोक पर वापस लाऊँगा और जीवन व मृत्यु का चक्र चलता रहेगा। जिसे ऋतुचक्र भी कहते हैं।' यह अवधारणा बहुत ही महत्त्वपूर्ण है। व्यक्ति के मन में यही दुविधा रहती है कि अगर मैंने संतान पैदा नहीं की तो मेरा क्या होगा? 'ऋग्वेद' में एक कथा आती है। जिसके अनुसार यम निःसंतान है। जब उसकी मृत्यु होती है तो वह पितृलोक में ही अटक जाता है और आगे नहीं जा पाता। पुराणों में कहा गया है कि निःसंतान व्यक्ति पुत्त नामक नर्क का भागी होगा। वह सदा उसी नर्क के कष्ट भोगेगा। उसे कभी निस्तार नहीं मिलेगा। वह कभी भू लोक में वापस नहीं आ सकेगा। तो पितृ व पुत्र आपको पुत्त से बचा सकते हैं। पुत्र और पुत्री आपकी नर्क से रक्षा करेंगे। जब आपके पास संतान नहीं होती तो श्राद्ध करते समय, आप सारे ब्रह्माण्ड को अपनी संतान मान कर श्राद्ध करते हैं। तब आप सभी को अपनी संतान के रूप में स्वीकार करते हैं। आप उन्हें मानसिक तौर पर गोद लेते हैं। कई बार कुछ लोग वास्तव में संतान गोद लेते हैं। संतान पैदा करना, मानव जीवन का महत्त्वपूर्ण धर्म माना गया है। कन्या दान करने वाला भी स्वर्ग जाने का अधिकारी होता है। अगर आपकी कोई कन्या है तो वह दूसरे परिवार का नाम बढ़ाने में सहायक होगी। उस परिवार में संतान पैदा करेगी। कन्या दान को महा दान कहा गया क्योंकि वह दूसरे वंश को संतान देगी। तो पुत्र और पुत्री मनुष्य के लिए बहुत महत्त्व रखते हैं। पुत्री दूसरे के वंश की देखरेख करेगी और पुत्र अपने वंश का नाम लेने वाला और उसे चलाने वाला होगा। पितृसत्तात्मक समाज में, वंश का बहुत महत्त्व है क्योंकि संपत्ति पुरुषों के माध्यम से आगे बढ़ती है। वर्ण व गोत्र आदि भी पुरुषों के अनुसार ही चलते हैं। तो किसी माता-पिता को उसके पुत्र और पुत्री ही नर्क से बचा सकते हैं। यह दो पीढ़ियों के बीच का बहुत मजबूत संबंध होता है। यहीं से पुत्त, पुत्र, पुत्री और पितृ की अवधारणा आई है। प्रेत शब्द का भी इससे ही संबंध है। अगर आपके पास परिवार नहीं होगा, तो आपका पिंड दान करने वाला कोई नहीं रहेगा। आप भू लोक में ही अटके रहेंगे। आपकी आत्मा को शांति नहीं मिलेगी और आप किसी प्रेत की तरह यहाँ-वहाँ भटकते रहेंगे। पितृ वे हैं, जो वैतरणी नदी के पार हो गए और प्रेत वे हैं, जो नदी के इस ओर, भू लोक में ही रह गए हैं। गणपति पूजा और दशहरे के मध्य, पितृ पक्ष आता है। आपने देखा होगा कि उस दौरान बहुत सी दुकानें बंद रहती हैं। लोग अपने पूर्वजों

की आत्माओं को न्यौता देते हैं। उन्हें भोजन दिया जाता है। उनकी पूजा की जाती है और कहा जाता है, 'हम आपके सहायक होंगे। आप भूत बन कर प्रेत लोक में न भटकें।' पितरों को अनुष्ठानों में बहुत महत्त्व दिया जाता है। सजीव भोजन के बल पर जीवित रहते हैं। इन अनुष्ठानों के दौरान देवताओं, पुत्रों को, पितरों को और स्वयं को भोजन का भोग दिया जाता है। देवों को भोग देते हुए दायाँ हाथ आगे की ओर मोड़ा जाता है, स्वयं खाते हुए पीछे की ओर मोड़ा जाता है। पुत्र को भोजन देते हुए हथेली को बायीं ओर मोड़ा जाता है और पितर को भोजन देते समय दायीं ओर मोड़ा जाता है। (इसमें यह भाव रहता है कि हम आपको भोजन दे रहे हैं परंतु आप हमारे घर में प्रवेश न करें।) भोजन बहुत महत्त्व रखता है क्योंकि भोजन ही मांस बनाता है। तो अवधारणाएँ आपस में गहरा संबंध रखती हैं।

दशरथ राम के पिता थे। कृष्ण के पिता वसुदेव और नंद थे। इस विषय में प्रकाश डालें।

पुराणों में, पिता की अवधारणा बहुत ही संवेदनशील रही है। इसे समझने के लिए हमें एक लोक कथा को सुनना होगा, जो विक्रम और वेताल की कथाओं में कही जाती है।

इस कथा के अनुसार एक कन्या का विवाह व्यापारी से होता है। राजा किसी कारणवश व्यापारी को मरवा देता है। कन्या के जीवन में कोई सहारा नहीं बचता। ऐसे समय में, एक ब्राह्मण उसे अपने पास आश्रय देता है और कन्या उसके पुत्र को जन्म देती है। तब तक राजा को अपनी भूल का पश्चाताप होता है और वह उस नवजात पुत्र के पालन-पोषण का भार अपने सिर ले लेता है। उसे इस बात का खेद है कि उसने कन्या के पति को मरवा दिया। जब वह बालक बड़ा हो कर युवक बनता है तो उन तीनों व्यक्तियों की मृत्यु हो जाती है और युवक के लिए पिंडदान करने का समय आता है।

पिंड दान करते समय नदी से तीन हाथ बाहर आ जाते हैं। वे तीन हाथ उसकी माता के व्यापारी पति, उसके जैविक पिता ब्राह्मण और पालक पिता राजा के हैं। वे तीनों बारी-बारी से यह दावा करते हैं कि वही उसके पिता हैं और उन्हें पिंडदान मिलना चाहिए। व्यापारी कहता है, 'पुत्र, मैंने तुम्हारी माता से विवाह किया था।' ब्राह्मण कहता है, 'पुत्र! मैं तुम्हारा जैविक

पिता हूँ। तुम मेरे ही बीज हो।' और राजा कहता है, 'पुत्र! मैंने एक पिता की तरह तुम्हारा पालन-पोषण किया है। तुम मेरे अन्न से पले-बढ़े हो।' यह अपने-आप में एक जटिल प्रश्न है कि युवक अपना पिता किसे माने। वह किसे पिंडदान करे। अब उसे तय करना है कि वह किसे पिंड देगा क्योंकि जिसे पिंड देगा, वह उसकी ही संपत्ति, वर्ण व गोत्र का अधिकारी होगा। उसे निर्णय लेना है कि वह एक वैश्य है, ब्राह्मण है या वह एक क्षत्रिय है। यही अवधारणा कृष्ण के साथ भी जुड़ी है। उनका जन्म यादव वंश में हुआ है। उन्हें राजा बनने का अवसर नहीं मिलता क्योंकि यदु वंश को ययाति का श्राप मिला था कि वे कभी राजा नहीं बन सकेंगे। परंतु कृष्ण का पालन पोषण नंद बाबा के पास हुआ, जो एक गोपाल हैं।

वसुदेव और देवकी को, कंस ने कारागार में बंद कर रखा है। वह इसी प्रतीक्षा में है कि बालक का जन्म हो और वह उसे मृत्यु के घाट उतार कर, अपनी मृत्यु की संभावना को नष्ट कर दे। देवकी आधी रात को एक पुत्र को जन्म देती है और वसुदेव किसी तरह उसे द्वारपालों की नज़रों से बचा कर, घोर तूफ़ानी रात में, यमुना नदी पार करते हुए नंद बाबा के पास ले जाते हैं। वे उनकी नवजात कन्या को अपने साथ ले आते हैं और उनका पुत्र नंद व यशोदा के घर में पलता है। उन्हें विष्णु भगवान ने ही ऐसा करने का सुझाव दिया था क्योंकि कंस के हाथों बालक की रक्षा करने का कोई और उपाय नहीं था।

आगे चल कर एकाध प्रसंग ऐसे भी आए जिनमें कृष्ण को ग्वाला कह कर उनका अपमान किया जाता है। शिशुपाल के साथ उनके वार्तालाप में भी वह कृष्ण को यही कह कर अपमानित करता है। यह प्रसंग कृष्ण के जीवन में बार-बार आता है।

हमने कृष्ण और राधा की अनेक कथाएँ सुनी हैं। उनकी और पांडवों की भी बहुत सी कथाएँ मिलती हैं परंतु क्या ऐसी कथाएँ भी हैं जिनमें कृष्ण और उनके पुत्रों की चर्चा हो?

कृष्ण की आठ पटरानियाँ हैं जिन्हें अष्टभार्या कहते हैं। इसके अतिरिक्त उनकी अन्य सोलह हज़ार रानियाँ थीं। कुछ प्रसंगों में उनके कुछ पुत्रों का उल्लेख भी आता है जैसे रुक्मिणी का पुत्र प्रद्युम्न तथा जांबवती का पुत्र

साम्ब। प्रद्युम्न अपने पिता की तरह महान है परंतु साम्ब का व्यक्तित्व उनसे अलग है। वह थोड़ा अलग स्वभाव का व्यक्ति है... यह आवश्यक नहीं होता कि अगर पिता महान है तो उसकी संतान भी महान होगी।

हमने राम और दशरथ की अनेक कथाएँ सुनी हैं परंतु राम और उनके पुत्रों के बारे में अधिक जानकारी नहीं मिलती।

यह एक रोचक बात है कि राम को एक पिता के रूप में नहीं देखा गया। सीता एक माता हैं जो अकेले ही अपने पुत्रों का पालन करती हैं। अपने पुत्रों के लालन-पालन में राम की कोई भूमिका नहीं है।

वास्तव में, पुराणों में, आपको ऐसी अनेक कथाएँ मिलेंगी जिनमें पिता अपना बीज दे कर चले जाते हैं। माता संतान को जन्म दे कर उसे पालती है। कई पुत्र ऐसे हुए हैं जो अपनी माता के नाम पर जाने जाते हैं। पांडव अपनी माता कुंती के नाम पर कौंतेय कहलाते हैं। नकुल और सहदेव को माद्री का पुत्र होने के नाते माद्रेय कहा जाता है। हालाँकि क़ानूनी तौर पर संपत्ति के अधिकार व वर्ण आदि पिता से ही प्राप्त होते हैं।

क्या कोई ऐसी कहानियाँ भी मिलती हैं जिनमें एक पिता ने माँ की भूमिका निभाई हो?

कुछ ऐसी कथाएँ मिलती हैं जिनमें पिता ने कन्या को गोद लिया है। उसे अपनी दत्तक संतान बनाया है। जनक सीता को गोद लेते हैं। रोमपाद ने दशरथ की पुत्री शांता को गोद लिया था। कुंतीभोज कुंती को गोद लेते हैं। हमारा समाज पुरुष-प्रधान है और हमारे यहाँ पुत्रकामेष्टि यज्ञ की बात होती है यानी पुत्र संतान पाने की कामना से यज्ञ रचाना परंतु इसके साथ ही कन्या संतान को गोद लेने की कथाएँ भी मिलती हैं।

6

द्वारिका

द्वारिका की स्थापना कृष्ण ने की थी। यह हिंदुओं के सर्वाधिक पवित्र तीर्थों में से एक व वैष्णव मठ के चार धामों में से है। कृष्ण का जन्म तो मथुरा में हुआ था परंतु वे द्वारिकाधीश कहलाते हैं, ऐसा क्यों?

कृष्ण के जीवन की कथा दो भागों में सामने आती है। उनके जीवन का लोकप्रिय अंश, ब्रज भूमि में घटता है, जो यमुना के निकट, गंगा के मैदानी इलाके में, दिल्ली के दक्षिण में स्थित है। कृष्ण का जन्म मथुरा में हुआ किंतु उन्हें अपने ही मामा कंस के हाथों मारे जाने का भय था इसलिए जन्म लेते ही शिशु को उसके पिता, वसुदेव गोकुल ले गए। किसी को कानोंकान खबर न हुई और नन्हा शिशु गोकुल में मैया यशोदा और नंद बाबा के घर पलने लगा। जब उस स्थान पर भी उसके प्राणों पर संकट आ गया तो उसे वृंदावन और मधुबन ले जाया गया। इसके बाद कृष्ण बड़े होने पर पुनः मथुरा जाते हैं, जहाँ वे कंस को मल्ल युद्ध की चुनौती देते हैं और उस आतातायी को परास्त कर प्रजा का दुःख हरते हैं। कंस तो कृष्ण के जन्म के पूर्व से ही उनका वध करने की कुचालें रचता आ रहा था क्योंकि उसे एक भविष्यवाणी में बताया गया था कि देवकी की आठवीं संतान के हाथों उसका वध होगा परंतु उसकी सारे षड्यंत्र एक-एक कर विफल होते गए और वह कृष्ण को मार नहीं पाया। इस बार आमने-सामने की चुनौती में कंस कृष्ण के हाथों मारा जाता है। कंस ने मथुरा की प्रजा पर बहुत अत्याचार किए।

अपनी बहन देवकी और उनके पति वसुदेव को कैद में डाल दिया ताकि उनकी संतान का जन्म होते ही उसे मौत के घाट उतार सके। उसने उनकी सारी संतानों को मार डाला। केवल कृष्ण जीवित रहे सके क्योंकि वसुदेव उन्हें सबसे छिपा कर गोकुल ले गए थे। मथुरा यादवों की नगरी थी। कंस की मृत्यु का समाचार पाते ही उसके श्वसुर जरासंध के क्रोध की सीमा न रही। जरासंध की मृत्यु ने उसकी दोनों पुत्रियाँ - अस्ति व प्राप्ति विधवा हो गईं क्योंकि वे कंस की पत्नियाँ थीं। जरासंध ने उनके विलाप को सुन कर मन ही मन कृष्ण से प्रतिशोध लेने का संकल्प लिया। उसने कहा कि वह मथुरा का समूल नाश कर देगा। देखते ही देखते जरासंध की सेनाओं ने मथुरा नगरी को घेर लिया। कंस और बलराम ने अपने बाहुबल से मथुरा की रक्षा की। यह एक हिंसक प्रसंग है। कहते हैं कि जरासंध ने मथुरा नगरी पर अठारह बार धावा बोला। हर बार कृष्ण और बलराम अपने सीमित जन-बल के साथ उनका सामना करते रहे परंतु अठारहवीं बार जरासंध अपने साथ कालयवन नाम सेनापति को युद्ध में ले आया। यह माना जाता था कि जिस दिन मथुरा पर काला यवन का हमला होगा, तब मथुरा नहीं बचेगी। कृष्ण ने निश्चय किया कि वे संपूर्ण यादव वंश के साथ मथुरा का त्याग कर देंगे ताकि सबके प्राणों की रक्षा हो सके। वे अपने योगबल से सबको अपने साथ द्वारिका ले गए। इस तरह मथुरा के नष्ट होने पर भी मथुरावासियों का अहित नहीं हुआ।

मथुरा के कृष्ण और द्वारिका के कृष्ण में क्या अंतर है?

कृष्ण का बाल्यकाल मथुरा में ही समाप्त हो गया था। उनके जीवन का विस्तृत वर्णन 'भागवत्' और 'महाभारत' नामक ग्रंथ में मिलता है। 'महाभारत' के कृष्ण का संबंध मथुरा से नहीं, द्वारिका से है। वृंदावन और गोकुल में कृष्ण के जीवन का जो हिस्सा बीता। ग्वाल बालों के साथ खेलते, नटखट कान्हा बन कर शरारतें करते, मैया को सताते और मनाते हुए गौओं व दूध-माखन से भरे पात्रों के बीच बीता। फिर वे किशोर हुए और गोपियों व सखाओं संग नाचते-गाते, रास रचाने लगे। गोकुल उनकी लीलाभूमि थी। जीवन के इस पक्ष में हमें कृष्ण का रोमानी रूप देखने को मिलता है। वे यमुना नदी के किनारे बने कुंजों में राधा संग रमण करते हैं, बांसुरी बजाते

हैं। वे मनमोहन कहलाने लगते हैं क्योंकि वे हर किसी को अपनी मोहिनी से मोह लेते हैं। परंतु 'महाभारत' में हमें उनके इस मनमोहन नटवर नागर रूप के दर्शन नहीं होते। मथुरा में कृष्ण एक किशोर थे जिनमें एक भावी योद्धा के लक्षण दिखने लगे थे। वे मथुरा आ कर कंस को चुनौती देते हैं और उसे मल्ल युद्ध में मौत के घाट उतारते हैं। इस जगह पर हमें उनके वीर भाव का परिचय मिलता है। जरासंध के हमले के दौरान कान्हा बांसुरी नहीं, अस्त्र-शस्त्र उठा कर नगरी की रक्षा करता है। जब वे वयस्क हो जाते हैं, तो द्वारिका में कृष्ण एक रणनीतिज्ञ के रूप में दिखते हैं, जो कुरु वंश की राजनीति से प्रत्यक्ष संबंध रखते हैं। वह एक शहरी वातावरण है। उनका अनेक स्त्रियों से विवाह हो गया हे। वे वयस्क कृष्ण हैं, जो उनके नटखट कान्हा वाले रूप की तुलना में कम लोकप्रिय हैं। कृष्ण की वृंदावन और मथुरा वाली कथाएँ व प्रसंग अधिक पसंद किए जाते हैं परंतु द्वारिका वाली कथाओं में श्रोताओं को अधिक रस नहीं आता जबकि वह चार धामों में से एक है और इसी स्थान पर कृष्ण का भव्य और विशाल मंदिर भी है जिसे द्वारिकाधीश का मंदिर कहते हैं।

द्वारिका नगरी की स्थापना कैसे हुई?

यादवों के जाने से पहले, उस स्थान पर कोई नहीं रहता था। वह सागर में एक टापू था और लोगों की मान्यता थी कि वह स्थान प्रेतबाधित था। वहाँ भूत-प्रेम व आत्माओं का बसेरा था। वे मारे भय के उस ओर देखते तक नहीं थे। लोकगाथाओं में कहा गया है कि उस स्थान पर विशाल दैत्यों का डेरा था। जब यादव उस स्थान पर गए तो उनकी भेंट एक विशाल दैत्यनुमा स्त्री व पुरुष से हुई। उनके नाम थे - रेवत व रेवती। रेवती और रेवती कोई आत्मा या भूत नहीं थे। वे भले लोग थे पर वे लोगों को अपने से दूर रखते, आम लोगों के मन में उनके लिए अनावश्यक कौतूहल पैदा हो सकता था क्योंकि रेवती और रेवत उनके जैसे नहीं दिखते थे। उनके शरीर बहुत विशाल और कद-काठी भी बहुत लंबी थी।

कई सदियों पहले की बात है, रेवत कभी उस स्थान के राजा हुआ करते थे, जब सभी मनुष्य उनके समान ही विशालकाय थे। रेवती उनकी इकलौती पुत्री थी और वे उसके लिए उचित वर के संधान में थे परंतु अपनी

इतनी लंबी पुत्री के लिए वर की तलाश करना सरल नहीं था। जब बहुत खोजने पर भी उपयुक्त वर नहीं दिखा तो वे रेवती को ले कर ब्रह्मलोक गए और ब्रह्मा जी से भेंट की। ब्रह्मा जी बोले, "यह तुम्हारी पुत्री है। यह तो बहुत ही सुंदर, सौभाग्यशाली व सद्चरित्र कन्या है" रेवत बोले, "प्रभु! मैं फिर भी इसके लिए सुयोग्य वर को नहीं चुन पा रहा। आप मेरी क्या सहायता कर सकते हैं?" ब्रह्मा जी बोले, "रेवत, एक अच्छा वर तो था परंतु तुमने ब्रह्म लोक तक आ कर इतना समय व्यतीत कर दिया और तुम्हारे वापस लौटने तक तो कई युग बीत चुके होंगे।" रेवत को कुछ समझ नहीं आया तो ब्रह्मा जी ने विस्तार से बताया, "सुनो! क्या तुम नहीं जानते कि ब्रह्म लोक का एक दिन, पृथ्वी लोक के कई युगों के बराबर होता है। आज तुम मेरे पास ब्रह्म लोक में उपस्थित हो। जब वापस जाओगे तो अपने नगर और प्रजा का कोई चिन्ह नहीं पाओगे। वे कई युग पूर्व काल के गाल में समा गए हैं। धरती पर नई संस्कृति व सभ्यता का आगमन हो गया होगा। जितने भी सुयोग्य वर हो सकते थे, अब तक तो उनकी कई अगली पीढ़ियों का भी जन्म हो गया होगा। लोग तुम्हारी तरह नहीं दिखते होंगे और न किसी को तुम्हारे नगर व तुम्हारे नाम आदि के विषय में जानकारी होगी।"

रेवती के चेहरे पर भी भय मिश्रित आश्चर्य उमड़ आया। ब्रह्मा जी बोले, "हाँ पुत्री! अब धरती पर मनुष्यों की क़द-काठी इतनी छोटी हो गई है कि तुम उन्हें दैत्यों या राक्षसों जैसे दिखोगी। तुम निराश मत होना। तुम्हें धरती पर ही अपने लिए एक दिन सुयोग्य वर मिलेगा और वह स्वयं तुमसे भेंट करने आएगा। तुम उसे देखते ही स्वतः पहचान लोगी।"

रेवती और रेवत ब्रह्मा जी से भेंट करके धरती पर आए तो उनकी सारी बातें अक्षरक्षः सत्य निकलीं। वास्तव में उनके राज्य का अस्तित्व नहीं रहा था। पिता और पुत्री ब्रह्मा जी के वचन को ध्यान में रखते हुए, उस निर्जन टापू पर वास करते हुए, उस दिन की प्रतीक्षा करने लगे, जब रेवती का वर स्वयं उनके सम्मुख होगा।

इस प्रकार एक दिन कृष्ण और बलराम की भेंट रेवती और रेवत से होती है। रेवत उन्हें बताते हैं कि वे सत्ताईस युगों पूर्व कुशस्थली साम्राज्य के सम्राट थे जो उसी स्थान पर बसा हुआ था। वे अपनी कथा बताने के बाद जानना चाहते हैं कि द्वारिका को बसे हुए कितना समय हो गया। कृष्ण

उन्हें बताते हैं द्वारिका को यदुवंशियों ने कुछ ही वर्ष पूर्व बसाया है। इसी वार्तालाप के दौरान रेवती बलराम को पहचान लेती है और कहती है, "मैंने आपको पहचान लिया है, आप बलराम हैं न!" रेवती स्वयं हैरान थी कि वह सामने खड़े व्यक्ति को कैसे जान गई और उसे तो उसका नाम भी पता था। बलराम भी रेवती को देख कर विस्मित थे। उन्हें भी ब्रह्मा जी ने ऐसी ही एक कन्या से होने वाली भेंट का पूर्वाभास दिया था परंतु वे इस घटना पर विश्वास नहीं कर पा रहे थे।

रेवती का वर उसके सामने था परंतु बलिष्ठ बलराम भी उसके सामने किसी बालक की तरह छोटे लग रहे थे। रेवती ने सिर झुका कर कहा, "हमारा विवाह कैसे हो सकता है, मैं तो आप लोगों जैसी नहीं दिखती आप मेरे सामने किसी बालक के समान लग रहे हैं।" बलराम बोले, "आप थोड़ा झुकिए, मैं अभी इस समस्या को हल कर देता हूँ। मुझे ब्रह्मा जी ने यह उपाय भी दे दिया था।" रेवती झुकती है और बलराम उसके कंधों पर अपने हल का स्पर्श करते हैं। रेवती की लंबाई कम होती और वह बलराम के समान दिखने लगती है। इस तरह उनका विवाह हो जाता है। बलराम को द्वारिका नामक टापू दहेज में मिलता है। कुछ कथाओं में कहते हैं कि कृष्ण ने देवशिल्पी विश्वकर्मा को बुलवाया था जिन्होंने जरासंध की पहुँच से बहुत दूर, द्वारिका की अद्भुत नगरी का निर्माण किया था।

क्या कृष्ण और उनकी पत्नियों की कोई अन्य कथाएँ भी मिलती हैं?

आंध्र प्रदेश में कृष्ण के दांपत्य जीवन की कहानियाँ और प्रसंग बहुतायत में सुनने को मिलते हैं। इन्हें भागवत कथा कहते हैं। दक्षिण में राधा और गोपियों के प्रसंगों की तुलना में, द्वारिका वाले कृष्ण और उनकी पत्नियों की कहानियों को ज़्यादा पसंद किया जाता है।

कृष्ण की पत्नी सत्यभामा और रुक्मिणी के बीच होने वाले संघर्ष की कथा बहुत प्रसद्धि है। रुक्मिणी और सत्यभामा के स्तर, पद और स्वभाव में बहुत अंतर था और उनके बीच सदा एक प्रतियोगिता की भावना बनी रहती थी। रुक्मिणी कृष्ण की पत्नी थी जो विदर्भ देश की राजकुमारी थी। उसके पिता उसका विवाह शिशुपाल से कर देना चाहते थे। तब रुक्मिणी ने कृष्ण को संदेश भेजा कि वह उनसे प्रेम करती है और उनसे ही विवाह

करना चाहती है। यदि वे न आए तो रुक्मिणी का विवाह शिशुपाल से हो जाएगा। यह संदेश पा कर कृष्ण रुक्मिणी को अपने साथ भगा ले जाते हैं और दूवारिका में आ कर वे प्रणय सूत्र में बँध जाते हैं।

उसी समय जरासंध को पहली बार यह पता चलता है कि कृष्ण जीवित हैं। जब जरासंध ने मथुरा नगरी को भस्म किया था तो उसे लगा कि कृष्ण कभी जल कर मृत्यु हो गई। उसे यह नहीं पता था कि वे सारे यदुवंशियों को अपने साथ सुरक्षित ले गए थे और सभी दूवारिका नगरी में रह रहे थे। जब रुक्मिणी के किसी के साथ भागने का समाचार फैला तो उन्होंने पूछा कि वह किसके साथ गई है। उसे उत्तर मिला कि रुक्मिणी कृष्ण के साथ भागी है। इस प्रकार कृष्ण के जीवन में आने वाली रुक्मिणी औपचारिक तौर पर वधू बन कर नहीं आई थी इसलिए वह अपने साथ कोई दहेज व उपहार आदि नहीं लाई। वह उनकी निर्धन पत्नी है।

दूसरी ओर सत्यभामा, एक धनी यादव सरदार सत्राजित की पुत्री है जो पूरे आदर व मान सहित कृष्ण की पत्नी बन कर परिवार में आई है। इसी विवाह के साथ कृष्ण को यादव वंश के बीच स्थान मिलता है और सत्राजित के जमाई के रूप में वे एक यादव की तरह मान पाते हैं। उनका पालन-पोषण गोपालों के बीच हुआ इसलिए कभी-कभी उनके यदुवंशी होने पर संदेह प्रकट किया जाता था। इस प्रकार सत्यभामा से विवाह करने पर कृष्ण को यह मान, सम्मान, पद, सामाजिक स्तर व धन-संपदा आदि प्राप्त होते हैं।

एक पत्नी निर्धन है और उनसे नेह रखती है और दूसरी पत्नी उनकी सामाजिक प्रतिष्ठा का माध्यम बनी है। इनमें से कौन महत्त्वपूर्ण है? कृष्ण को उन दोनों के मध्य संतुलन साधना है। रुक्मिणी स्वभाव से शांत व कोमल है जबकि सत्यभामा का स्वभाव चंचल है और वह हर वस्तु पर अपना अधिकार भाव बनाए रखती है। जब कृष्ण इंद्र के आग्रह पर नरकासुर को पराजित करते हैं तो सत्यभामा कृष्ण से कहती है कि उन्हें इंद्र से इस कार्य के बदले में कोई उपहार लेना चाहिए। इंद्र नरकासुर को परास्त नहीं कर पा रहा था तो उसने कृष्ण से इस कार्य को पूरा करने के लिए मदद ली। वे गरुड़ पर सवार हो कर नरकासुर का वध करते हैं। कृष्ण पहले तो सत्यभामा के आग्रह को टालते हैं परंतु जब वह नहीं मानती तो उन्हें पूछना ही पड़ता है कि सत्यभामा इंद्र से उपहारस्वरूप क्या चाहती है। सत्यभामा की इच्छा है कि

पारिजात का वृक्ष उसके महल के आँगन में लगाया जाए ताकि उसे स्वर्गिक पुष्प की सुगंध और दर्शन मिल सके।

कृष्ण इंद्र से इस विषय में कहते हैं तो इंद्र साफ़ इंकार कर देते हैं। वे अपने स्वर्ग के दैवीय वृक्ष को द्वारिका नहीं भेजना चाहते। जब उन्हें कृष्ण की सहायता की आवश्यकता थी तो वे विनम्र भाव से मदद लेने चले गए परंतु अब निर्लज्ज बन कर इस छोटे से उपहार के लिए मना कर देते हैं। यह सुन कर कृष्ण को क्रोध आ जाता है और वे इंद्र से बलपूर्वक पारिजात का वृक्ष ले कर धरती पर आ जाते हैं।

इस स्थान पर आ कर यह लोकप्रसंग और भी रोचक मोड़ ले लेता है। सत्यभामा यह देख कर प्रसन्न होती है कि कृष्ण उसके लिए मनचाहा पारिजात का वृक्ष इंद्र से छीन कर ले आए हैं। उसे वृक्ष के पुष्प और उनकी सुगंध तो प्रिय है परंतु वह उसकी देखरेख नहीं करना चाहती। वह कहती है, "यह तो आपने बहुत अच्छा किया परंतु आप इसे मेरी बहन रुक्मिणी के महल के आंगन के कोने में लगवा दें। इस तरह उसे भी अच्छा लगेगा।" कृष्ण सत्यभामा की चाल भाँप जाते हैं। वह चाहती है कि रुक्मिणी के आंगन में वृक्ष लगाया जाए। रुक्मिणी देखरेख करेगी और सत्यभामा के आंगन में उसके पुष्प गिरेंगे और उनकी महक आएगी। पारिजात को रुक्मिणी के आंगन में रोप दिया जाता है।

कृष्ण सत्यभामा से कहते हैं, "सत्यभामे, तुमने अपने मन की साध पूरी कर ली। अब मेरी बात सुनो। इस वृक्ष पर तभी पुष्प आएँगे, जब मैं रुक्मिणी के साथ रहूँगा।" इस तरह सत्यभामा के लिए वे पुष्प आनंद नहीं पीड़ा का कारण बन जाते हैं। पुष्पित वृक्ष को देखते ही वह उसके सौंदर्य का पान करने की बजाए इस चिंता में डूब जाती है कि पति उसकी सौत के साथ रमण कर रहे हैं। वह लाख जतन करने भी पुष्प की सुंदरता का रसपान नहीं कर पाती।

क्या कृष्ण के पुत्रों की भी कोई कथाएँ मिलती हैं?

कृष्ण को अपनी अनेक पत्नियों से अनेक पुत्रों की प्राप्ति होती है। परंतु यदि उनके प्रिय पुत्र का नाम लें तो प्रद्युम्न का नाम आता है, जो रुक्मिणी का पुत्र है। प्रद्युम्न का जन्म होने पर द्वारिका में धूमधाम से

समारोह मनाया जाता है। जरासंध के संकेत पर शम्बासुर नवजात शिशु को चुरा कर ले जाता है। द्वारिका नगरी में जब तक सबको इस बारे में पता चलता है, तब तक वह बालक को सागर में फेंक चुका होता है। किसी को शिशु का कोई अता-पता नहीं चलता।

इधर समुद्र में एक मछली शिशु को निगल लेती है। एक मछुआरा अपने जाल में मछली को पकड़ता है। वह मछली का पेट चीरता है तो उसमें एक नवजात बालक निकलता है जो अभी जीवित है। मछुआरा शम्बासुर की रसोई में ही मछली देता था। वह उस कटी हुई मछली और शिशु को शम्बासुर की रसोई में ही दे देता था। मायावती नामक दासी शिशु का ख़याल रखती है। कुछ स्थानों पर इसे विद्यावती कहा गया है। वह स्त्री प्रद्युम्न को पालती-पोसती है। वह पूर्व जन्म में कामदेव की पत्नी रति थी। नारद उसे बताते हैं कि प्रद्युम्न पिछले जन्म में उसका पति कामदेव ही था।

इस प्रकार कृष्ण का पुत्र प्रद्युम्न बड़ा होने पर शम्बासुर का वध कर देता है। वह विद्यावती के साथ द्वारिका आता है और उनका विवाह हो जाता है।

कृष्ण को द्वारिकाधीश कहते हैं। क्या वे द्वारिका के राजा हैं?

द्वारिकाधीश का अर्थ है, 'द्वारिका के संरक्षक।' कृष्ण यदुवंश से संबंध रखते हैं और यादव राजा नहीं बन सकते क्योंकि उन्हें ययाति का शाप मिला था। एक प्रकार से यदुवंश लोकतांत्रिक समाज था। वहाँ सुधर्म परिषद थी और एक गणतंत्र की तरह शासन व्यवस्था चलाई जाती थी। परिषद में अलग-अलग लोग शामिल थे। मथुरा में इस परिषद में सूरसेन व उग्रसेन आदि हुआ करते थे। कंस ने परिषद को भंग किया और राजा बना, तभी उसे एक भयानक मृत्यु मिली।

द्वारिका बहुत सारे सरदारों के मेल से बनी थी जैसे सत्यभामा के पिता सत्राजित, कृष्ण, बलराम व उग्रसेन आदि।

द्वारिका का विध्वंस कैसे हुआ?

कृष्ण के उत्थान व पतन के साथ ही द्वारिका का उत्थान व पतन भी जुड़ा

है। 'महाभारत' में जब कुरुक्षेत्र के युद्ध में सारे कौरव भाई मारे जाते हैं तो गांधारी के दुःख की सीमा नहीं रहती। वह अपने पुत्रों के अंतिम संस्कार के समय कृष्ण को शाप देती है कि जिस तरह कृष्ण के होते हुए भी, गांधारी को अपने वंश का नाश देखना पड़ा। उसी प्रकार कृष्ण को भी अपने वंश के विनाश का साक्षी होना होगा। उनकी आँखों के सामने उनका वंश नष्ट हो जाएगा। उनकी द्वारिका नगरी जलमग्न हो जाएगी। यह शाप 'महाभारत' की घटना के छत्तीस वर्ष बाद फलीभूत हुआ।

यादव प्रभास तीर्थ पर गए हुए हैं। बातों ही बातों में मदिरापान का पर्व आरंभ होता है जबकि मदिरापान करना वर्जित कर दिया गया था। उनके बीच महाभारत और कुरुक्षेत्र के विषय पर चर्चा छिड़ जाती है यादवों के दो गुट बन जाते हैं। एक पक्ष कौरवों का समर्थन करता है तो दूसरा पक्ष पांडवों को उचित ठहराता है।

हालाँकि द्वारिका विध्वंस के पीछे एक और शाप की कथा भी कही जाती है। महर्षि कण्व, विश्वामित्र तथा नारद आदि द्वारिका गए तो यादव कुल के युवकों को उपहास सूझा। वे कृष्ण के पुत्र साम्ब को गर्भवती स्त्री के वेष में उनके पास ले गए और पूछा कि उसके गर्भ से कौन सी संतान का जन्म होगा। महर्षि क्रुद्ध हो उठे और उसके पश्चात् होने वाली अनिष्ट सूचक घटनाओं के साथ ही द्वारिका के भावी विनाश की भूमिका बन गई।

इस प्रकार उस दिन जब राजवंशी आपस में बहस कर रहे थे तो बातों ही बातों में उनके बीच संघर्ष होने लगा। देखते ही देखते उनका वार्तालाप युद्ध में बदल गया। कृष्ण के सामने ही उनके पुत्र व पौत्र तथा अन्य यदुवंशी आपस में लड़ते हुए मारे गए और वे कुछ नहीं कर सके क्योंकि वे जानते थे कि यह सब शाप का प्रभाव था और यदुवंश के प्रारब्ध में यही बदा था। इसके बाद एक भारी भूकंप आया और उनकी द्वारिका नगरी भी समुद्र के रसातल में चली गई।

पुरातत्वविदों ने द्वारिका के निकट समुद्र में एक और नगरी के अवशेष पाए हैं। उन्हें बंदरगाह, जेटी और लंगर आदि मिले हैं। लोगों का मानना है कि वही कृष्ण जी की नगरी है। ऐसा हो भी सकता है परंतु अभी इसके लिए कोई ठोस प्रमाण उपलब्ध नहीं हैं। यह आस्था और श्रद्धा का विषय है। जब तक आपको कोई प्रतीक चिन्ह अथवा लिखित रूप से कोई प्रमाण

या अंकन नहीं मिलता, आप पक्के तौर पर कुछ नहीं कह सकते। परंतु जब लोग द्वारिकाधीश मंदिर के दर्शन करने जाते हैं, तो वे बेट द्वारिका के दर्शन अवश्य करते हैं, उसी स्थान पर पुरातात्विक अवशेष प्रदर्शन के लिए रखे गए हैं।

7

द्रविड़

यदि हम महान महाकाव्यों की चर्चा करें तो 'रामायण' व 'महाभारत' का नाम आता है। परंतु दक्षिण भारत में, तमिल में भी अनेक महाकाव्य रचे गए हैं। 'महाभारत' का आधार, उत्तर भारत में हस्तिनापुर व इंद्रप्रस्थ है। राम अयोध्या से लंका - उत्तर से दक्षिण की ओर जाते हैं। क्या कुछ ऐसी कथाएँ भी हैं जो दक्षिण भारत से उपजीं?

जब उत्तर भारत में 'रामायण' व 'महाभारत' रचे जा रहे थे तो दक्षिण भारत में तमिल भाषा में अनेक महाकाव्य रचे गए। मदुरा और कांचीपुरम जैसे स्थानों पर, आज से लगभग तीन हज़ार वर्ष पूर्व कवियों का संगम या भेंट हुआ करती थी। 'संगम' तमिल कवियों का संघ अथवा मंडल था जिसे राजकीय संरक्षण प्राप्त था। इस संघ में ऋषि व मुनि भी भाग लेते। संगम साहित्य अपने-आप में एक परंपरा थी। यही एकमात्र साहित्यिक स्रोत है जिससे हमें दक्षिण के जनजीवन के बारे में स्पष्ट जानकारी मिलती है। संगम कविताएँ तमिल भाषा की पहली सशक्त रचनाओं की श्रेणी में आती हैं और इसके दौरान ही दो प्रकार के काव्यों की रचना हुई। कवियों, लेखकों, आचार्यों, बुद्धिजीवियों और विद्वानों ने 'पुरम' व 'अगम' कविताएँ रचीं। कहते हैं कि प्रथम संगम मदुरा में अगस्त्य ऋषि की अध्यक्षता में संपन्न हुआ था। पुरम काव्य में नगर की चर्चा हुई और अगम काव्य में भावों की चर्चा की गई। बुनियादी रूप से इन्हें बाहरी और आंतरिक परंपरा का नाम दे सकते हैं।

संभवतः यह परंपरा वैदिक परंपरा से उपजी होगी जिनमें हमें अरण्य व ग्राम गान देखने को मिलते हैं। बाहरी परंपरा यानी पुरम काव्य में वीर रस का काव्य मिलता है जैसे कोई राजा कितनी भव्यता के साथ हाथी पर सवार हो कर युद्ध को जा रहा है। वह किस तरह अपनी वीरता का प्रदर्शन करता है। जबकि आंतरिक परंपरा यानी अगम काव्य में शृंगार भाव के दर्शन होते हैं। इनमें आपको स्त्रियों के प्रेम और विरह, वात्सल्य आदि के प्रसंग देखने को मिलते हैं।

इस समृद्ध परंपरा की अपनी ही एक ऊर्जा रही जिसमें स्त्रियों की महत्त्वपूर्ण भूमिका थी। इसमें आपको ग्राम देवी और देवता की कथा मिलेगी। वैदिक काल की झलकी मिलेगी। पृष्ठभूमि में यज्ञ की चर्चा होगी। इसमें बौद्ध और जैन परंपरा के भी दर्शन होंगे। राजा, रानी, राजा की गणिकाओं, सिपाहियों, व्यापारियों, श्रेष्ठियों व उनकी पत्नियों आदि की कथाएँ मिलेंगी। इनमें आपको श्रेष्ठि वर्ग की कथाएँ बहुतायत में मिलेंगी जो नावों में अपना सामान लाद कर सुदूर देशों में व्यापार के लिए निकलते थे। दक्षिण भारत में यह एक बड़ी परंपरा रही है। व्यापारी वस्त्रों व मसालों का व्यापार करने के लिए, जलमार्ग से दक्षिण पूर्व एशिया, मिस्र व रोम आदि स्थानों की लंबी-लंबी यात्राएँ किया करते थे।

वही संपन्न और धनिक व्यापारी वर्ग, वर्तमान में चेट्टियार कहलाते हैं, जिनका एक लंबा इतिहास रहा है। इन्हें दक्षिण भारत काव्य में प्रस्तुत किया गया। 'रामायण' और 'महाभारत' में आपको केवल राजा-रानी और ऋषियों-मुनियों के प्रसंग मिलेंगे परंतु दक्षिण भारतीय महाकाव्य तत्कालीन समाज के सामाजिक, आर्थिक, धार्मिक व राजनीतिक जीवन के संबंध में भी जानकारी देता है।

तीसरी से चौथी सदी के मध्य पाँच महाकाव्य लिखे गए, जिनमें से चार महाकाव्य विशेष रूप से महत्त्वपूर्ण माने जाते हैं। इनमें से पहला है - 'शिल्लपदिकारम्' यानी नुपुर कथा, यह देवी कण्णगी की कथा है जो एक व्यापारी की पुत्री है। दूसरा - 'मणिमेखलई,' यह एक गणिका की पुत्री की कथा है। तीसरा - 'जीवक चिंतामणि,' यह एक योद्धा की कथा है और चौथा - 'कुंडलकेशी' है जो एक व्यवसायी की पुत्री की कथा है।

'शिल्लपदिकारम्' नामक महाकाव्य को सर्वश्रेष्ठ माना गया है। इसमें व्यापारी की पुत्री कण्णगी की केंद्रीय भूमिका है। इस महाकाव्य का नायक कोवलन है। पुपुहार नामक स्थल पर कण्णगी और कोवलन का विवाह संपन्न होता है। कोवलन को अपनी पत्नी से प्रेम है किंतु अपनी सामाजिक स्थिति व तत्कालीन प्रथा के चलते, उसे मित्रों के साथ जुआ खेलने, मदिरापान करने व गणिकाओं के पास जाने की कुटेव है। धीरे-धीरे उसका अपने पर नियंत्रण नहीं रहता और घर में सुंदर-सुघड़ पत्नी होने के बावजूद वह गणिका माधवी से प्रेम करने लगता है। वह उस पर सब कुछ न्यौछावर कर देता है और कुछ ही समय में ऐसी परिस्थितियाँ बन जाती हैं कि वह अपना सब कुछ गँवा देता है। अब दशा यह है कि प्रेमिका के पास जाने या जुआ खेलने को भी, जेब में कानी कौड़ी तक नही बचती है।

वह लड़खड़ाते क़दमों से घर की राह लेता है। पत्नी कण्णगी अपने पति की ऐसी दशा देख व्याकुल हो उठती है परंतु कोवलन पर कुछ भी समझाने का प्रभाव नहीं होता। पहले वह उसे उलाहना देती है कि उसने विवाह में दिए गए वचनों का मान नहीं रखा। उसने अपनी पत्नी का निरंतर अपमान और उपेक्षा की परंतु कोवलन टस से मस नहीं होता। इसके बाद कण्णगी रोते-रोते उसे अपने पिता की प्रतिष्ठा का स्मरण करवाते हुए कहती है, "यदि यह समाचार किसी तरह मेरे संपन्न और समाज में आदरणीय पिता तक चला गया कि हमारा मसालों का व्यापार ठप्प हो चुका है तो जानते हो उनका कितना उपहास होगा। समाज में हम किसी को मुँह दिखाने योग्य नहीं रहेंगे।"

जब कोवलन से कोई उत्तर देते नहीं बनता तो कण्णगी व्यथित हो कर अपने हाथ के कंगन उतार कर उसके हाथों पर रख देती है, "स्वामी, मैंने सदा आपको हृदय से चाहा और तन-मन व धन से आपकी सेवा की किंतु आपको मेरे प्रेम का मान निभाना नहीं आया। आप ये कंगन रखें, ये आपने हमारे विवाह की सालगिरह पर मुझे भेंट में दिए थे। इन्हें ले जाएँ और फिर कभी लौट कर मेरे पास न आना। मैं बहुत दुखी मन से अपने संबंध को समाप्त करती हूँ।"

यह वाक्य सुन कर कोवलन के हृदय को ठेस लगती है। उसे चेत आता है कि वह गणिका माधवी और अपने लंपट मित्रों के फेर में पड़ कर, इतनी स्नेहमयी और प्रिय पत्नी को ठुकरा रहा था। आँखें खुलते ही जैसे उसे

अपनी एक-एक भूल दिखाई देने लगती है। वह अपनी भूलों पर पश्चाताप करते हुए, कण्णगी के सम्मुख हाथ जोड़ कर विनती करता है, "नहीं देवी! मुझे अपने किए पर शर्मिंदगी है। मैंने अपने बुरे स्वभाव के चलते सदा अपने उत्तरदायित्वों की उपेक्षा की। एक गृहस्थ जीवन में प्रवेश करने के बाद भी इसे सच्चे दिल से नहीं अपनाया। तुम मुझे एक बार क्षमा कर दो। एक बार फिर से अपने साथ रहने का अवसर दो। मैं तुम्हें फिर कभी शिकायत का मौक़ा नहीं दूँगा। मैं नई ऊर्जा व उत्साह से अपने व्यवसाय को पुनः आरंभ करूँगा और शीघ्र ही अपना खोया हुआ पद, मान व धन वापस पा लूँगा।" पति-पत्नी के बीच आपसी मेल के बाद चर्चा होती है कि डूबे हुए व्यवसाय को तारने के लिए धन कहाँ से आएगा।

उस समय कण्णगी उसे अपने बहुमूल्य पायल ला कर देती और कहती है, "ये बहुमूल्य नुपुर पिता जी ने विवाह के समय उपहार में दिए थे। ये अपने-आप में बेशक़ीमती हैं। लगता है, यही हमें एक नए जीवन का आरंभ करने में सहायक होंगे। आप इन्हें बेच कर, धन को व्यापार में लगा दें।" कोवलन भारी हृदय से कण्णगी का उपहार स्वीकार कर, सुवर्णकार के पास जाता है।

वह कुछ ही समय में पायल को बेच कर घर लौटता है और वापसी में घर का आवश्यक सामान भी ले लेता है। ज्यों ही वह घर में क़दम रखता है तो राजा का सिपाही उसे पकड़ कर ले जाते हैं। उसने जिस सुवर्णकार को पायल बेची थी। उसने वह पायल राजा को ले जा कर दिखाई और महल में हंगामा हो गया। कुछ ही दिन पहले रानी की ठीक वैसी पायल चोरी हो गई थी। यही माना गया कि कोवलन ने पहले महल से पायल चुराई और फिर उसे बाज़ार में बेचा है।

राजा को इतना गुस्सा आता है कि वह झट से कोवलन को मृत्यु दंड दे देता है। इधर कण्णगी भागी-भागी महल पहुँचती है और राजा से फ़रियाद करती है कि उसका पति चोर नहीं हो सकता। उसे बताया जाए कि उसके पति पर क्या इल्ज़ाम लगाया गया है। राजा के संकेत पर उसे बताया जाता है कि कोवलन ने रानी की पायल चुरा कर बेचने का अपराध किया है। जब कण्णगी के आग्रह पर उसे वह पायल दिखाई जाती है तो उसके आवेश की सीमा नहीं रहती। वह अपने पल्लू के छोर से, ठीक वैसी दूसरी पायल राजा

के सामने प्रस्तुत कर देती है, "महाराज! यह पायल आपकी पत्नी की नहीं, यह मेरे नुपुर हैं जो मेरे धनिक पिता ने विवाह के समय उपहार में दिए थे। मैंने ही अपने पति को इन्हें बाज़ार में बेचने भेजा था। आप सुवर्णकार से पुनः पूछताछ करें। आपको कोई भ्रम हुआ है।"

जब तक राजा को अपनी भूल का एहसास होता, तब तक तीर कमान से निकल चुका था। एक सैनिक आ कर सूचना देता है कि उन्होंने कोवलन को मृत्यु दंड दे दिया है। सुवर्णकार को जेल भेज दिया जाता है परंतु कोवलन को तो वापस नहीं लौटाया जा सकता था। कण्णगी सती अपने रौद्र रूप में आ जाती है और राजा क्षमायाचना करने लगता है।

इन सभी महाकाव्यों में हमें सती की शक्ति के दर्शन होते हैं। सती के पास जादुई शक्तियाँ होती हैं। वह आग पर जलने के बावजूद जलती नहीं है। वह किसी को भी श्राप दे सकती है। इस काव्य में कण्णगी दुखी हो कर सारे मदुरै शहर को जला कर रख कर देती है। दक्षिण भारत व यहाँ तक कि श्रीलंका में भी देवी कण्णगी की मूर्तियों का प्रचलन है। सामान्य जन-जीवन कण्णगी को देवी के रूप में पूजा जाता है।

'मणिमेखलै' की क्या कथा है?

'मणिमेखलै' महाकाव्य की कथा का संबंध कण्णगी की कथा से ही है। कोवलन अपनी प्रेमिका माधवी को छोड़ कर अपनी पत्नी के साथ पुनः गृहस्थ जीवन आरंभ करता है और मदुरै में ही रहने लगता है परंतु माधवी गणिका उसे वास्तव में चाहती थी। वह उसकी संतान मणिमेखलै को जन्म देती है। मणिमेखलै बड़ी हो कर एक प्रतिभावान सुंदरी नर्तकी के रूप में सामने आती है। उसे इस प्रेम व संसार से विरक्ति है। उसने देखा है कि किस प्रकार सांसारिक बंधन ने उसकी माँ माधवी, कोवलन और कण्णगी का जीवन नष्ट कर दिया। वह इनसे दूर रहने का निर्णय लेती है। उस राज्य का राजकुमार बारंबार मणिमेखलै से आग्रह करता है कि वह उससे विवाह कर ले ताकि वे सुखपूर्वक जीवन व्यतीत कर सकें परंतु मणिमेखलै अपने संकल्प पर अटल रहती है। वह अपने पूजन-अर्चन में मग्न रहती और एक दिन सागर की देवी प्रकट होती है। वह उसे अपने साथ एक द्वीप पर ले जाती है। उस स्थान पर मणिमेखलै की भेंट भगवान बुद्ध से होती है। वह उनके दर्शन

करके एक भिक्खुणी बन जाती है। उसे अमृत सुरभि नामक कलश दिया जाता है और वह उसी दिन से लोगों की सहायता करते हुए, सात्विक भाव से जीवन जीने लगती है।

एक योद्धा की कथा भी महाकाव्यों में सुनाई जाती है?

जी, यह कथा 'जीवक चिंतामणि' की है। वह एक भोगी प्रवृत्ति का राजा है। उसका सारा समय अपनी पत्नियों व रक्षिताओं के साथ भोग-विलास में बीतता है। उसका मंत्री उसके इस व्यवहार का लाभ उठाते हुए, उसकी हत्या करके, सत्ता को अपने वश में कर लेता है। उस समय राजा की पटरानी गर्भ से थी। वह किसी तरह महल से दूर भाग जाती है ताकि मंत्री उसके अजन्मे शिशु की भी हत्या न कर दे। वह एक श्मशान भूमि में बालक को जन्म देती है और उसे एक व्यापारी के घर छोड़ देती है। राजकुमार का पालन-पोषण व्यापारी के परिवार में होता है। वह बड़ा हो कर एक वीर और सजीले नवयुवक के रूप में सामने आता है। उसका जीवन भी अपनी अनेक पत्नियों व प्रेमिकाओं के बीच आनंद से बीतने लगता है परंतु एक दिन उसे उसके इतिहास के बारे में पता चलता है तो वह मंत्री को परास्त कर अपने पिता का राज्य वापस पाने का प्रण लेता है। वह मंत्री को हटा कर, राज्य का नया राजा बनता है और फिर राजसी ठाठ-बाठ और ऐश्वर्य का पूरा भोग लेता है। अनेक युद्धों में भाग ले कर अपनी धरती का विस्तार करता है। कई अन्य राज्यों की राजकुमारियों से विवाह करता है परंतु अंततः सब कुछ त्याग कर, जैन मुनि बन जाता है। उसे सांसारिक जीवन से विरक्ति हो जाती है।

तमिल महाकाव्यों में हमें लोगों की कथाएँ पढ़ने को मिलती हैं। उनके रोज़मर्रा के जीवन के बारे में जानने का अवसर मिलता है, जबकि 'रामायण' में केवल ऋषियों और राजाओं के प्रसंग ही क्यों आते हैं?

जी, यह एक बड़ा अंतर है। इन कथाओं में भोग और योग जीवन के बीच के तनाव को दर्शाया गया है। इनमें विरह, शृंगार, नर्तकियाँ और प्रेम है परंतु यह जीवन दुख से भरा है जिसका श्रमण परंपरा में निषेध किया गया है, इसे आप योग भावना कह सकते हैं। हमें सब कुछ त्याग कर, अपने-आप को वश में करना होता है इन कहानियों में त्याग की भावना विशेष तौर पर

देखने को मिलती है। संगम साहित्य ऐसी अनेक कथाएँ जिनमें हमें धर्म, अर्थ व काम का परिचय मिलता है परंतु बौद्ध और जैन धर्म के आगमन और प्रभाव के साथ ही मोक्ष की अवधारणा सामने आने लगी। इसी संसार में सब कुछ नहीं है। हमें उस अलौकिक संसार के बारे में भी सोचना है, उसे पाने का प्रयत्न करना है, जहाँ चारों ओर शांति व स्थितप्रज्ञता है।

इन महाकाव्यों में देवी व देवताओं का उल्लेख नहीं है?

इन तमिल महाकाव्यों में आपको ग्राम देवियों और ग्राम देवताओं के प्रसंग पढ़ने को मिलेंगे। मुरुगन भी ऐसे ही एक वीर और ओजस्वी देव हुए हैं जिन्हें एक पर्वत पर खड़ा दिखाया जाता है। परंतु इन कथाओं में भगवान या ईश्वर का कहीं नाम नहीं आता। यदा-कदा स्थानों पर ईश्वर की बात कही गई है परंतु प्रमुख रूप से ऐसा नहीं है। इन कथाओं में आपको आत्म-बोध की तुलना में वैराग्य की झलकियाँ अधिक देखने को मिलती हैं।

राम और कृष्ण देवता हैं और वे 'रामायण' और 'महाभारत' के प्रधान पात्र हैं। तमिल महाकाव्य में ऐसे कोई पात्र नहीं हैं?

'रामायण' में राम की कथा और 'महाभारत' में कृष्ण की कथा को प्रत्यक्ष तौर पर भगवान या देवता से नहीं जोड़ा गया है। इसके बाद जब पुराण आए तो उन्हें भगवान कहा गया। संभवतः, इससे पूर्व वे वीर योद्धा थे, जो धीरे-धीरे अवतार और फिर भगवान बने। यह रूपांतरण वेद परंपरा यानी हिंदू परंपरा में देखने को मिलती है। परंतु बौद्ध और जैन परंपरा में ऐसा नहीं है। इनमें महापुरुषों की बात है या फिर कण्णगी, मणिमेखलै, जीवक, भद्र व कुंडलकेशी आदि पात्र हैं जिन्हें सामान्य जनजीवन से लिया गया है। इनमें भिक्खु और भिक्खुनियों की कथाएँ लोकप्रिय हुई हैं।

मैंने तमिल वेदों के बारे में सुना है, क्या ये भी वेदों के साथ ही आए हैं?

तमिल वेद 'तिरुकुरल' नामक साहित्य है, जिसमें कुरल यानी दोहे लिखे गए हैं। तिरुवल्लुवर नामक रचे गए इन कुरलों को नीति शास्त्र की महान रचना कहा जाता है। इनमें धर्म, अर्थ व काम जैसे विषयों को बहुत ही ख़ूबसूरती

और सादगी के साथ पेश किया गया है। संपूर्ण ग्रंथ में 1330 कुरल हैं। यह एक मुक्तक काव्य हैं परंतु इसके बावजूद सिलसिलेवार तरीके से विषयों का प्रतिपादन किया गया है। संगम साहित्य के महाकाव्यों के उपरांत, कवि कम्ब की 'रामावतारम्' नामक रामायण आती है। पहली बार 'रामायण' को स्थानीय भाषा, तमिल में रचा गया। उस समय तक दक्षिण भारत में हिंदू विचारों का आगमन होने लगा था। उसी समय के दौरान अलवर (विष्णु काव्य) और नयनार (शिव काव्य) प्रसिद्ध हुए, जिन्होंने भारत में भक्ति के बीज बोए। धीरे-धीरे यही भाव उत्तर भारत की ओर जाने लगा। बौद्ध और जैन परंपरा, उत्तर भारत से दक्षिण भारत की ओर गई परंतु भक्ति रस ने दक्षिण से उत्तर की ओर प्रस्थान किया। 'भगवद् गीता' में हमें भक्ति शब्द तो मिलता है परंतु भक्ति से जुड़ा भाव व काव्य आदि मूल रूप से दक्षिण भारत में ही उपजा। यह मेरा मानना है।

अनेक पात्र उत्तर से दक्षिण भारत की ओर गए। जैसे राम व अगस्त्य मुनि आदि। क्या माइथोलॉजी में ऐसे भी कोई पात्र हुए हैं जो दक्षिण से उत्तर भारत की ओर आए हों?

मदुरै की रानी मीनाक्षी एक वीरांगना थी जिसने संपूर्ण देश को विजित किया। उसने अपनी सेना के बल पर सारे जंबू द्वीप को अपने अधीन कर लिया था। जब वह उत्तर में कैलास पर्वत पर पहुँची तो वहीं उसकी भेंट शिव जी से हुई। इसके बाद शिव जी दक्षिण में आए और उनका विवाह हुआ। आज भी मीनाक्षी अम्मा के मंदिर में, उनकी मूर्ति का विवाह शिवजी से रचाया जाता है। पौराणिक गाथा के अनुसार भगवान शिव सुंदरेश्वरर के रूप में अपने गणों सहित मदुरै पधारे। मीनाक्षी देवी पार्वती का अवतार मानी जाती हैं।

8

जैन धर्म

कहा जाता है कि महात्मा गांधी जैन धर्म से बहुत प्रेरित थे। आज हम जैन धर्म को बेहतर तरीक़े से जानने का प्रयत्न करेंगे। आप हमें बताएँ कि जैन धर्म का आरंभ कहाँ से हुआ?

अगर आप जैन अगम और हिंदू ग्रंथों को देखें तो कहा जाएगा कि ये अनादि काल से हैं। ये सनातन हैं। इन्हें समय की परिधि में नहीं बाँधा जा सकता। यह सनातन धर्म है। समय-समय पर कोई ज्ञानी इस अनंत ज्ञान को उसी प्रकार प्राप्त करता है जैसे कोई वृक्ष से पके हुए फल को तोड़ कर लोगों को दे देता है। अगर आप सनातन धर्म की कल्पना एक विशाल वृक्ष के रूप में करें, तो हिंदू धर्म, जैन धर्म, बौद्ध धर्म व सिख धर्म को इसकी शाखाओं के तौर पर देखा जा सकता है। इन सबके भीतर एक अवधारणा सामान्य रूप से वास करती है - वह कर्म की अवधारणा है। यह कहना कठिन है कि जैन धर्म का आरंभ कहाँ से हुआ। आपको सिंधु घाटी की सभ्यता के दौरान जो वस्तुएँ प्राप्त हुईं, उनमें कुछ मुहरें भी मिलीं जिन पर बैल, हाथी व ऋषभ आदि अंकित हैं, जो सभी महत्त्वपूर्ण जैन प्रतीक रहे हैं तो यह अनुमान लगाया जा सकता है कि उस समय भी जैन धर्म का ज्ञान लोगों के पास रहा होगा परंतु हमें इसका कोई प्रमाण नहीं मिलता क्योंकि हम अभी तक उनकी भाषा को नहीं जान सके।

इतिहासज्ञों का मानना है कि जैन तीर्थंकर महावीर का जन्म, लगभग उसी समय हुआ जब बुद्ध जन्मे थे, यह 300 ई.पू. की बात है। परंतु महावीर चौबीसवें तीर्थंकर है। इसलिए यदि उनसे पहले आने वाले तीर्थंकरों के नाम सौ-सौ वर्ष भी करें तो जैन धर्म तो अनेक वर्ष पीछे जा सकता है। इस प्रकार, पहले तीर्थंकर ऋषभनाथ का काल तो आठ से दस हज़ार वर्ष पूर्व हो सकता है।

अगर आप इसी बात पर और लक्ष्य करें तो कहते हैं कि महावीर इस युग के चौबीसवें तीर्थंकर थे और पिछले युगों में और भी तीर्थंकर हुए होंगे, उनसे पहले भी तीर्थंकर हुए होंगे, उनसे भी पहले तीर्थंकर हुए होंगे। इस प्रकार किसी धर्म के आरंभिक समय का अनुमान लगाना कठिन है। कुल मिला कर यही मान्यता है कि आज से ढाई या तीन हज़ार वर्ष पूर्व, पार्श्वनाथ तथा महावीर, मगध के निकट रहते थे, जो आधुनिक बिहार है।

भारत के किन हिस्सों में जैन धर्म का अधिक प्रचार-प्रसार रहा?

जैन धर्म पूरे देश में प्रसिद्ध था और आज भी इसकी लोकप्रियता पूरे देश में देखी जा सकती है। परंतु अब इसके अनुयायी उतने नहीं रहे, जितने पहले कभी हुआ करते थे। इसके अनुयायी बिहार, बंगाल व गुजरात में हुआ करते थे। तमिल ग्रंथों के प्राचीन तमिल लेखक जैन धर्म के अनुयायी थे। कहते हैं कि 'शिल्लपदिकारम्' की रचना एक जैन लेखक ने की थी। ओड़िशा के राजा जैन थे। कर्नाटक में होयसल नामक राजा हुए हैं, वे जैन धर्म का पालन करते थे। दक्षिण भारत में जैन धर्म का बहुत प्रचार व प्रसार था। उत्तर भारत में भी यह गुजरात, मध्य प्रदेश, उत्तर प्रदेश आदि स्थानों पर पाया जाता था। वर्तमान में, यह प्रमुखतः गुजरात व कर्नाटक में देखा जा सकता है।

क्या जैन धर्म का बौद्ध धर्म से भी कोई संबंध रहा?

इन दोनों का आपस में निकटतम संबंध रहा। ये दोनों ही श्रमण परंपरा थीं। वेदों में यज्ञ आदि का प्रचार किया गया जो कर्मकांडी था यानी ज्ञान के स्थान पर कर्म प्रधान था - यह करो, वैसा करो। यज्ञादि के लिए निश्चित दिशा निर्देश दिए गए थे। ब्राह्मण यज्ञ तो कर रहे थे परंतु उसके पीछे किसी तरह की कोई सोच या विचार नहीं था। वे ज्ञान से परे, केवल कर्मकांडों

को निभाने में रुचि रखते थे। श्रमणों को लगा कि यह वेदों के प्रति उचित रवैया नहीं था। वेदों पर उचित प्रकार से चिंतन व मनन होना चाहिए और यहीं से यह विभाजन आरंभ हुआ। एक ओर वे ब्राह्मण थे जो यज्ञ को ही सर्वोपरि मानते थे और दूसरी ओर वे श्रमण थे जो ध्यान लगाते थे। जो शब्द की बजाए अर्थ का संधान करना चाहते थे। जो क्रिया करने के स्थान पर उसका आंतरिक रहस्य जानना चाहते थे।

बौद्ध धर्म का मूल भाव यह था कि इच्छाओं का त्याग किया जाए ताकि संसार के दुखों से छुटकारा मिल सके। जैन धर्म की मान्यता रही कि ज्ञान के माध्यम से ही आत्मा को मोक्ष मिल सकता है। आपसी समझ और ज्ञान ही कैवल्य प्राप्ति की ओर ले जा सकते हैं। उन्होंने अपने धर्म की नींव अहिंसा और अनेकांतवाद जैसे सिद्धांतों पर रखी।

आधुनिक काल में, मेरे अनुसार यदि किसी एक विचार पर बल दिया जाना चाहिए तो वह अनेकांतवाद ही है, जिसका अर्थ है प्रत्येक व्यक्ति का अपना एक सत्य होता है और कोई भी परम सत्य को नहीं जानता। आपस में विवाद के स्थान पर संवाद को प्रश्रय दिया जाना चाहिए। एक-दूसरे की बात सुनना, उसके दृष्टिकोण को समझना और संसार के विभिन्न नज़रियों को अपनाना ही अनेकांतवाद है। इसका अर्थ है, एक ही वस्तु में परस्पर विरोधी युगलों को स्वीकार किया जाए।

जैसे हम आत्म-ज्ञान या मीमांसा की बात करते हैं, जिसमें प्रत्येक विद्वान एक अलग विचार रखता है - कुछ लोग कहते हैं कि आत्मा अजर और अमर है और बौद्ध धर्म में कहा जाता है कि आत्मा नहीं होती। जैन मुनि इन बातों को सुन कर कहेगा कि सभी उचित कह रहे हैं। कोई भी एक परम सत्य नहीं हो सकता। इसी अनेकांतवाद से शांति का उदय होता है। अन्यथा अगर आप जबरन अपने विचारों को लागू करना चाहेंगे तो इससे अनावश्यक हिंसा होगी। आप लोगों को प्रतिदिन टी.वी. और अन्य स्थानों पर आपस में वाद-विवाद करते देख सकते हैं। दरअसल हम अनेकांतवाद को भुला बैठे हैं, जिसे अनुसार आप हर विचारधारा के लोगों को अपने साथ ले कर चलते हैं और यह हमारे भारतीय दर्शन का सार रहा है।

क्या जैन धर्म आत्मा में विश्वास रखता है?

जैन धर्म में आत्मा की अवधारणा बहुत महत्त्व रखती है परंतु यह हिंदू दर्शन से बिलकुल अलग है। जैन मानते हैं कि एक आत्मा और एक पदार्थ यानी जीव और अजीव हैं। पदार्थ समय व स्थान में बसा है। जब दोनों एक साथ आते हैं तो आप कई प्रकार के पशुओं को देखते हैं। आत्मा विशुद्ध है जो पदार्थ के मेल से दूषित हो जाती है। पदार्थ में क्षुधा पाई जाती है, यह कर्म करता है जिससे क्रिया व प्रतिक्रिया पैदा होती है। ये सभी मिल कर आत्मा को संसार में उलझा देते हैं। जिस प्रकार किसी गुब्बारे में कंकड़ भर कर उसे फुलाया जाए तो वह ऊपर जाने के स्थान पर नीचे की ओर खिंचता है, उसी तरह आत्मा भी कर्मों के भार तले दब कर निम्नोमुखी होने लगती है। अगर आप अहिंसा, अनेकांतवाद तथा अन्य ध्यान संबंधी अभ्यासों का पालन करते हैं तो धीरे-धीरे आपके कर्मों का भार हल्का होता जाएगा और आत्मा को सिद्धि की प्राप्ति होगी। प्रत्येक युग में, चौबीस व्यक्ति इसे प्राप्त करते हैं और वे तीर्थंकर कहलाते हैं।

तीर्थंकर शब्द अपने-आप में बहुत रोचक है। तीर्थ का अर्थ है, 'उथला स्थान,' यह नदी के दो किनारों के मध्य ऐसा उथला स्थान होता है, जहाँ से नद को आसानी से तैर कर पार सकते हैं। वही तीर्थंकर है जिसने उस तीर्थ को पा लिया। यह भौतिक व आध्यात्मिक जगत का एक रूपक है। एक तीर्थंकर या गुरु आपको नदी के उस पार ले जाता है। जैन उसे ही भगवान मानते हैं।

भगवान वही है जो दूसरी ओर जा चुका है और अन्य व्यक्तियों को उस ओर जाने में सहायक होता है। उसकी आत्मा पूरी तरह से शुद्ध हो गई है। अगर आप ग्वालियर के किले में स्थित सभी तीर्थंकरों की मूर्तियाँ देखें तो वे आपको एक सी दिखाई देंगी। उनकी कोई पहचान नहीं है। वे सभी शुद्ध हो चुके हैं। उनके भीतर किसी भी प्रकार का अहं नहीं रहा। अगर आपको उन्हें पहचानना हो तो केवल उनसे जुड़े प्रतीकों के माध्यम से ही पहचान जा सकता है जैसे महावीर के साथ सिंह होगा, पार्श्वनाथ के साथ सर्प होगा और पहले तीर्थंकर ऋषभनाथ के साथ वृषभ दिखाई देगा। वे सभी तीर्थंकर किसी भी प्रकार की नकारात्मकता से परे हैं और उनसे एक सी सकारात्मकता की धारा प्रवाहित होती दिखती है।

जैन धर्म हिंदू धर्म से किस प्रकार अलग है?

हिंदुओं के लिए भगवान ईश्वर है। जैन धर्म को मानने वालों के लिए भगवान गुरु हैं। हिंदू धर्म में, आत्मा को भक्ति के माध्यम से मुक्ति मिल सकती है। श्रमण परंपरा में मान्यता है कि आपके अतिरिक्त, आपको कोई अन्य मुक्ति नहीं दिला सकेगा। इसे आपको स्वयं ही करना होगा। गुरु आपकी सहायता अवश्य कर सकते हैं परंतु आपको स्वयं ही अहिंसा आदि सिद्धांतों का पालन करते हुए मुक्ति या कैवल्य के पथ की ओर अग्रसर होना होगा। इस तरह हिंदू और जैन धर्म में यह बुनियादी अंतर है। सामान्य जन को सरल भाषा में समझाने के लिए हमने इस सिद्धांत का सरलीकरण किया है, भले ही विद्वतजन सहमत न हों परंतु सहज भाव से इस बात को इसी अर्थ में लिया जाना चाहिए।

क्या जैन धर्म में भी कई प्रकार की कथाएँ मिलती हैं?

हिंदुओं के पुराणों की तरह, जैन धर्म में भी अगम पुराण पाए जाते हैं। इन्हें अद्र्ध मागधी व प्राकृत भाषाओं में लिखा गया। इनमें महापुरुषों की अवधारणा पाई जाती है जिन्हें श्लाकापुरुष कहते हैं। कहा गया है कि प्रत्येक युग में तिरेसठ नायक होते हैं जो सिद्ध लोक में वास करते हैं। इन्हें चौबीस तीर्थंकरों, जिन्हें संत, महात्मा, भगवान व गुरु माना गया है व बारह चक्रवर्ती सम्राटों, संसार के शासकों में बाँटा गया है। चक्र क्षितिज का प्रतीक है, जिसका अर्थ है कि आप जितना देख सकते हैं, वह उस सारे विस्तार का राजा है। इसके बाद सत्ताईस नायक आते हैं जिनमें नौ वासुदेव, नौ बलदेव और नौ प्रति वासुदेव होते हैं।

तीर्थंकरों की कहानियाँ उनके जन्म से पूर्व, उनकी गर्भवती माताओं को आने वाले स्वप्नों से आरंभ होती हैं। वे अपने स्वप्न में शुभ सूचक चिन्ह व प्रतीक देखती हैं जिससे यह अनुमान लगाया जाता है कि उनकी कोख से किसी तीर्थंकर का जन्म होने जा रहा है।

पहले तीर्थंकर ऋषभनाथ जी ने सभ्यता की स्थापना की। उन्होंने ही अपनी प्रजा को कृषि व पशु पालन आदि का ज्ञान दिया और एक संस्कृति को विकसित होने में सहायक हुए।

एक कथा के अनुसार, एक बार ऋषभ देव अपने दरबार में, अपनी सबसे रूपवती अप्सरा नीलांजना का नृत्य देख रहे थे। नीलांजना बहुत ही मोहक और मनमोहिनी नृत्यांगना थी। उसी समय इंद्र देव उनसे भेंट करने आते हैं और वे भी नीलांजना के नृत्य को देख भाव-विभोर हो उठते हैं। ऋषभ देव के शासन और उसकी प्रगति से संतुष्ट इंद्र देव उनसे कहते हैं, "आपने अपने साम्राज्य को कर्मभूमि में बदल दिया और देखते ही देखते लोगों का जीवन किस प्रकार रूपांतरित हो उठा। आप महान हैं, आपकी यशगाथा इतिहास के पन्नों पर अमर रहेगी।" उनके इस वार्तालाप के दौरान ही नृत्यरत नीलांजना अचानक धरा पर गिर जाती है। वह बेसुध है और दासी उसे देख कर बताती है कि उसकी मृत्यु हो गई। ऋषभ देव इस अकस्मात् घटना से बुरी तरह से हतप्रभ हैं और वैद्य को बुलाने का आदेश देते हैं।

तभी इंद्र देव उसकी आत्मा को उनके सम्मुख प्रकट कर देते हैं। नीलांजना का मृत शरीर धरा पर पड़ा है और उसकी आत्मा उसी नृत्य को प्रस्तुत करने लगती है जिसे वे कुछ क्षण पूर्व देख रहे थे। यह दृश्य देख राजा हतप्रभ हैं। उनके सामने ही तो नर्तकी ने प्राण त्यागे थे। उसका शव धरा पर था और उसकी ही प्रतिमूर्ति नृत्य कर रही थी। वे चकरा कर इंद्र देव से पूछते हैं, "इंद्र देव, यह सब क्या है, मैं अपने नेत्रों से जो देख रहा हूँ। उसमें से सत्य क्या है?"

इंद्र देव मुस्करा उठते हैं, "महाराज! आप ही कहें कि सत्य क्या है। नृत्य करने वाली नर्तकी सत्य है या धरती पर पड़ा उसका शव सत्य है?" महाराज ऋषभ देव को एहसास होता है कि सब कुछ माया है। जीवन में कुछ भी स्थायी नहीं है। यह सब कुछ नश्वर है।

यह बोध पाने के बाद ऋषभ देव निर्णय लेते हैं कि वह अपना राजपाट, धन-दौलत, परिवार व मित्र-संबंधी आदि सबको त्याग कर सत्य की खोज करेंगे। वे एक श्रमण बन जाते हैं और धीरे-धीरे ज्ञान प्राप्त कर कैवल्य पाते हैं और तीर्थंकर बनते हैं। इसी प्रकार सभी चौबीस तीर्थंकरों के विषय में अनेक प्रसंग मिलते हैं।

चक्रवर्तियों की जो कथाएँ दी गई हैं, वे उनके विशाल राज्यों से संबंधित हैं। भरत, भारत के पहले चक्रवर्ती सम्राट थे, वे ऋषभनाथ के पुत्र थे। कहते हैं कि हमारे देश को अपना नाम, इनके नाम पर ही मिला है। उनके अनेक

भाई थे और वे अपेक्षा रखते थे कि सभी भाई उनको प्रणाम निवेदित करें क्योंकि वे चक्रवर्ती सम्राट थे। उनके एक भाई का नाम बाहुबली था। वे दूसरे राज्य का शासन संभालते थे। उनका कहना था, "मैं बड़े भाई होने के नाते आपका सम्मान करता हूँ परंतु मैं आपको प्रणाम निवेदित नहीं करूँगा। मेरा अपना राज्य है और मैं आपके अधीन नहीं हूँ।"

भरत कहते हैं, "मैं सम्राट हूँ और तुम सब मेरे अधीन ही आते हो।" बाहुबली भरत की अधीनता स्वीकार करने से इंकार कर देते हैं। दोनों भाईयों के बीच आपस में युद्ध होने लगता है। लोग उन्हें समझाते हैं कि उनके पिता ने सदैव अहिंसा को समर्थन दिया। वे अपनी आपस की लड़ाई में सेनाओं को क्यों शामिल कर रहे हैं। उन्हें स्वयं ही लड़ कर अपना फैसला कर लेना चाहिए। दोनों भाईयों के बीच द्वंद्व युद्ध छिड़ जाता है। बाहुबली अपने भाई से कई गुना बलशाली हैं और लड़ते हुए, अचानक उन्हें अपने भाई पर हमला करने का अवसर मिलता है परंतु उनके भीतर से आती आवाज़ उन्हें ऐसा करने नहीं देती। वे अपने भाई पर वार नहीं करते। वे तय करते हैं कि जिस भोग-विलास की वजह से आज अपने भाई पर हाथ उठाने की नौबत आ गई। वे उसे त्याग कर बैरागी बनेंगे। श्रमण परंपरा का पालन करेंगे। वे सब कुछ त्याग कर, उस स्थान से चल देते हैं। वे एक मुनि हो गए हैं।

जब वे जैन विहार पहुँचते हैं तो उन्हें पता चलता है कि उनके छोटे भाई ने पहले ही सब कुछ त्याग दिया था और अब वे विहार में एक वरिष्ठ मुनि बन चुके थे। उन्हें एहसास होता है कि अब भी उन्हें दूसरे व्यक्ति के अधीन होना होगा। वे व्याकुल हो उठते हैं। उनका अहं तड़प उठता है। कैवल्य ज्ञान में ऐसा कोई भाव मन में नहीं होता। जब तक आप तेरा-मेरा या इसकी-उसकी तुलना करते रहेंगे, तब तक आप इस भौतिक जगत के बंधनों में उलझे रहेंगे।

छोटा/बड़ा, पाप/पुण्य, शुभ/अशुभ आदि की तुलना करने वाले यहीं अटक कर रह जाते हैं। यही कारण है कि बाहुबली तीर्थंकर नहीं हो सके। वे लगभग उस अवस्था तक आ गए थे परंतु उससे एक चरण पूर्व ही थम गए। आप गोमटेश्वर में उनकी विशाल मूर्ति देख सकते हैं। वे सीधे खड़े हैं परंतु उनके पैरों में बेलों व लताओं को लिपटे हुए दिखाया गया है जो इस बात का प्रतीक है वे पूरी तरह से मुक्त नहीं हो सके। वे तीर्थंकर का पद

पाने से केवल एक चरण भर नीचे रहे। उनके अहं ने आज भी उन्हें उठने नहीं दिया। वे अर्हंत हैं। जो तीर्थंकर से एक पद नीचे रहते हैं।

क्या वासुदेवों का संबंध कृष्ण से है?

ये जैन कृष्ण हैं। हिंदुओं के केवल एक वासुदेव हैं परंतु जैन धर्म में नौ वासुदेव पाए जाते हैं जिनमें से कृष्ण भी एक हैं। प्रति वासुदेव या जरासंध शत्रु है। जो जैन कथाओं में अधिक महत्त्वपूर्ण है। जरांसध का दामाद कंस था, जिसकी हत्या कृष्ण के हाथों हुई। इसी बात से चिढ़ कर जरासंध ने मथुरा पर धावा बोल दिया। महत्त्वपूर्ण बात यह है कि वासुदेव हिंसक है। इसलिए जैन कथाओं में बलदेव को अधिक महत्त्व दिया जाता है जो अहिंसक हैं। कृष्ण का संबंध हिंसा से जोड़ा जाता है। वहाँ कोई अहिंसावाद नहीं था इसलिए कहा जाता है कि वे भावी समय में तीर्थंकर होंगे। अन्य वासुदेव लक्ष्मण हैं। जैनियों की एक 'रामायण' भी है। राम को पद्मनाभ कहा गया है क्योंकि वे कमल के पुष्प के समान सुंदर हैं। लक्ष्मण हिंसक है और रावण उसका शत्रु है। जैन 'रामायण' में रावण का वध लक्ष्मण के हाथों होता है, राम रावण को नहीं मारते। रावण अपने अगले जन्म में, कई युगों के बाद तीर्थंकर का रूप लेगा, जब उसके सारे पाप धुल जाएँगे। सनातन धर्म में यही मान्यता चली आई है कि कोई भी सौ प्रतिशत बुरा नहीं होता। अविद्या भले ही उसके साथ हो परंतु अगले जन्म में उसे मुक्ति मिल सकती है। उसे ज्ञान और बोध प्राप्ति हो सकती है और यह भी हो सकता है कि आने वाले समय में उससे उसकी विद्या पुनः छिन जाए।

मेरे कुछ जैन मित्र हैं जो धरती से निकली कंद-मूल वाली सब्ज़ी नहीं खाते। वे समोसा तक नहीं खाते। उनके भोजन की ये आदतें इतनी कठोर क्यों हैं?

जैनियों के लिए अहिंसा का सिद्धांत बहुत महत्त्व रखता हे। आलू और मूली जैसी सब्ज़ियों के पत्ते धरती के ऊपर होते हैं और इन्हें धरती के नीचे से खोद कर निकाला जाता है। ऐसा करने की प्रक्रिया में, अनजाने में ही बहुत सारे जीवों की हत्या हो जाती है इसलिए वे अहिंसा के नियम का पालन करते हुए, ये सब्ज़ियाँ नहीं खाते। जैन समोसे में आलू नहीं होते क्योंकि कई जैनी आलू नहीं खाते इसलिए उनके समोसे में मटर डाले जाते हैं ताकि वे सब खा सकें।

9

योग

योग को एक दर्शन, विज्ञान और अभ्यास के रूप में लिया जाता है। यह भारत में फला-फूला परंतु आज विश्व भर में इसकी लोकप्रियता है। योग शब्द का अर्थ क्या है और यह कब आरंभ हुआ?

इसे हिंदी व संस्कृत में 'योग' कहा गया है। अंग्रेज़ी में इसे 'योगा' कहा जाने लगा। जब तक शब्द का अर्थ समझ आ रहा है, तब तक इससे कोई अंतर नहीं पड़ता कि क्या कहा जाता है। इसका आरंभ कब हुआ, इसके बारे में निश्चित तौर पर नहीं कहा जा सकता। पाँच हज़ार वर्ष पुरानी सिंधु घाटी की सभ्यता में कुछ मुहरें मिली हैं जिनमें लोगों को भद्रासन में बैठा हुआ दिखाया गया है। क्या उस युग के लोगों को भी योग का ज्ञान था? इसे प्रमाणित या अप्रमाणित करना कठिन है।

'ऋग्वेद' के मंत्रों में भी योग शब्द का प्रयोग किया गया है परंतु वहाँ इसका अर्थ भिन्न है। वहाँ इसे युज् शब्द के रूप में लिया गया जिसका अर्थ है, बैलों को गाड़ी से जोड़ना।

आने वाले समय में, इस अर्थ को योग से संबद्ध किया गया। वेदों में भी इस शब्द का प्रयोग हुआ है। क्या वे इसके बारे में जानते थे? संभवतः उन्हें इसका ज्ञान रहा हो।

यह शब्द आरंभ से ही प्रमुखतः श्रमण परंपरा से जुड़ा रहा, जो बैरागियों, साधुओं और वनों के एकांत में ध्यानस्थ होने वालों की परंपरा थी।

इससे पूर्व यज्ञ की परंपरा थी जिसमें कई प्रकार के अनुष्ठान व कर्मकांड शामिल थे। श्रमण परंपरा बाहरी संसार के अनुष्ठानों की बजाए आंतरिक जगत पर ध्यान देने पर केंद्रित थी। इन विचारों ने आज से लगभग ढाई हज़ार वर्ष पूर्व अपना वर्चस्व पाया। इस तरह वे भौतिक जगत से मानसिक जगत की ओर आकृष्ट हुए। वहीं से योग की बात होने लगी।

साधुओं, योगियों, बैरागियों, मुनियों, संतों व महात्माओं को इसे एक शास्त्र या विज्ञान के तौर पर विकसित करने में लगभग पाँच सौ वर्ष का समय लगा। जब हम किन्हीं विचारों को व्यवस्थित तौर पर प्रस्तुत करने में सक्षम होते हैं तो वे एक विज्ञान या तंत्र के रूप में सामने आ पाते हैं। सैकड़ों-हज़ारों साधकों की सैकड़ों-हज़ारों वर्षों की साधना, तपस्या व अभ्यास के बल पर हमें योग विज्ञान की प्राप्ति हुई।

इसकी पहली समझ कैसे विकसित हुई और तब इसे कैसे वर्णित किया गया?

यह भौतिक और मानसिक जगत के संबंध के बारे में बात करता है। यह दो चीज़ों को आपस में जोड़ रहा है। उनका योग कर रहा है। उदाहरण के लिए बैलगाड़ी में, बैल भौतिक संसार तथा गाड़ी मानसिक संसार का प्रतीक है। अगर गाड़ी को उचित रूप से चलाना है तो उनके बीच का सरेखण संपूर्ण होना चाहिए। यह संयोजन या सरेखण ही योग का अर्थ है। हम अनावश्यक तौर पर इसे जटिल बनाते रहते हैं।

योग की विभिन्न परंपराएँ कौन सी रहीं?

ऐसे तीन या चार प्रमुख ग्रंथ हैं जो हमें योग के विषय में महत्त्वपूर्ण ज्ञान देते हैं। इनमें से एक 'भगवद् गीता' है जो आज से लगभग दो हज़ार वर्ष पूर्व लिखी गई। दूसरा ग्रंथ है, 'योगसूत्र,' जो आज से लगभग ढाई हज़ार वर्ष पूर्व योगी पतंजलि ने रचा। 'योग वासिष्ठ' की जानकारी वसिष्ठ मुनि ने राम को दी थी इसलिए एक 'योग वासिष्ठ' नामक ग्रंथ मिलता है। इसके अतिरिक्त नाथ पंथ की 'गोरख संहिता' मिलती है, उन्होंने योग का बहुत गहन अध्ययन किया और उसे सिद्ध प्राप्ति के माध्यम के रूप में प्रकट किया।

'गीता' में योग के विषय में क्या लिखा गया है?

'गीता' को एक संदर्भ में प्रस्तुत किया गया। जहाँ अर्जुन नामक क्षत्रिय रणभूमि में खड़ा है और अपने ही कर्तव्य को निभाने के विषय में संदेहग्रस्त हो गया है। उसके सम्मुख प्रतिपक्ष में उसके अपने ही संबंधी, मित्र व गुरुजन खड़े हैं और वह उन पर अस्त्र-शस्त्र नहीं उठाना चाहता। वह उनसे युद्ध नहीं करना चाहते। उसका मस्तिष्क कोई निर्णय नहीं ले पा रहा। उस समय भगवान कृष्ण सारथी के रूप में उसके साथ हैं। वे उसके धर्म संकट को हल करने के लिए उसे योग का ज्ञान देते हैं। वे उसे बताते हैं कि अर्जुन को संसार को सही तरह से समझने में कमी आ रही है। वह इस संसार को भली-भाँति नहीं देख पा रहा इसलिए उसकी उचित निर्णय लेने की क्षमता धुँधला गई है। वे उसे समझाते हैं कि उसके दुःख का मूल क्या है।

इस ग्रंथ में तीन प्रकार के योग की चर्चा की गई है - ज्ञान योग, भक्ति योग व कर्म योग। अपने मस्तिष्क के माध्यम से सरेखण करना ज्ञान योग कहलाता है। अपने भावों के माध्यम से सरेखण करना भक्ति योग है और अपने कर्मों के माध्यम से संयोजन करना कर्मयोग कहलाता है - मूलभूत रूप से अपने दिल, दिमाग़ व हाथों के बीच एकत्रीकरण का होना अनिवार्य है।

पतंजलि ने अपने ग्रंथ में क्या लिखा है?

पतंजलि ने 'योग सूत्र' की रचना की है, ये छोटे वाक्य या सार वाक्य हैं, जिन पर आप मनन व चिंतन कर सकते हैं। एक प्रकार से सूत्रों को बीज भी कहा जा सकता है। यह आपके मस्तिष्क की माटी में बोए जाएँगे और धीरे-धीरे उसमें एक पौधा अंकुरित होगा और आपको उसके वृक्ष से ज्ञान रूपी फल की प्राप्ति होगी।

योग सूत्र हमें बहुत सटीक परिभाषा देता है - योग चित्त वृत्ति निरोध! योग का अर्थ है कि जिस प्रकार जल में उठती लहरों को शांत किया जाता है, उसी प्रकार मन की उथल-पुथल को भी शांत किया जाए। जिस तरह हम रस्सी में लगी गाँठों को एक-एक कर खोलते हैं, उसी तरह हैं, उसी प्रकार योग की सहायता से मन में लगी गाँठों को भी खोल सकते हैं। ये सब बहुत ही तकनीकी स्वरूप हैं जिनमें शरीर को बहुत महत्त्व दिया गया है। इसे देख कर लगता है कि इसे बैरागियों या संन्यासियों के लिए बनाया गया है जबकि

'भगवद् गीता' सांसारिक लोगों के लिए लिखी गई जान पड़ती है।

पतंजलि को योग का ज्ञान कैसे हुआ, इसके विषय में भी एक रोचक प्रसंग कहा जाता है।

कहते हैं कि एक बार भगवान विष्णु विश्राम की मुद्रा में विराजमान अपने में ही खोए, मंत्र-मुग्ध से बैठे थे। शेषनाग उनके पास किसी कार्यवश गए और पुकारा परंतु प्रभु तल्लीन थे। शेषनाग मुस्करा कर बोले, "प्रभु! आप किस माधुरी में खोए हैं। पहले भी आपको इस तरह स्मृतियों के नंदन-कानन में विचरते पाया है? क्या सेवक जान सकता है?"

विष्णु शेषनाग को बताते हैं कि वे उस दृश्य का स्मरण कर रहे थे जब उन्होंने शिव जी को परमानंद में मग्न हो कर नृत्यरत देखा था। उस नृत्य के बारे में न तो बताया जा सकता था और न ही कुछ समझाया जा सकता था।

शेषनाग ने पहले भी विष्णु जी के मुख से शिव जी के उस नृत्य के बारे में सुना था। वह भी जानना चाहता था कि शिवजी के पास ऐसा कौन सा ज्ञान था। जो संसार में कहीं नहीं था। तब विष्णु बोले, "शेषनाग, यह ज्ञान व अनुभव पाना है तो तुम्हें धरती पर मनुष्य के रूप में जन्म लेना होगा। क्या तुम ऐसा करने के लिए प्रस्तुत हो?"

शेषनाग ने हामी भर दी और धरती पर मनुष्य बन कर जन्मे। वे पतंजलि नामक संन्यासी के रूप में जाने जाते थे। उन्होंने चिदंबरम तक लंबी पद यात्रा की ताकि आराध्य शिव के दर्शन कर सकें परंतु जब वे उस स्थान पर पहुँचे तो शिव के गण नंदी ने उन्हें आगे बढ़ने से रोक दिया और कहा, "नटराज से भेंट नहीं हो सकती। वे एकांतवास कर रहे हैं। उन्होंने मुझे कहा है कि किसी को भी इस क्षेत्र में प्रवेश न करने दिया जाए।"

पतंजलि नंदी को बार-बार आग्रह करते हैं कि उन्हें केवल एक बार भेंट का अवसर दिया जाए। वे बहुत दूर से शिवजी के दर्शन करने आए हैं परंतु नंदी नहीं मानते।

जब पतंजलि को कोई उपाय नहीं सूझता तो वे एक सर्प का रूप धारण कर, चुपके से, नंदी के पास सरसराते हुए निकल जाते। नंदी पहले की तरह पहरे पर खड़े रहते हैं और उन्हें पतंजलि के वन में प्रवेश करने के विषय में पता ही नहीं चलता।

पतंजलि शिवजी के एकांत में बाधा भी नहीं देना चाहते थे इसलिए वे एक ओट में छिप कर उन्हें देखने लगते हैं। शिवजी उस समय योगासनों का अभ्यास कर रहे थे। पतंजलि उन्हें टकटकी बाँधे देखते रहे। उन्होंने वे सभी दृश्य व आसन हृदयंगम कर लिए और फिर बाद में उन्हें एक स्थान पर लिख दिया ताकि आने वाली पीढ़ियों को यह ज्ञान सौंपा जा सके।

यह एक पौराणिक गाथा है जिसमें पतंजलि की कल्पना एक सर्प के रूप में की गई है। संभवतः उन्हें शिव के गले में धारण किए हुए सर्प कर्कट का नाम दिया गया हो या वे विष्णु के सहायक शेषनाग थे। शिवजी को योगेश्वर तथा आदिनाथ भी कहते हैं। माना जाता है कि वे योग का स्रोत रहे। सर्प का संबंध हमारे मेरुदंड रज्जु से है, जिसमें कुंडलिनी होती है।

राजयोग का वास्तविक अर्थ क्या है?

योग की विभिन्न परंपराओं में से, राज योग को सर्वश्रेष्ठ माना गया है। यह योगों का राजा है। जिस प्रकार एक राजा अपने राज्य के सभी पहलुओं का ध्यान रखता है। उसी प्रकार राज योग में भी योग के सभी बिंदु समाहित हैं। सामान्यतः इसका संबंध अष्टांग योग और योग सूत्र से जोड़ा जाता है। अष्ट का अर्थ है आठ बिंदु। महर्षि पतंजलि ने 'योगसूत्र' में शारीरिक, मानसिक व आत्मिक शुद्धि के लिए आठ अंगों वाले योग के मार्ग के बारे में बताया है। उन्होंने स्पष्ट किया है कि ये आठ आयामों वाला अभ्यास है जिन्हें एक साथ किया जाता है। ये आठ नियम हैं - यम, नियम, आसन, प्राणायाम, प्रत्याहार, धारणा, ध्यान व समाधि। मूलतः इसका उद्देश्य यही है कि बाहरी जगत से आंतरिक जगत में प्रवेश करें।

पहला है, 'यम,' इसे हम सामाजिक नैतिकता भी कह सकते हैं जैसे सत्यवादन, चोरी न करना, अपने शब्दों, विचार व कर्म से किसी की हानि न करना। अपने सामाजिक संबंधों में एक अनुशासन बनाए रखना।

दूसरा है, 'नियम,' इसे हम व्यक्तिगत नैतिकता का नाम दे सकते हैं जैसे व्यक्तिगत अनुशासन बनाए रखना, स्वाध्याय, निजी शुचिता, संतोष, आत्मचिंतन व ईश्वर के प्रति पूर्ण श्रद्धा आदि।

तीसरा है, 'आसन' अर्थात योगसानों द्वारा शारीरिक नियंत्रण प्राप्त करना। उठ कर, बैठ कर, लेट कर किए जाने वाले आसन करना।

चौथा है, 'प्राणायाम' अर्थात श्वास लेने से जुड़ी विशेष तकनीकों के माध्यम से उसे नियंत्रित करना। प्राणायाम का अर्थ है श्वास का नियमन। इसे बहुत महत्त्व दिया गया है। श्वास शरीर व मन का मेल करती है। जब कोई गुस्से में होता है तो उसके श्वास के ढाँचे में भी बदलाव आ जाता है। हमारे देश में श्वास, भाव तथा मन का एक सशक्त सह-संबंध रहा है और यहाँ प्राण को भी बहुत महत्त्व दिया जाता है। श्वास लेने वाले जीवों को प्राणी कहते हैं। प्राणायाम में कई प्रकार के अभ्यास शामिल हैं जैसे श्वास का कुंभक, रेचक व पूरक इत्यादि। कुछ योग परंपराओं में तो केवल श्वास पर ही केंद्रित रहने का परामर्श दिया जाता है।

इसके बाद से योग के साथ मानसिक यात्रा आरंभ होती है। बाहरी दुनिया से संपर्क टूटता है।

पाँचवाँ है, 'प्रत्याहार' अर्थात अपनी इंद्रियों को अंतर्मुखी करना। नेत्र, नाक, कान, जीभ व त्वचा। ये ज्ञानेंद्रियाँ है जिनके माध्यम से हमें बाहरी संसार की जानकारी मिलती है। अन्य व्यक्ति कर्मेंद्रियों पर केंद्रित रहते हैं जिनमें हाथ, पैर, मुख, गुदा व जननांग शामिल हैं। इसके पश्चात हम भीतर की ओर एक क़दम बढ़ जाते हैं।

छठा है, 'धारणा' अर्थात, एकाग्रचित्त होना। पूरी सजगता के साथ संदर्भ को समझना। संसार को वश में करने की प्रवृत्ति रखे बिना, केवल उसका निरीक्षण करना। इस तरह आपको अपने लिए एक दृष्टिकोण मिलता है।

सातवाँ है, 'ध्यान,' ध्यान का अर्थ, अपने और भीतर अवस्थित होना।

आठवाँ है, 'समाधि' अर्थात उस परम आत्मा में विलीन होना, उसमें लीन हो जाना। समाधि शब्द का अर्थ अपने-आप में थोड़ा जटिल भी है। जब हम उस चैतन्य भाव में लीन होते हैं तो आत्मा से एकात्म हो जाते हैं परंतु बौद्ध धर्म वाले आत्मा को नहीं मानते तो वे कहेंगे कि उन्हें निर्वाण प्राप्ति हो गई। आपका अहं, आपकी पहचान नष्ट हो गए। अब आपका कोई अस्तित्व नहीं रहा। आप भीतरी संसार से मिल गए। आपने स्वेच्छा से देह त्याग दी। संत-महात्मा इसी तरह समाधि लेते हैं। समाधि के और भी कई रोचक अर्थ हो सकते हैं। इसके दो टुकड़े करें तो हमें 'सम व आदि' शब्द मिलते हैं। आदि यानी पहला और सम का अर्थ है जब आप संगीत में पहले

सुर पर वापस आते हैं। इसका एक अर्थ यह भी हो सकता है कि सांसारिक समस्याओं को सुलझा कर, बाहर से भीतर की ओर यात्रा करने के पश्चात, आप पुनः शांत भाव से पहले बिंदु पर लौट आए हैं।

क्या आप मुझे तंत्र योग का अर्थ बता सकते हैं?

वर्तमान में, तंत्र शब्द के बारे में सुनते ही लोगों के मन में कई प्रकार की धारणाएँ जन्म ले लेती हैं। तंत्र का अर्थ है, 'तकनीक।' भारत में, हमारे पास जीवन के विविध पहलुओं का समाधान करने के लिए विविध प्रकार की तकनीकें रही हैं। एक उपाय के अनुसार, हम अगर अपने मन को संभाल लें तो संसार अपने-आप संभल जाएगा। दूसरे अपने तन को संभालें और तीसरा उपाय था कि हम कुछ साधनों की सहायता से संसार को संभालें या परिवर्तित करें। इस प्रकार हमें मंत्र, तंत्र व यंत्र की प्राप्ति हुई।

तंत्र योग में देह को बहुत अधिक महत्त्व देते हैं। योगी स्वयं को इंद्रियों के प्रयोग से दूर रखता है, उन्हें अपने वश में रखता है परंतु तंत्र में संसार व आत्मा का ज्ञान पाने के लिए रंग, गंध, ध्वनि व स्पर्श के माध्यम को प्रयुक्त किया जाता है। इस प्रकार तंत्र योग में भौतिकता को भी बहुत अधिक प्रश्रय दिया गया है।

तंत्र योग में पाँच मकारों का पालन किया जाता है। वे हैं - मद्य, मांस, मत्स्य, मुद्रा व मंत्र।

इनका अर्थ है कि जो कुछ भी आपकी इंद्रियों को उत्तेजित करता है, उसे स्वीकार किया जाएगा। तंत्र का संबंध योग से है। यह पहल अपने-आप में अलग है किंतु इनका लक्ष्य एक ही है। इनका लक्ष्य यही है कि हम ज्ञान, सिद्धि व समाधि प्राप्त कर सकें। इस संसार को जान कर इसकी माया से मुक्त हो सकें। इस विधि में ध्यान व धारणा को शामिल नहीं किया जाता। सब कुछ बहुत हद तक भौतिक है। इसमें अनेक पूजा-पाठ व अनुष्ठान आदि शामिल होते हैं। यह एक बाह्य विधि और एक साधना है।

10

ग्रीक माइथोलॉजी

जब अलेक्जेंडर नामक यवन भारत आया तो उसकी सेनाओं के साथ ही अनेक यवन कथाओं व काव्य ने भी भारत में प्रवेश किया। वहीं से भारतीय व यवन साहित्य में आदान-प्रदान आरंभ हुआ जिसका प्रभाव आज भी हमारी संस्कृति पर देखा जा सकता है। हम सबने अलेक्जेंडर महान के बारे में सुना है। क्या पुराणों में भी इसका वर्णन आता है?

नहीं, अलेक्जेंडर यानी सिकंदर तेईस सौ वर्ष पूर्व भारत आया। हम सिकंदर और राजा पोरस के युद्ध के बारे में भी जानते हैं। राजा पोरस पोरवा राजवंश से थे जिनका शासन पंजाब में झेलम से ले कर चिनाब नदी तक फैला हुआ था। सिकंदर और पोरस में भारी युद्ध हुआ और सिकंदर ने पोरस को परास्त कर दिया।

पोरस को बंदी बना कर सिकंदर के सामने लाया गया तो पोरस से पूछा गया, "तुम्हारे साथ क्या सुलूक किया जाए?"

जंजीरों में जकड़े पोरस ने शान से सिर उठा कर उत्तर दिया, "मेरे साथ वैसे ही पेश आओ, जैसे एक राजा, दूसरे राजा के साथ पेश आता है।" कहते हैं कि यह सुन कर सिकंदर बहुत प्रभावित हुआ। ये सब कहानियाँ दंत कथाओं या लोक कथाओं से आती हैं और इनका पुराणों से कोई संबंध नहीं है। संभवतः पुराण तब तक लिखे ही नहीं गए होंगे। हो सकता है कि वे मौखिक परंपरा में रहे हों परंतु इसके कोई प्रमाण नहीं मिलते। पुराण दो

हज़ार वर्ष पूर्व लिखे गए और सिकंदर उससे पहले, मौर्यों के शासनकाल में भारत आया।

श्रमण परंपरा की कुछ कथाओं में व लोक कथाओं में सिकंदर के प्रसंग आते हैं। जैन परंपरा की कथाओं में हमें इसके संदर्भ मिलते हैं। सिकंदर पूरे विश्व को विजय करने का सपना रखता था और उसने यह सिलसिला ग्रीस, यूनान से आरंभ किया और पर्शिया के सभी इलाक़ों को जीतते हुए (वर्तमान में इरान व इराक), अफ़गानिस्तान और फिर पाकिस्तान तक आ गया। कहते हैं कि यहीं उसकी भेंट एक साधु, संभवतः जैन मुनि से हुई। वे एक दिगंबर साधु थे। सिकंदर ने उनसे वार्तालाप किया और जैन कथाओं के माध्यम से मोह व माया के बारे में जाना। इस तरह उसका अपनी महत्त्वाकांक्षा से मोहभंग हुआ और वह भारत को विजित करने नहीं आया। वह वापस अपने घर लौट गया। इतिहासकार इस प्रसंग को सौ प्रतिशत मान्यता नहीं देते, यह एक कथा है। परंतु इसे सिकंदर के भारत से लौटने के एक कारणों में से एक माना जा सकता है क्योंकि उसे श्रमण परंपरा का ज्ञान हो गया था और उसने आत्मा की अवधारणा को जान लिया था। हो सकता है कि इस ज्ञान ने ही उसे वापस जाने को बाध्य किया हो।

यूनानी माइथोलॉजी में कौन सी कहानियाँ मिलती हैं?

जब हम पश्चिमी परंपराओं की बात करते हैं तो दो प्रमुख प्रभाव दिखाई देते हैं - ग्रीक और बाइबल, जिनसे यहूदी, इस्लाम और ईसाई धर्म की इब्राहीमी परंपरा बनी। ग्रीक प्रभाव अपने-आप में बहुत शक्तिशाली रहा। सिकंदर ने भी इन कहानियों को सुना होगा और उसके मन में विश्व विजय की बात आई होगी।

यूनान की पौराणिक गाथाओं से हमें उनके देवी-देवताओं, नायकों व संसार की प्रकृति आदि का ज्ञान मिलता है। प्राचीन यूनानी साहित्य की बात करें तो होमर के 'इलियड' और 'ओडिसी,' सबसे प्रसिद्ध ग्रीक महाकाव्य हैं। इसके अतिरिक्त 'आर्गोनॉटिका' भी आता है। ये भी नायकों की कहानियाँ हैं। एक नायक के मन में आवेग और कुछ कर दिखाने का जुनून होता है, वह ऐसी यात्रा पर जाता है जिसमें बहुत सारे रोमांच होते हैं - वह राक्षसों से युद्ध करता है, युवतियों के प्राणों की रक्षा करता है, ऋषियों व संतों

से भेंट करता है और अपनी यात्रा के अंत में एक बड़ी उपलब्धि के साथ लौटता है। उसमें भारी परिवर्तन आ जाता है परंतु अपने घर आ कर उसे पता चलता है कि उसका परिवार नहीं बदला, वे सब ज्यों के त्यों हैं और इस तरह उनके साथ उसका संबंध भी बदल जाता है। आपको इन ग्रीक कहानियों में ऐसे अनेक प्रसंग मिलेंगे।

हेलेन ऑफ़ ट्रॉय ऐसी ही एक कथा है। ट्रॉय का राजकुमार यूनान आता है और उसकी भेंट सुंदरी हेलेन से होती है। उनके बीच प्रेम हो जाता है। हेलेन विवाहित है इसलिए वह राजकुमार से कहती है कि वह उसे अपने साथ भगा ले जाए ताकि वे एक साथ रह सकें। वे एक जहाज में छिप कर ट्रॉय चले जाते हैं। सभी ग्रीक राजा मिल कर निर्णय लेते हैं कि वे ट्रॉय पर हमला करके, हेलेन को वापस ले कर आएँगे। हेलेन के लिए कहा जाता है, 'ऐसा चेहरा जिसके लिए हज़ारों युद्ध पोत लड़ने चल दिए।' इसी महाकाव्य में अनेक छोटी कथाएँ व प्रसंग आते हैं, अकिलीज़ और ट्रोजन के युद्ध की कहानी भी उनमें से एक है। यह कहानी 'इलियड' में आती है। वह यवनों की ओर से लड़ रहा है परंतु जनरल एग्मेनोन के साथ हुई रंजिश के कारण वह लड़ने से इंकार कर देता हे। ग्रीक सेना पराजित हो जाती है। लोग उससे युद्ध भूमि में जाने का आग्रह करते हैं परंतु वह अपने हठ पर अड़ा रहता है। उसका भाई या कुछ लोगों का कहना है कि उसका प्रेमी पेट्रोलोकस (ग्रीक कथाओं में अक्सर समलैंगिक संबंधों की कथाएँ आती हैं) उसका हेल्मेट पहन कर लड़ने चला जाता है। सेना को लगता है किं उनका नायक अकिलीज़ वापस आ गया और वह दुगने जोश से लड़ने लगती है। ग्रीक और ट्रोजन के इस युद्ध में पेट्रोलोकस मारा जाता है। अकिलीज़ को पता चलता है तो उसके गुस्से का ठिकाना नहीं रहता। वह प्रतिशोध के संकल्प के साथ मैदान में उतरता है और प्रतिपक्ष से राजा हेक्टर को पराजित करके मौत के घाट उतार देता है। इसके बाद वह उसके शव को अपने रथ के पहियों से बाँध कर नगर भर में घसीटता है।

किसी योद्धा के शव के साथ ऐसा व्यवहार बहुत ही अपमानजनक माना जाता है। अकिलीज़ सिकंदर का प्रिय पात्र था। उसके बारे में जानने और पढ़ने के बाद सिकंदर के मन में यही विचार आता होगा, "जब भी मैं मैदान में लड़ने जाऊँ तो लोग एक महानायक की तरह मेरा स्वागत करें

ओर वे मुझसे ऐसे ही भयभीत हों जैसे लोग अकिलीज़ से होते थे। जिस तरह उसने ट्रॉय को पराजित किया, उसी तरह मुझे भी सारे एशिया को अपने अधीन करना है।"

ग्रीक माइथोलॉजी में ओडिसियस की कथा भी बहुत प्रसिद्‌ध है।

ओडिसियस, ट्रोजन युद्‌ध के महान योद्‌धाओं में से है और उसकी वीरता के कारण ही ट्रॉय को पराजय का सामना करना पड़ा। ओडिसियस इथाका का राजा था। वह अपनी पत्नी पेनेलोप और नवजात पुत्र को छोड़ कर युद्‌ध करने चला गया। लगातार दस वर्ष तक लड़ाई जारी रही पर कोई निर्णय नहीं हो पा रहा था। यवन किसी भी तरह ट्रॉय के किले में प्रवेश नहीं कर पा रहे थे।

ओडिसियस ने काठ का एक बड़ा सा घोड़ा तैयार करवाया और उसमें अपने सैनिक छिपा दिए। उन लोगों ने ऐसे दिखावा किया मानो वे आत्मसमर्पण कर रहे हों। इसके बाद सारी सेना उस जगह से हट जाती है। जब ट्रॉयवासियों को लगता है कि ग्रीक लौट गए तो वे किले के बाहर आते हैं और उस काठ के घोड़े से प्रभावित हो कर उसे किले में ले जाते हैं। वे सबकी उसकी सुंदरता को सराहते हैं और अनजाने में ही, वे स्वयं यूनानियों को अपने किले के भीतर ले जाते हैं जिसमें वे पिछले दस साल से प्रवेश नहीं कर पा रहे थे।

आधी रात को काठ के घोड़े से सैनिक बाहर आए और ओडिसियस के नेतृत्व में, किले के दरवाजे भीतर से खोल दिए। इधर-उधर छिपी हुई यवन सेना भीतर घुस आई और ट्रॉय का पतन हुआ। ओडिसियस के सिर जीत का सेहरा बँधा और उसने अपनी वापसी की यात्रा आरंभ की।

कहते हैं कि उसे अपने घर, इथाका वापस आने में दस वर्ष का समय लग गया। मार्ग में पहले उसका जहाज नष्ट हो जाता है। उसके साथी मारे जाते हैं। वह किसी तरह अपनी प्राण रक्षा करता है तो अचानक समुद्र का देवता सामने आ जाता है और उनके बीच घमासान युद्‌ध छिड़ जाता है। वह कई तरह के शैतानों और एक आँख वाले राक्षसों से संघर्ष करते हुए आगे बढ़ता है।

फिर उसकी भेंट समुद्र में ऐसी सुंदर युवतियों से होती है जो अपने सुंदर गानों से श्रोता को लुभाती हैं और ज्यों ही वह निकट जाता है तो वे उसे निगल जाती हैं। वह अपनी चतुराई के बल पर, उनसे अपनी रक्षा करता है। कुछ और चुड़ैलें राह में उसकी प्रतीक्षा कर रही हैं। वे उस पर ऐसा जादू डालती हैं कि वह अपने घर को भुला दे परंतु ओडिसियस किसी भी दशा में अपने घर जाना चाहता है और उसके संकल्प के आगे कोई जादू काम नहीं करता। वह अपनी पत्नी पेनेलोप और पुत्र टेलिमाकस से मिलने को व्याकुल है। उनसे मिलने की इच्छा ने ही राह की हर बाधा को चुनौती में बदल दिया और वह पूरी वीरता से उनका सामना करता रहा।

इधर इथाका में उसकी पत्नी पेनेलोप अपने पति की याद में एक-एक दिन बिता रही है। जब उसका पति युद्ध में गया तो उनका पुत्र नवजात था और अब वह बीस वर्ष का होने वाला है। पिछले बीस वर्षों से इथाका के राजा का कुछ पता नहीं है। कोई नहीं जानता कि ओडिसियस वापस भी आ सकेगा या नहीं। वह जीवित है या उसकी मृत्यु हो चुकी है? पेनेलोप अपने पति की याद में तरसती रहती है। वह एक सुंदरी है इसलिए निरंतर विवाह के प्रस्ताव आते रहते हैं। वह विनम्रता से एक-एक कर उन्हें ठुकरा देती है। भला कोई उसके पति का स्थान कैसे ले सकता है।

जब विवाह के प्रस्ताव बढ़ने लगे तो उसने एक उपाय खोज निकाला। वह एक चादर बुनने लगी और अपनी दासी के हाथों सबको संदेश भिजवा दिया, "मैं अपने ससुर के लिए एक चादर बुन रही हूँ। जिस दिन चादर का काम पूरा होगा। उसके बाद मैं पुनः विवाह करूँगी।" सबको यह संदेश देने के बाद पेनेलोप अपनी योजना के अगले चरण पर काम करती है। वह दिन में चादर बुनती और रात को एक-एक धागा निकालते हुए चादर को फिर से अधबुना कर देती। इस तरह वह काम कभी पूरा ही नहीं हो सकता था।

दासी बार-बार उसे परामर्श देती है कि उसे किसी का हाथ थाम लेना चाहिए परंतु पेनेलोप हामी नहीं भरती। कुछ ही समय में, नगर में यह बात भी प्रचारित हो जाती है कि वह स्वयं ही अपनी चादर को पूरा नहीं होने दे रही। पेनेलोप यह मानने को तैयार नहीं कि उसका पति इस दुनिया में नहीं रहा।

अंततः उसका पुत्र ऐलान करता है, "जो व्यक्ति स्वयं को इतना सक्षम सिद्ध कर देगा कि वह इथाका का राजा और मेरी माँ का पति बन सकता है। मेरी माँ पेनेलोप उसे ही अपना वर चुनेगी और उसे इथाका की बादशाहत सौंप दी जाएगी।"

बहुत से इच्छुक राजा इस प्रतियोगिता में भाग लेते हैं। इस प्रतियोगिता की शर्त थी कि बारह तलवारें एक सीध में खड़ी की गई हैं। प्रतियोगी को उनकी मूठ में से निकालते हुए, एक बाण चलाना है जो निशाने को भेद सके। शर्त अनूठी और कठिन थी। कोई भी राजा उसे पूरा नहीं कर सका। पेनेलोप मन ही मन जानती थी कि ऐसा हुनर उसके पति के सिवा किसी के पास नहीं था। उसने जान कर ऐसी शर्त रखी ताकि उससे विवाह करने के इच्छुक पुरुष हमेशा के लिए शांत हो जाएँ।

उस दिन प्रतियोगिता में एक अनजान बूढ़े ने वह शर्त पूरी कर दिखाई। उसने कपड़े से अपना आधा चेहरा ढाँप रखा था। ज्यों ही वह सामने आया तो पेनेलोप भाग कर उससे लिपट गई। ओडिसियस ही इथाका वापस आ गया था। केवल वही इथाका का राजा बनने के योग्य था और पेनेलोप की पति के प्रति भक्ति, निष्ठा और प्रेम की जीत हुई।

यह तो हमारी कथाओं के स्वयंवर जैसा लगता है?

आज से दो-तीन हज़ार वर्ष पूर्व ग्रीक और भारतीय सभ्यता में, आपस में कुछ सामान्य संबंध रहा होगा। कहते हैं कि आर्यों की एक परंपरा भारत में है तथा इसका दूसरा हिस्सा यूरोप में है। आर्यों की परंपरा में युवतियों को पाने के लिए प्रतियोगिता का आयोजन होता था। इन दोनों में स्वयंवर जैसी अनेक समानताएँ पाई जाती हैं परंतु इनमें से बहुत सी बातें दिखावे भर की हैं। जब ब्रिटिश हमारी संस्कृतियों की तुलना करते हैं तो वे सीता के अपहरण की तुलना, इलियड की हेलेन से करते हैं। ये दोनों बातें एक नहीं हैं। हेलेन अपनी इच्छा से राजकुमार के साथ गई थी और रावण ने सीता का अपहरण किया था। उन्हें छल से अपने साथ ले गया था।

पुनर्जन्म और कर्म का सिद्धांत सबसे बड़े अंतर के तौर पर सामने आता है। भारत में, हम कर्म की बात करते हैं। हमारा यह जीवन, हमारे अनेक जन्मों में से एक है। ग्रीक संस्कृति में उनके पास एक ही जन्म और

एक ही जीवन है। आप केवल एक बार ही जीते हैं। इसलिए उनमें गहरा आवेग और जुनून दिखाई देता है। वे अपने इसी जीवन में कुछ पाना चाहते हैं। ग्रीक नायक बहुत ही भयंकर होते हैं। देवी और देवता कभी तो उनका साथ देते हैं तो कभी उनके लिए मुसीबतों का पहाड़ खड़ा कर देते हैं। तब नायक क्रोधित हो उठते हैं और देवताओं से प्रश्न करते हैं कि वह उन्हें अपने हाथ का खिलौना बना कर क्यों नचा रहा है?

उनके पास मृत्यु के बाद तीन विकल्प हैं : जो लोग जीवन में कुछ श्रेष्ठ कर दिखाते हैं, वे एलीजियम नामक स्वर्ग में जाते हैं; जो अपने पापों का दंड भुगतने वाले हों उन्हें टाटरस नर्क में भेजा जाता है, जहाँ वे एक ही काम को बार-बार निरंतर करते रहेंगे; इसके बाद वे सामान्य लोग आते हैं जिनकी आत्मा को एस्फ़ोडल में भेजा जाता है। इन जगहों से उनके लिए कोई वापसी संभव नहीं होती।

यहूदी, ईसाई और इस्लाम धर्म के अनुयायियों का मानना है कि अगर वे ईश्वर के बनाए नियमों या आदेशों का पालन करेंगे तो जिस दिन उनके जीवन का हिसाब-किताब होगा, उसके अनुसार उन्हें जहन्नुम या जन्नत में भेजा जाएगा। हिंदू धर्म में यह अवधारणा पूरी तरह से अलग है। अगर आप अच्छे कर्म करेंगे तो आपको स्वर्ग में स्थान मिलेगा परंतु वह अस्थायी होगा। इसी तरह अगर आप बुरे कर्म करेंगे तो आपको नर्क में स्थान मिलेगा परंतु वह भी अस्थायी होगा। आप लगातार नए-नए शरीर व योनियों में, धरती पर जन्म लेते रहेंगे और जीवन व मरण के इस चक्र (ऋतुचक्र) में उलझे रहेंगे। यह सब तब तक रहेगा, जब तक आप ज्ञान और विवेक के बल पर इससे मुक्ति नहीं पा लेते। तब आपको सही मायनों में मोक्ष की प्राप्ति होती और आप जन्म-मरण के जंजाल से छूट जाएँगे।

ग्रीक माइथोलॉजी में मोक्ष की अवधारणा नहीं पाई जाती?

नहीं, ग्रीक संस्कृति में मोक्ष की अवधारणा नहीं होती। ये सदा कुछ पाने, विद्रोह करने तथा संसार को बदलने की बात करते हैं। मान्यता यह है कि जब तक नायक अपनी ओर से कोई प्रयत्न नहीं करता, तब तक संसार में परिवर्तन नहीं आता। जबकि भारतीय मान्यता यह है कि संसार निरंतर परिवर्तनशील है, भले ही आप चाहें या न चाहें; यह अपनी गति से निरंतर

परिवर्तित होता रहता है इसलिए विद्रोह करना व्यर्थ है। यही कारण है कि हमारे भारत में नायकत्व की अवधारणा नहीं पाई जाती।

राम को 'रामायण' का हीरो या नायक कहा जाता है?

अगर साधारण अर्थ में देखें तो वे राम नायक हैं परंतु यह पूरी तरह से सच नहीं है। राम, कृष्ण शिव आदि भगवान हैं। उनके पास आदि और अनंत काल का ज्ञान है। वे इस धरती पर लीला करने आए हैं। एक नायक अपनी जय या पराजय के पश्चात, एक प्रकार के भावनात्मक रूपांतरण की प्रक्रिया से गुज़रता है। हमारे भगवान स्थितप्रज्ञ हैं। उनकी जय हो या पराजय, वे वन में हों या अरण्य में; सदा एक समान भाव में मग्न रहते हैं। ग्रीक मूर्तियों में आपको एक तरह का तनाव, स्टाइल, प्रवृत्ति और देह सौष्ठव दिखेगा परंतु हमारी भारतीय मूर्तियाँ बहुत ही सौम्य और कोमल रूप दर्शाती हैं। देवों को शांत भाव में स्थित दिखाया जाता है। उनमें किसी प्रकार आवेग या जुनून के लक्षण नहीं दिखते।

जबकि ग्रीक नायक के पास एक जुनून है, एक लक्ष्य है। हमारे देव अज्ञानियों को ज्ञान का मार्ग प्रदान करते हैं। वे ज्ञानरूपी शत्रु को नष्ट करते हैं। बुद्ध वे हैं, जो सोए हुए को जगाते हैं। यहाँ अच्छे-बुरे, जीत या हार का कोई प्रश्न ही नहीं है। 'तुम देख नहीं सकते इसलिए मैं तुम्हें ज्ञान के प्रकाश में अपने दर्शन देता हूँ।' हमारे महाकाव्य में पांडव भले ही युद्ध जीतते हैं परंतु अपनी संतान गँवा देते हैं। इस तरह यह जीत उनके लिए निरर्थक हो जाती है। राम रावण को पराजित करते हैं परंतु वास्तव में उसका उद्धार कर रहे हैं ताकि वह अगले जन्म में ज्ञानी बन कर आ सके। उसे पापों से मुक्ति मिल सके। तो यह अवधारणा है। हम लोग अंतर करते हुए, इन सूक्ष्म बातों पर ध्यान नहीं देते परंतु यही तो हमारी कथाओं की आत्मा हैं। हम केवल देह को देखते हैं, देही अर्थात आत्मा पर भी ध्यान देना चाहिए।

मैंने सुना है कि मूर्ति पूजा का प्रचलन ग्रीक से भारत में आया?

वैदिक काल में हमारे पास देवी-देवताओं की कोई मूर्तियाँ नहीं थीं। यज्ञ के दौरान देवताओं का आह्वान किया जाता और वे अपना यज्ञ भाग ले कर संतुष्ट होते व आशीर्वाद दे कर लौट जाते। जब तेईस सौ वर्ष पूर्व,

यवन भारत में आए तो उनके साथ ही भारत में मूर्ति कला का भी प्रवेश हुआ - तब हमें गांधार यवन शैली में बुद्ध, विष्णु व शिव की मूर्तियाँ देखने को मिलती हैं।

धीरे-धीरे जब मथुरा कला शैली में, लाल बलुआ पत्थर पर मूर्तियाँ उकेरी गईं तो उनमें हमें भारतीय शैली देखने को मिली। यह भी हो सकता है कि मूर्ति कला ग्रीक से आई परंतु हमने उससे प्रेरणा ले कर उसे अपने अनुरूप ढाल लिया। आज हम जो ग्रीक मूर्तियाँ देखते हैं, उनमें और भारतीय मूर्तियों में गहरा अंतर दिखाई देता है। हमारी मूर्तियाँ और मंदिर भले ही ग्रीक कला से प्रेरित रहे परंतु कुछ ही समय में उन्होंने अपनी एक पहचान स्थापित कर ली।

ग्रीक थियेटर या रंगमंच भी बहुत प्रसिद्ध थे। कहते हैं कि नाट्यशास्त्र की प्रेरणा भी वहीं से मिली। हम आज भी थियेटर के पर्दे को यवनिका कहते हैं। श्रीनाथ जी के मंदिर में, मूर्ति के पीछे जो पर्दा लगा है, उसे पिछवाई कहते हैं, वह भी यवनों की देन है।

11

आठ प्रकार के विवाह

भारत में विवाह नामक संस्था को बहुत आदर दिया जाता है। हमारे शास्त्रों में आठ प्रकार के विवाह कहे गए हैं। ये क्या हैं और इनका आधुनिक विवाह से क्या संबंध है? हमारे देश में विवाह को इतना मान क्यों देते हैं?

हमारी संस्कृति में विवाह को बहुत महत्त्व दिया जाता है। यह एक संस्कार है। यूँ तो अन्य संस्कृतियों में भी विवाह नामक संस्था को मान दिया जाता है परंतु हमारे यहाँ इसके लोकप्रिय होने के कुछ कारण रहे। इनमें से एक तो यह भय ही है कि यदि बच्चों का विवाह नहीं किया गया तो वे कहीं भिक्खु या संन्यासी न बन जाएँ। देश में प्राचीन काल से ही श्रमण परंपरा का गहरा प्रभाव रहा। जिसमें कहा जाता था कि हमें आत्मा को मोह और माया से मुक्त करना है। वन में जा कर एकांत में तपस्या करनी है ताकि अपना जीवन सफल हो सके। श्रमण परंपरा को अपनाने वाले गृहस्थ जीवन में प्रवेश नहीं करते थे। इसी प्रभाव को कम करने के लिए माता-पिता का प्रयास यही रहता था कि विवाह योग्य आयु होते ही संतान का विवाह कर दिया जाए।

उनका विवाह करने के पश्चात् माता-पिता को ऐसा लगता था मानो उन्हें किसी भारी कर्तव्य से मुक्ति मिल गई हो। दूसरा कारण यह था कि माता-पिता को यह भय रहता था कि संतान का विवाह न हुआ तो वह भटक सकती थी। यदि उस पर विवाह का दायित्व न डाला जाए तो वह अनुत्तरदायी और भोग-विलास में मग्न रहने वाली हो जाएगी या फिर पथभ्रष्ट हो

कर कुल का नाम डुबो देगी। हमारे देश में विवाह का संबंध परिपक्वता, उत्तरदायित्व तथा विकसित होने के भाव से जोड़ा जाता रहा है। कोई युवक या युवती कितने भी अनुत्तरदायी क्यों न हों। यही माना जाता है कि विवाह होने पर उनके बहुत सारे दोष अथवा कमियाँ स्वयं ही लुप्त हो जाएँगे।

विवाह का संबंध उत्तरदायित्व से क्यों जोड़ा जाता है?

पुराणों में शिवजी को विनाशक कहा गया है। इसका क्या अर्थ है? उन्होंने अपने तीसरे नेत्र से कामग्नि या काम वासना को नष्ट किया था। अगर सभी पुरुष शिव की तरह, यौन संबंध रखने से इंकार कर देंगे तो समाज का क्या होगा? समाज को चलाए रखने के लिए एक नियमित व्यवस्था चाहिए, गृहस्थ जीवन चाहिए। इस प्रवृत्ति को रोकने के लिए ही विवाह को अनिवार्य किया गया।

पुराणों में आपको ऐसी अनेक कथाएँ मिलेंगी जिनमें ध्यानरत ऋषि होंगे और उन्हें अपने पूर्वज सपने में दिखाई देते हैं जो सिर के बल उल्टे लटके हुए हैं। वे कहते हैं, "इस समय हम पितृ लोक में हैं परंतु जल्दी ही हमें पुत्त यानी नर्क में भेज दिया जाएगा क्योंकि तुमने अभी तक संतान उत्पन्न नहीं की। हम इस जगह फँस गए हैं क्योंकि हमारा पुनर्जन्म नहीं हो सकता। तुम हमारे ऋणी हो और यह इस ऋण से तभी मुक्त हो सकते हो जब तुम संतान पैदा करो और हमें पुनः पृथ्वी लोक पर आने का अवसर मिल सके।" इस अवधारणा का विवाह से गहरा संबंध रहा है।

अन्य कारण बहुत व्यावहारिक हैं। विवाह के साथ धन, संपदा व शक्ति का आदान-प्रदान भी होता है। उदाहरण के लिए 'महाभारत' नामक महाकाव्य से पांडवों को ही लें। उनके पास अपना राज-पाट या वैभव आदि कुछ नहीं है। वे अपने चचेरे भाइयों पर ही आश्रित हैं परंतु जब अर्जुन का विवाह द्रुपद की पुत्री द्रौपदी से होता है तो सभी पांडव द्रौपदी के पति होने के नाते एक विशेष प्रकार का पद या ओहदा पा लेते हैं। अब वे द्रुपद के जामाता हैं। द्रौपदी ने उनके घर में एक लक्ष्मी बन कर प्रवेश किया। वह अपने साथ पतियों के लिए मान, यश व संपदा का उपहार लाई है। पांडव अपना विवाह होने के बाद ही स्वयं को इतना सक्षम पाते हैं कि दुर्योधन से अपने अधिकार की माँग कर सकें क्योंकि अब वे जानते हैं कि

कठिन घड़ी में द्रुपद और उनकी सेना उनके साथ होंगे।

कन्या को संपदा व शक्ति का स्रोत माना जाता है। कन्या की कोख का संबंध अमृतकलश व लक्ष्मी से है क्योंकि जब कोई कन्या घर में आती है तो वंशबेल में वृद्धि होती है। परिवार का नाम आने वाले समय में चलता रहेगा। अगर संतान का जन्म नहीं होगा तो कोई नामलेवा नहीं बचेगा। कन्या को भारत के समाज में सामाजिक गतिशीलता का स्रोत माना जाता है। वह पूर्वजों के ऋण से उऋण होने में सहायक होती है। मंदिरों में भी हमारे देवी-देवताओं को दंपत्ति रूप में दिखाया जाता है। यदि देवताओं का विवाह न हुआ हो तो वे ग्राम देवता कहलाते हैं। उनके लिए कहा जाता है कि वे बहुत ही उग्र या तप वाले देव हैं जो विवाह नहीं कर सकते। माना जाता है कि हनुमान के भीतर इतना तपबल व ऊर्जा है, क्योंकि वे विवाहित नहीं हैं। प्रायः लोग घरों में हनुमान की मूर्ति नहीं रखते। उन्हें उनके मंदिर में ही पूजा जाता है। विवाह का अर्थ है एक स्त्री और पुरुष को समाज के अनुसार गढ़ा जा रहा है ताकि समाज का कल्याण व हित बना रहे।

विवाह की यह संस्था कब आरंभ हुई?

यह कथा 'महाभारत' से ली गई है। श्वेतकेतु की कथा 'महाभारत' के आदिपर्व में आती है। वे उद्दालक ऋषि के पुत्र थे। इन्होंने समाज के कल्याण के लिए अनेक नियम स्थापित किए। एक दिन उन्होंने अपनी माता को परपुरुष के साथ देखा। उन्हें यह देख कर बहुत बुरा लगा और उन्होंने अपने पिता से इस बारे में बात की। उनके पिता ने कहा कि प्रत्येक मनुष्य अपनी स्वतंत्र इच्छा से कुछ भी कर सकता है। श्वेतकेतु ने अपने पिता से कहा, "पिता श्री, यदि ऐसा है तो इस बात का निर्णय कैसे होगा कि मेरे पिता कौन हैं?" पिता ने उत्तर दिया, "यह निर्णय स्नेह के बल पर होगा। मैं तुमसे एक पुत्र की तरह प्रेम करता हूँ और हमारे संबंध की पुष्टि के लिए यही पर्याप्त होना चाहिए।" परंतु श्वेतकेतु इस उत्तर से संतुष्ट नहीं हुए। उन्होंने विवाह के लिए नियम तैयार किए और कहा कि विवाह के बाद परपुरुष से संबंध रखने वाली स्त्री तथा परस्त्री से संबंध रखने वाले पुरुष को भ्रूणहत्या का दोषी माना जाए। उनके द्वारा प्रचारित यह नियम धर्मशास्त्रों में अब तक मान्य है। उन्होंने ही पति, पत्नी, निष्ठा, पत्नीव्रत आदि शब्द दिए।

'महाभारत' से पूर्व, विवाह नामक कोई संस्था नहीं थी।

एक और मान्यता यह भी है कि ब्रह्मा ने अपने मन से मानस पुत्रों की रचना की, जिनमें सप्तर्षि व दक्ष प्रजापति आदि शामिल थे। कश्यप मुनि भी उनमें से एक थे। उन्हें संतान उत्पन्न करने के लिए विवाह करना आवश्यक था। उन्होंने मानस कन्या से विवाह किया और धरती के सभी सजीवों का जन्म उनसे ही हुआ।

विवाह के मूल का स्रोत शिवजी से भी जोड़ा जाता है, जो विवाह करना ही नहीं चाहते थे। सभी देवों को यह भय था कि यदि ऐसा ही चलता रहा तो प्रलय आ जाएगी और सारे संसार का नाश हो जाएगा। पहले देवी सती के रूप में शिवजी के पास जाती हैं। वे दक्ष की पुत्री हैं। वे शिवजी से विवाह रचाती हैं। जब उनकी मृत्यु हो जाती है तो वे पार्वती के रूप में पुनः जन्म लेती हैं और पुनः शिवजी से विवाह रचाती हैं। इस बार, वे शिवजी से आग्रह करती हैं कि वे वर के रूप में, मंडप में पधारें। इस प्रकार, वे धीरे-धीरे एक संन्यासी को गृहस्थ जीवन की ओर ले जाती हैं।

शिवजी अपने लिए संतान नहीं चाहते परंतु वे इस बात पर बल देती हैं कि विवाह का उद्देश्य केवल संतान, संपन्नता या संपत्ति नहीं है क्योंकि शिवजी इन बातों से परे हैं। सबसे महत्त्वपूर्ण बात यह है कि जब तक आप भोग और सांसारिक विषयों का आनंद नहीं लोगे, तब तक आप स्वयं को कैसे जानोगे? प्रायः पार्वती की मूर्तियों में उन्हें अपने हाथ में एक दर्पण थामे हुए दिखाया जाता है। यह दर्पण उनकी शृंगारप्रियता का प्रतीक नहीं है। इसका अर्थ है कि पार्वती ने शिव से विवाह करने के साथ ही एक दर्पण दिखाया जिसमें शिवजी अपने वास्तविक रूप को देख सके। इस प्रकार विवाह आत्मज्ञान को पाने का साधन भी है। कुछ लोग कहेंगे कि विवाह एक रूपक है इसे शाब्दिक अर्थ में नहीं लिया जाना चाहिए। दरअसल यह आपस में मनुष्यों के मेल का माध्यम है ताकि अकेले या संन्यासियों की तरह रहने वाले समाज से बचा जा सके। आपको अपना जीवन अच्छी प्रकार जीते हुए, समाज का हिस्सा बनना चाहिए। यह एक महत्त्वपूर्ण भारतीय दर्शन है।

आधुनिक विवाह या तो परिवार वाले तय करते हैं अथवा वे प्रेम विवाह होते हैं। हमारे शास्त्रों में विवाहों का वर्गीकरण किस प्रकार किया गया है?

हमारे शास्त्रों में कहा गया है कि विवाह आठ प्रकार के होते हैं - प्रजापत्य विवाह, ब्रहूम विवाह, दैव विवाह, ऋषि विवाह, असुर विवाह, राक्षस विवाह, गंधर्व विवाह तथा पैशाच विवाह।

हम इन विवाहों के विषय में एक-एक कर, विस्तार से चर्चा करेंगे।

प्रजापत्य विवाह को विवाह का सबसे श्रेष्ठ रूप माना जाता है। इस विवाह के अनुसार लड़का स्वयं कन्या के पिता उसका दान माँगता है। यदि एक से अधिक उपयुक्त वर हों तो उनके चयन के लिए धनुष-बाण या अन्य किसी प्रतियोगिता की मदद ली जाती है।

ब्रहूम विवाह के अनुसार, कन्या का पिता लड़के पास जाता है। यहीं से दहेज प्रथा का आरंभ होता है। वह लड़के से कहता है, "मेरी पुत्री से विवाह कर लो और मैं तुम्हें इसके बदले में राजपाट, वैभव और धन-धान्य आदि दूँगा।"

दैव विवाह के अनुसार, एक लड़का कन्या के पिता के पास सहायक या प्रशिक्षु के तौर पर कार्य करता है। कन्या का पिता प्रसन्न हो कर अपनी पुत्री का विवाह उससे संपन्न कर देता है।

ऋषि विवाह के अनुसार, कोई ऋषि राजा के पास जा कर कहता है कि उसे संतान उत्पन्न करनी है जिसके लिए उसे विवाह करना होगा। उसके पूर्वज चाहते हैं कि वह उनके लिए संतान पैदा करे। तब राजा उसे गाय, बैल और अपनी कन्या दे देता है। गौ से दुग्ध के रूप में आहार तथा गोबर से ईंधन मिलेगा और बैल की सहायता से खेत जोता जा सकता है। इस प्रकार ऋषि को गृहस्थ जीवन में प्रवेश के लिए कन्या के साथ उपयुक्त सामान भी दे दिया जाता है। विवाह के इन चार प्रकारों को सकारात्मक माना जाता था क्योंकि इन चारों रूपों में कन्या के पिता का पूर्णतया नियंत्रण दिखाई देता है परंतु अन्य प्रकारों में विवाह के लिए कन्या के पिता की सहमति अनिवार्य नहीं रहती।

गंधर्व विवाह को आप प्रेम विवाह भी कह सकते हैं। उदाहरण के लिए दुष्यंत और शकुंतला की कथा ही लें। वे आपस में प्रेम करने लगते हैं

और विवाह कर लेते हैं। उनके विवाह का प्रकृति के अतिरिक्त अन्य कोई मनुष्य साक्षी नहीं होता और न ही उनके परिवारों को इसकी जानकारी है। इस विवाह में समस्या तब आती है जब दुष्यंत अपनी विवाहित शकुंतला को पहचानने से इंकार कर देता है। उनके विवाह को सामाजिक स्वीकृति नहीं मिली, कोई भी इस विवाह के बारे में नहीं जानता इसलिए शकुंतला का जीवन दुःखदायी हो जाता है।

राक्षस विवाह में, युवक और युवती भाग कर विवाह करते हैं या कई बार कन्या की इच्छा से भी उसका हरण कर लिया जाता है। कृष्ण की कथाओं में ऐसी कथा आती हैं जिनमें कन्या की मर्ज़ी से उसका हरण करके, उसे साथ लाया जाता है।

असुर विवाह में, कन्या को धन दे कर ख़रीदा जाता है। पांडु और कुंती का विवाह स्वयंवर में हुआ था तो इस प्रकार यह ब्रह्म विवाह हुआ परंतु कुरु वंश कुंती से प्रसन्न नहीं था। वह सुंदरी नहीं थी। उसकी विवाह पूर्व एक संतान भी हुई थी और अब वह संतान को जन्म नहीं दे पा रही। इन्हीं बातों को ध्यान में रख कर, पांडु के लिए एक और वधू का चयन किया जाता है। वह मद्र देश के राजा की पुत्री माद्री है। उसे धन दे कर पांडु के लिए ख़रीदा जाता है। 'रामायण' में कैकेयी को धन दे कर ख़रीदा गया था क्योंकि उसके बारे में यह भविष्यवाणी हो चुकी थी कि वह एक सुयोग्य भावी संतान की जननी है। जब किसी कन्या की कुंडली में उसके माता बनने का प्रबल योग हो तो उसे अपनी वंश बेल बढ़ाने के लिए ख़रीदा जाता है।

पैशाच विवाह का सबसे निकृष्ट रूप है जिसे जबरन बलात्कार द्वारा संपन्न किया जाता था। इसे भी विवाह का एक प्रकार माना गया।

दरअसल नर मनुष्य और पशु सदा मादा की खोज में रहते हैं और इनके बीच मादाओं के लिए एक संघर्ष छिड़ा रहता है। पक्षियों में, मादा पक्षी अपने लिए साथी का चुनाव करती है। इसी तरह नर को सदा यही चिंता सताती है कि मादा उसका चयन करेगी या नहीं। प्रकृति में यह बहुत बड़ी बात है। हर मादा अपने-आप में अमूल्य है, जबकि नर के साथ ऐसा नहीं है। स्त्रियों के लिए सदा से ही युद्ध होते आए हैं।

पैशाच विवाह तो हिंसक कर्म है। इसे विवाह का रूप क्यों माना गया है?

इस स्थान पर संभवतः स्त्री व पुरुष के एक साथ होने या उनके शारीरिक संपर्क को प्रकट करने के लिए ही विवाह शब्द का प्रयोग किया गया है। शास्त्रों में यह कहा गया है कि इनमें जो भी लिखा है, पाठक को देश, काल व गुण के अनुसार ही उसका आकलन करना चाहिए। यह भारतीय परंपरा का एक सशक्त बिंदु रहा है कि आज जो अच्छा व शुभ है, यह आवश्यक नहीं कि आने वाले समय में भी वह उतना ही अच्छा होगा। इन सभी विवाह के प्रकारों में कन्या की सहमति का प्रश्न कहीं नहीं आता। केवल युवक की सहमति दिखती है। जबकि पुराणों में कन्या की सहमति को महत्त्व दिया जाने लगा था।

अभी हमने राक्षस विवाह की बात की है जिसमें कृष्ण का उदाहरण दिया गया था। आइए, आपको कृष्ण और रुक्मिणी की कथा सुनाते हैं जिसमें रुक्मिणी की इच्छा से कृष्ण उनका अपहरण करते हैं।

कुण्डिनपुर के राजा भीष्मक की पुत्री रुक्मिणी प्रायः चारणों के मुख से कृष्ण नामक अलौकिक युवक के बारे में सुनती थी। उसने उन्हें कभी देखा नहीं था परंतु उनके गुणों को सुन कर ही मोहित हो गई और मन ही मन संकल्प लिया कि वह कृष्ण के सिवा अन्य किसी को नहीं वरेगी।

भीष्मक का बड़ा पुत्र रुक्मी भगवान कृष्ण से शत्रुता का भाव रखता था। वह चाहता था कि उसकी बहन का विवाह, कृष्ण के बैरी शिशुपाल से हो जाए। उसने विवाह की तिथि नियत की और वर पक्ष को न्यौता भेज दिया।

रुक्मिणी अच्छी तरह जानती थी कि उसके परिवार वाले कृष्ण के साथ विवाह करवाने को राज़ी नहीं होंगे इसलिए उसने कृष्ण को संदेश भिजवाया कि वे आ कर, उसे विवाह से पूर्व अपने साथ ले जाएँ क्योंकि वह उन्हें मन ही मन अपना वर चुन चुकी है। गिरिजा देवी के दर्शनों के बहाने रुक्मिणी महल से बाहर आ सकती थी। उसने कृष्ण को भेंट के लिए उसी स्थान पर बुलवाया।

रुक्मिणी की मनोदशा को जान कर कृष्ण ने बलराम को सूचित किया और उसे लेने चल दिए। बलराम ने यादवों की सेना भी पीछे भेज दी।

कृष्ण नियत समय पर मंदिर पहुँचे और रुक्मिणी से पूछा कि उसने उन्हें महल की बजाए मंदिर में क्यों बुलवाया। वे तो चाहते थे कि सारे

परिवार के सम्मुख रुक्मिणी को अपने साथ ले कर जाएँ। वह उन्हें कहती है कि अनावश्यक हिंसा से बचने के लिए ही उसने यह मार्ग सोचा है। वह कृष्ण के साथ प्रस्थान करने के बाद उन्हें अपने जाने की सूचना भिजवा देगी। कृष्ण अपने शंख से नाद करके रुक्मिणी के अपहरण का समाचार देते हैं और उसे अपने संग पूरे अधिकार के साथ ले जाते हैं क्योंकि इसी में रुक्मिणी की इच्छा थी।

तो रुक्मिणी ने स्वयं कृष्ण से कहा कि वे उन्हें हरण कर अपने साथ द्वारिका ले जाएँ?

जी, पुराणों में वर्णित है कि रुक्मिणी ने इस आशय से कृष्ण को एक विस्तृत पत्र भेज कर अपना प्रेम निवेदित किया था। यह चुनाव का प्रश्न था। दोनों पात्रों ने स्वयं परस्पर चयन किया है। इसे आप गंधर्व और राक्षस विवाह का मिश्रण भी कह सकते हैं।

मैंने विवाह के संबंध में सपिंड विवाह, सगोत्र विवाह आदि शब्द सुने हैं। क्या आप इन शब्दों के बारे में विस्तार से बता सकते हैं?

इन शब्दों के प्रयोग से यह पता चलता है कि आप किससे विवाह कर सकते हैं और किससे विवाह नहीं कर सकते। हम अपने पूर्वजों को पिंडदान करते हैं। अगर दोनों पक्षों यानी वर और वधू के पूर्वज एक ही हैं जैसे दादा, परदादा आदि तो कुछ समुदायों, आपस में विवाह वर्जित है। कुछ स्थानों पर ममेरे, मौसेरे और चचेरे भाईयों से विवाह नहीं हो सकता तो कुछ स्थानों पर चचेरे और ममेरे भाई-बहनों के बच्चों से भी विवाह नहीं हो सकता। अलग-अलग स्थानों पर, विवाह के लिए अलग-अलग नियम लागू होते हैं। सुभद्रा का विवाह अर्जुन से होता है- वे आपस में नातेदार हैं। गोत्र एक वंश की तरह है जो आपके पूर्वजों का पता देता है। सगोत्र का अर्थ है कि आपके पूर्वज एक ही हैं - जैसे भारद्वाज आदि। कुछ समुदायों में इस प्रकार परस्पर विवाह का प्रचलन नहीं है। यह कोई तयशुदा नियम नहीं है। हर युग में विभिन्न प्रकार के विवाह होते आए हैं। ये वैदिक युग से रहे। आज विभिन्न प्रकार के नियम लागू होते हैं।

12

खजुराहो के मंदिर

खजुराहो का संबंध सदा कामोत्तेजक या शृंगारिक मूर्तियों से जोड़ा जाता रहा है। इन मंदिरों को सदैव एक उदाहरण की तरह लिया जाता है कि हमारा देश कितनी स्वतंत्र सोच रखता है या भारतीय संस्कृति कितनी प्रगतिशील है। खजुराहो शब्द का क्या अर्थ है? क्या इसे खजूर शब्द से लिया गया है?

जी हाँ, इसके तीन संभावित अर्थ निकाले जा सकते हैं। कहते हैं कि कभी उस स्थान पर खजूर के सुनहरे वृक्ष थे इसलिए इसे खजुराहो कहा जाने लगा। कछ लोग इसका संबंध बिच्छू या वृश्चिक से जोड़ते हैं, जो तांत्रिक पूजा में शिव जी से संबंध रखता है। वे अपने शरीर पर धारण करते हैं। कुछ लोगों को यह पुरुष की यौन इच्छा का रूपक लगता है।

खजुराहो मंदिरों का निर्माण कब हुआ?

ये मंदिर एक हज़ार वर्ष प्राचीन हैं। इन्हें बनने में तीन सौ से चार सौ साल का समय लगा होगा यानी नौवीं से बारहवीं सदी के दौरान इनका निर्माण हुआ होगा। भारत में मिट्टी से घर बनते थे जो नष्ट होने पर मिट्टी में ही मिल जाते थे परंतु भगवान के घर यानी देवालय पत्थरों से बनाए जाते थे इसलिए इतने वर्ष बीतने पर भी केवल ये देवालय ही देखने को मिलते हैं।

यहाँ किन देवी-देवताओं के मंदिर हैं?

इस जगह पर मंदिरों के तीन-चार समूह हैं। सबसे बड़ा मंदिर कंदरिया महादेव का मंदिर कहलाता है। यह एक गुफा के अंदर शिवजी का मंदिर है जो अपनी भव्यता के लिए जाना जाता है। इसके अतिरिक्त यहाँ विष्णु मंदिर, गणेश मंदिर, सूर्य मंदिर, शाक्त परंपरा का चौंसठ योगिनी मंदिर तथा जैन परंपरा का मंदिर भी है।

जैन तो अधिकतर संन्यासी थे परंतु खजुराहो का संबंध शृंगारिक मूर्तियों से जोड़ा जाता है?

आज हमने जीवन के शृंगारिक व तपस् संबंधी पहलुओं को अलग-अलग करके देखते हैं। भारत में, ऐसा कभी नहीं किया जाता था। हमारे शास्त्रों का कहना था कि जीवन को अर्थ देने के लिए अनेक पक्षों पर ध्यान देना होता है। हमारे यहाँ चार प्रकार के पुरुषार्थ यानी मनुष्य जीवन के लक्ष्य माने गए हैं : धर्म, अर्थ, काम व मोक्ष अर्थात कर्तव्य, संपदा, इच्छा व मुक्ति। जैन धर्म में मोक्ष को बहुत अधिक महत्त्व दिया गया इसलिए उनके यहाँ ध्यानरत साधुओं व मुनियों की अनेक मूर्तियाँ मिलती हैं परंतु उनके नृत्यरत अप्सराओं व नर्तकियों और गायिकाओं के चित्र भी मिलते हैं क्योंकि वे जान गए थे कि जीवन में हर प्रकार के लोग होते हैं। जैन धर्म में श्रमण व श्रावक परंपरा रही है, श्रमण वे हैं जिन्होंने जीवन का त्याग किया व मुनि बन गए और श्रावक वे हैं जो संसार में रहते हुए, गृहस्थ धर्म का पालन कर रहे हैं। वे दोनों सदा एक-दूसरे के अस्तित्व को मान देते आए हैं।

हिंदू धर्म में, भोग और विलास को केंद्र में रखा गया। धर्म, अर्थ, काम व मोक्ष; सबको एक समान महत्त्व प्रदान किया गया। यह तो सच है कि खजुराहो में कामोत्तेजक मूर्तियाँ हैं परंतु वह दस में से एक प्रतिशत है।

ये मंदिर क्यों बनवाए गए? जैनियों के लिए देवालय, तीर्थंकरों के लिए हैं। एक मंदिर ब्रह्माण्ड का प्रतीक होता है जिसमें धर्म, अर्थ, काम व मोक्ष सब कुछ होता है। एक संसार पत्थरों से बनाया जाता है। गर्भगृह भगवान के लिए होता है। 'भगवद् गीता' में कहा गया है, देह व देही।

ठीक इसी तरह, एक मंदिर में देवता का वास होता है। अगर आप मंदिरों की वास्तुकला व शिल्प को ध्यान से देखें तो आपको बहुत कुछ सीखने

को मिलेगा। खजुराहो के सभी मंदिर पूर्वाभिमुखी हैं ताकि सूर्य की पहली रश्मियाँ गर्भगृह में स्थित देवता तक पहुँच सकें।

सभी मंदिर एक मंच, अधिष्ठान पर बने है। इनके आसपास कोई दीवारें नहीं हैं। संभवतः उन पर कोई हमला नहीं करता था इसलिए उन्हें किसी का भय नहीं था।

मंच के चारों कोनों पर मंदिर होते हैं और प्रमुख मंदिर बीच में स्थित होता है। इसमें एक महा मंडप, एक मंडप और एक गर्भ गृह होता है, जिस पर एक शिखर बना हुआ है।

शिखर और उसकी दीवारों पर अनेक प्रकार के अंकन पाए जाते हैं – फूल, ज्यामिति के नमूने, हाथी, अश्व तथा याली (हाथी का सिर तथा सिंह की देह) जैसे पशु, नर व मादा देह, संग्राम में जाते हुए नरेश तथा शिखर पर देवी व देवताओं के अंकन। इसके अतिरिक्त इन मूर्तियों में लोगों के सामान्य घरेलू जीवन का परिचय भी मिलता है। मानो किसी सुंदर व सुघड़ जीवन की चित्रमाला प्रस्तुत कर दी गई हो।

पुरुषों को सुंदर नैन-नक़्श के साथ बहुत ही मोहक रूप में दिखाया जाएगा। स्त्रियाँ अपनी देह के प्रति सहज तथा प्रसन्न भाव में हैं। वे अपना शृंगार कर रही हैं, आभूषण धारण कर रही हैं, अंगराग या उबटन लगा रही हैं, अपनी केश-सज्जा कर रही हैं, अपने प्रिय के साथ संभोगरत हैं। यह सब शृंगार रस के चित्र हैं। और इन चित्रों की सबसे बड़ी विशेषता यह है कि उनमें से कोई भी पात्र आपको नहीं देखता। वे अपने-आप में तल्लीन हैं। आप उन्हें निरंतर ताकते हैं। उनके लिए, जो वे कर रहे हैं, वह सब सहज, नैसर्गिक व जीवन का एक अंग है।

जब इन मंदिरों का निर्माण हुआ, जब हमारे समाज की मानसिकता बिलकुल अलग थी। महिलाएँ स्वाभिमान और आत्मविश्वास से भरपूर थीं। अपनी देह और इच्छाओं के प्रति उनके मन में किसी प्रकार का अपराध बोध नहीं था और मूर्तियों में यह बहुत खूबसूरती से चित्रित किया गया है।

मानो वह पुरुष से अपने लिए भोग चाह रही हो। मानिनी स्त्री पुरुष से अपने लिए सुख व समाधान चाहती है। वह चाहती है कि उसकी दैहिक और मानसिक इच्छाओं का सम्मान हो, उन्हें पूरा किया जाए और ऐसा होता भी था।

केवल नर व मादा नहीं बल्कि पुरुष व पुरुष तथा स्त्री व स्त्री के बीच भी आपस में संबंध बनाते हुए दर्शाया गया है। देवी और देवता मंत्र मुग्ध भाव से परस्पर ताक रहे हैं, आपस में वार्तालाप कर रहे हैं।

एक स्थान पर नवग्रह मूर्ति में समय को दिखाया गया है। दूसरे स्थान पर मूर्तियों में अंतरिक्ष को दिखाया गया है। कुछ मूर्तियाँ दिशाओं का ज्ञान देती हैं। दिग्पालों के बारे में बताती हैं जैसे ईशान (उत्तर पूर्व की ओर मुख), कुबेर (उत्तर), अग्नि (दक्षिण पूर्व), तथा इंद्र (पूर्व)। अनेक ऐसी प्रतिमाएँ बनी हुई हैं जिनमें राजा किसी हाथी या अपने सिंहासन पर आसीन है, यह मूर्ति धर्म का प्रतीक है। व्यापारी आपस में सौदेबाज़ी कर रहे हैं या नगर की ओर आने वाला काफ़िला दिखाया गया है। ये मूर्तियाँ जीवन के अर्थ पक्ष को दिखती हैं।

कामोत्तेजक मूर्तियों में युगल संभोगरत दिखाई देते हैं - शिव-शक्ति, ब्रह्मा-सरस्वती, विष्णु-लक्ष्मी आदि अपने ही संसार में खोए हैं। जिस भी स्थान पर प्रेम करने की स्वतंत्रता होगी, वह स्थान एक प्रसन्न राज्य होगा।

वह बौद्ध धर्म के उदय का काल था और दुःखों व पीड़ाओं से भरे जीवन को त्यागने के बारे में बातें होने लगी थीं। प्रजा का ध्यान तेज़ी से इस परिवर्तन की ओर आकर्षित हो रहा था। ऐसे में तत्कालीन राजाओं व ऋषियों ने आपस मंत्रणा की कि इस भावना के विरोध में भी कुछ किया जाना चाहिए ताकि इस संतुलन को पुनः स्थापित किया जा सके।

उन्होंने निर्णय लिया कि वे देवताओं को ऐंद्रिक सुखों का भोग लेते हुए दिखाएँगे। इस प्रकार मंदिर आने वाले भक्तों को जीवन और संसार के सुखों का अनुभव होगा। इस तरह मंदिर में संभोगरत मूर्तियाँ उकेरी गईं जो पुरुष प्रधान, स्त्री प्रधान व आपस में आनंद व यौन संबंधों में रत मिथुन मूर्तियाँ थीं। वे सब मूर्तियाँ आम लोगों की नज़रों की सीमा में नहीं बनीं।

कुछ मूर्तियों को मंदिरों की बाहरी दीवारों पर ऊँचाई पर अंकित किया गया। वे देवी-देवताओं को दिखाने के लिए बनी थीं ताकि देव देख सकें कि राज्य में चारों ओर संपन्नता व खुशहाली है और लोग परस्पर स्नेह से रहते हुए संसार के सभी सुखों को भोग रहे हैं।

काम-शास्त्र में शिव और पार्वती से संबंधित एक कथा कही जाती है। यह शाब्दिक रूप में पुरुष व स्त्री के बीच शारीरिक संबंधों को दर्शाती

है और एक रुपक के रूप में पुरुष व प्रकृति का चित्रण करती है। पुरुष और प्रकृति के संयोग से ही संसार का संतुलन बना हुआ है। इस संयोग को संरक्षित रखते हुए, निरंतर बनाए रखना ही हमारा सबसे बड़ा धर्म है।

इस कथा में पार्वती शिव से संवाद करते हुए उन्हें स्मरण करवा रही हैं कि वे निरंतर तपस्या करते हुए अपनी पत्नी के प्रेम को पोषित नहीं कर सकते। शिव जानना चाहते हैं कि पार्वती उनसे क्या अभिलाषा रखती हैं। पार्वती शिव के सम्मुख अपने मन की बात रखती हैं और कहती हैं कि उन्हें अपने पति का सुख चाहिए और संभवतः शिव को उनके साहचर्य में भय लगता है? शिव आश्चर्य से उत्तर देते हैं, "ऐसे आनंददायक कार्य में भय का क्या काम?"

"यदि ऐसा है तो आपने अपने तीसरे नेत्र से कामदेव को भस्म क्यों किया? संसार में क्या मोह व काम सुख का कोई महत्त्व नहीं है?'

"देवी, हर पुरुष को अपनी पत्नी को प्रसन्न रखना चाहिए। उसे मन, हृदय व तन का संपूर्ण सुख देना चाहिए।"

"आप हमारे सुख के लिए क्या करेंगे प्रभु?" पार्वती पूछती हैं।

"हम आपके साथ समय व्यतीत करेंगे। आपका मनोरंजन करेंगे। आपकी हर बात सुनेंगे। आपके हृदय की धड़कनों को समझेंगे। आपके शारीरिक हाव-भाव को देखेंगे और आपके शब्दों के पीछे संकेतों को परख़ लेंगे।" शिव ने उत्तर दिया।

"महादेव! मैं केवल सुख लेना ही नहीं अपितु आपको सुख देना भी चाहती हूँ। आप मुझे बताएँ कि एक स्त्री अपने पति के लिए क्या कर सकती है। वह उसे कैसे सुख पहुँचा सकती है।"

"एक स्त्री अपने पति को अपने स्पर्श का सुख दे सकती है। नृत्य व गायन से उसका मन बहला सकती है। उसे अपने आलिंगन में ले कर चुंबन दे सकती है। हम आपको पूरी सूची पढ़ कर सुना सकते हैं।"

"स्वामी! मैं इस विषय में विस्तार से जानना चाहती हूँ।"

तब महादेव इस विषय में कहते हैं कि पुरुष और प्रकृति के संयोग से ही ब्रह्माण्ड का संतुलन सधा हुआ है। एक-दूसरे के तन की रक्षा और सार-संभाल करना दोनों का दायित्व है। इस संबंध के माध्यम से दोनों के तन

व मन में वृद्धि हो। उन दोनों का अतुलनीय प्रेम सदा के लिए बना रहे। इस प्रकार शिव और पार्वती के इस प्रेम संवाद से ही कामशास्त्र का जन्म हुआ।

क्या खजुराहो के मंदिरों का 'कामसूत्र' से भी कोई संबंध है?

कामशास्त्र की रचना आज से लगभग दो हज़ार वर्ष पूर्व हुई। हमारे यहाँ चार प्रकार के पुरुषार्थ हैं - धर्म, अर्थ, काम व मोक्ष और इन चारों के लिए धर्मशास्त्र, अर्थशास्त्र, कामशास्त्र व मोक्षशास्त्र जैसे प्राचीन ग्रंथों की रचना की गई। ये उपनिषद व वेदांतसूत्र आदि सभी मोक्षशास्त्र की ही अंग हैं। इसके साथ ही जैन धर्म आ जाता है। उन दिनों मोक्ष को इतना महत्त्व नहीं दिया जाता था। यही माना जाता था कि जीवन में धर्म, अर्थ व काम का स्थान है जब बहुत अधिक आयु हो जाए तो मोक्ष के बारे में विचार किया जाएगा। कामशास्त्र में अनेक ग्रंथों की रचना की गई - जिनमें से वात्स्यायन का 'कोकशास्त्र' बहुत महत्त्वपूर्ण माना गया है। कहते हैं कि यह सारा ज्ञान हमें शिवजी से ही मिला है। शिव और शक्ति के इस प्रेमपूर्ण संवाद को नंदी ने सुना और उसे धरती पर मानवों के बीच पहुँचाने के लिए वात्स्यायन जैसे लेखकों को माध्यम बनाया गया।

कामशास्त्र की रचना लगभग दो हज़ार वर्ष पूर्व हुई जबकि खजुराहो के मंदिर एक हज़ार वर्ष पुराने हैं। उनकी मूर्तिकला के माध्यम से सभी शास्त्रों की अवधारणाओं व दर्शाया गया है। अगर आप 'कामसूत्र' का अध्ययन करें तो उसमें केवल बीस प्रतिशत सामग्री ही रति विषयक है, शेष अस्सी प्रतिशत जानकारी संबंधों के विषय में है। वास्तव में यह एक नीरस ग्रंथ है। इसे पढ़ कर ऐसा लगता है मानो किसी इंजीनियरिंग के छात्र ने इसे लिखा हो। यह कोई रति क्रीड़ा पर लिखा गया ग्रंथ नहीं हैं। यह एक वैज्ञानिक ग्रंथ है जिसे भोग का नहीं चिंतन का ग्रंथ कह सकते हैं।

इसमें अनेक विषय शामिल हैं जैसे एक स्थान पर बताया गया है कि रसिक किसे कहते हैं, उसे कैसे वस्त्र धारण करने चाहिए, उसे नगर में कैसे रहना चाहिए। उसे कौन से सुगंधकारी द्रव्य लगाने चाहिए। वह अपने घर की सज्जा कैसे करे या युवतियों से कैसे पेश आए। एक अध्याय में बताया गया है कि पुरुष अपनी पत्नियों से कैसे व्यवहार करे। उसे अपनी प्रधान पत्नी से कैसे पेश आना चाहिए, अपनी कनिष्ठ पत्नी से कैसा बर्ताव करना

चाहिए। अगर उसके विवाहेतर संबंध हों तो दूसरे की पत्नी से कैसा व्यवहार करना चाहिए। उसे प्रेमिका से मिलाने वाले व्यक्ति से कैसे पेश आना चाहिए। इसके अतिरिक्त तैल मर्दन, यौनोत्तेजना को बढ़ाने वाले पदार्थों व जादू-मंत्र आदि के अलावा रति क्रीड़ा के लिए चौंसठ आसनों का वर्णन किया गया है।

जब आप इसे पढ़ेंगे तो ऐसा लगता है कि यदि यह सब इतना यांत्रिक होता है तो इसमें प्रेम कहाँ बचेगा? क्या प्रेम भी कभी इतने विचार और युक्ति से होता है? इस प्रकार यह तकनीकी कौशल से युक्त ग्रंथ है। कई कलाकारों ने इसे अपनी चित्रकला के माध्यम से प्रस्तुत किया। राजाओं के दरबारों में चित्रकारों की नियुक्ति रहती थी और वे राजा के सुख के लिए इस तरह के चित्र व मूर्तियाँ बनाते थे, परंतु वह 'कामसूत्र' नहीं है। ये चित्र और तसवीरें तीन-चार सौ साल पुरानी हैं जबकि कामशास्त्र दो हज़ार वर्ष पुराना है।

इस ग्रंथ में बातों को तकनीकी रूप से प्रस्तुत किया गया है किंतु मंदिर की मूर्तियों में ऐसा नहीं हैं। उनमें आपको रस और भाव का समावेश मिलेगा। जब युवा छात्र आश्रमों से अपनी शिक्षा पूरी कर, गृहस्थाश्रम में प्रवेश करने वाले होते तो उन्हें इन मंदिरों में लाया जाता ताकि वे संसार के तौर-तरीक़े देख सकें। उन्हें पता लगे कि स्त्रियों से कैसा व्यवहार करना चाहिए। राजा और योद्धाओं की जीवनशैली क्या होती है? वे अपने दरबार कैसे सजाते हैं। राजाओं का दल शिकार को कैसे निकलता है। उनके अंतःपुर भीतर से कैसे दिखते हैं या एक आम सद्गृहस्थ के जीवन में पति और पत्नी की क्या भूमिका रहती है। उनका आपसी संबंध कैसा होता है।

एक और मान्यता यह रही कि इन मंदिरों में देवदासियाँ और गणिकाएँ होती थीं और ये मूर्तियाँ उनके लिए विज्ञापनों का काम करती थीं। वे युवकों को यह सिखाने का दावा करती थीं कि वह अपनी पत्नी को सुख कैसे दे सकता है।

मोरक्को से एक विद्वान और यायावर इब्न बतूता चौदहवीं सदी में भारत आए और उन्होंने इन मंदिरों के बारे में लिखा। वे कहते हैं कि जब वे हजार साल पहले भारत गए तो उस स्थान पर स्त्रियों का जीवन बहुत ही सहज और सुंदर था। वे किसी प्रकार की पर्दा प्रथा का पालन नहीं करती थीं। वे अपने पुरुषों से सुख की कामना रखती थीं और उनकी इस इच्छा

को पूरा मान दिया जाता था। वह पुरुष प्रधान समाज नहीं था। स्त्रियों के साथ सभी बहुत ही कोमलता और सभ्यता से पेश आते और प्रायः पुरुष इस विषय में व्यग्र रहते थे कि क्या वे अपनी पत्नियों को हर प्रकार का सुख व आनंद दे पा रहे हैं अथवा नहीं? अपनी इसी व्यग्रता के कारण वे गणिकाओं के पास काम कला का प्रशिक्षण लेने जाते थे ताकि अपने काम कौशल के बल पर पत्नी अथवा प्रेमिका को मोहित कर सकें।

इन दिनों हम इस विषय को एक अलग ही मानसिकता के साथ लेने लगे हैं परंतु उस समय यह उनके जीवन का एक पहलू भर था। वे केवल कर्तव्य की नहीं बल्कि सुख की भी बात करते थे। मंदिरों में उनकी इसी जीवनशैली को दिखाया गया है। मंदिर के भीतर देवता भी हैं इसलिए इस जगह पर मोक्षशास्त्र भी है। मंदिरों में विष्णु व शिव तथा 'रामायण' की कहानियाँ हैं। 'महाभारत' के प्रसंग दिखाए गए हैं इसलिए यहाँ मोक्षशास्त्र का भी परिचय मिलता है। खजुराहो की सबसे बड़ी विशेषता यही है कि इसमें बहुत ही सुंदरता से इन सबका समावेश किया गया है।

क्या इसकी वास्तुकला में कुछ अनूठा है?

मंदिर वास्तुकला की दो शैलियाँ प्रसिद्ध्र रही हैं - द्रविड़ शैली और नागर शैली। इनमें बहुत ही उच्चस्तरीय ज्यामिति का प्रयोग किया जाता है। उदाहरण के लिए नागर शैली में भवन गोलाकार में ऊपर की ओर जाता है। अगर आप किसी वर्ग को दस डिग्री के कोण पर मोड़ें, फिर से दस डिग्री पर मोड़ें और ऐसा ही करते जाएँ तो यह धीरे-धीरे एक वृत्त का रूप ले लेगा। इन मंदिरों को इसी तरह बनाया गया है।

मंदिर के हर हिस्से पर किसी देवी-देवता की मूर्ति या उनके जीवन से जुड़े किसी प्रसंग को अंकित किया गया है। ये सभी छोटे टुकड़े जोड़ कर ही इतना बड़ा और भव्य मंदिर तैयार हो जाता है। संपूर्ण मंदिर सुंदर है और उसके अंश भी सुंदर हैं। उसी तरह संपूर्ण जीवन सुंदर है और आप इसके क्षण-प्रतिक्षण को भी सुंदर बना सकते हैं। अपने जीवन को इसी मंदिर के समान बना लें और उसमें देवता को स्थान दें।

क्या खजुराहो मंदिर तांत्रिक मंदिर हैं?

खजुराहो में चौंसठ योगिनी का मंदिर बना हुआ है जिसे तंत्र परंपरा से जोड़ा जाता है। तंत्र परंपरा में शरीर को मोक्ष प्राप्ति के लिए प्रयुक्त किया जाता है। यौन गतिविधियों को इन अनुष्ठानों में एक अंग की तरह लिया जाता है। इसके अतिरिक्त मांस व मदिरा भी इनके पूजन-अनुष्ठान का एक हिस्सा रहे हैं। इनका वैदिक परंपरा से टकराव रहा जो संन्यासियों की परंपरा है, जिनमें इंद्रियों से परे जाने की बात की जाती है। वह निवृत्ति मार्ग है।

तंत्र परंपरा प्रवृत्ति मार्ग है जिसमें इंद्रियों को भगवान तक पहुँचने का माध्यम माना जाता है। मंदिरों में संभवतः यही बात कही गई। यौन संबंधों या सेक्स को आप चार आयामों में देख सकते हैं - धर्म, अर्थ, काम व मोक्ष। धर्म के संदर्भ में यह प्रजनन से जुड़ा है। अर्थ के संदर्भ में यह देवदासियों से जुड़ा था जो इस इसे धन के लिए बेचती थीं। काम केवल भोग के लिए है, जिसमें संगीत व नृत्य को शामिल किया जाता है। मोक्ष का संबंध तंत्र से है, जिसें सिद्धि और समाधि की बात की जाती है। इसका संबंध चौंसठ योगिनी मंदिर से हो सकता है परंतु इसके विषय में कोई ठोस प्रमाण नहीं मिलते।

13

राजधर्म

एक राजा को ईश्वर का रूप माना जाता है। कुछ राजा अच्छे हुए हैं और कुछ राजा बहुत बुरे थे। कुछ स्नेही थे तो कुछ अत्याचार का दूसरा नाम रहे। कुछ वीर थे तो कुछ कायर। हमारे पुराणों में राजा और राजपद को इतना अधिक महत्त्व क्यों दिया गया है? हमारे महाकाव्यों, 'रामायण' और 'महाभारत' में भी आम लोगों की बजाए राजाओं की ही कथा दी गई हैं, ऐसा क्यों है?

दरअसल ये कथाएँ प्रत्यक्ष तौर पर राजाओं के विषय में नहीं बल्कि सामाजिक ढाँचे के बारे में हैं। इसे कैसा होना चाहिए, इसका नेता कैसा हो। जो इस व्यवस्था को बनाए रखता है, वह राजा है। 'रामायण' और 'महाभारत' की रचना तीन सौ ई.पू. से तीन सौ ई. के दौरान हुई जो चाणक्य व चंद्रगुप्त से ले कर गुप्त वंश के समुद्रगुप्त तक का काल रहा। यह लगभग एक हज़ार वर्ष का समय रहा होगा। इस काल की विशेषता क्या रही? मौर्य युग में दो प्रमुख बल रहे - बौद्‌ध या श्रमण परंपरा जिसका कहना था कि संसार में दुःख ही दुःख भरा है, इसका त्याग कर दो। वे लोग मठों और विहारों की बात करते। धम्म का अर्थ था, 'मैं संसार से अप्रसन्न हूँ और सत्य के संधान में वन या विहार में जा रहा हूँ।' दूसरा बल था, चंद्रगुप्त मौर्य, अशोक और बिंबसार जैसे महत्त्वाकांक्षी राजा जो संसार को जीतना चाहते थे। इन दोनों के बीच निरंतर एक तनाव बना हुआ था।

लोग पूछते थे कि राजा की क्या भूमिका थी? इस प्रकार ये राजघरानों की कथाएँ लोकप्रिय होने लगीं। अगर आप ये ध्यान से देखें तो ये कहानियाँ राजाओं की नहीं, उनके राजत्व या राजपद से जुड़ी हैं। एक राजधर्म के अनुसार अच्छा राजा कैसा होना चाहिए? क्या एक महत्त्वाकांक्षी राजा को अच्छा राजा कह सकते हैं? यदि ऐसा है तो फिर बुद्ध भी तो एक राजा थे, जिन्होंने सांसारिक वैभव त्याग दिया और अंततः एक गुरु व उपदेशक बन गए। क्या वे एक अच्छे राजा थे? ये महाकाव्य इसी सामाजिक संदर्भ में रचे गए। वे राजनीति, अर्थशास्त्र, प्रशासन व संचालन आदि की बात करते हैं।

पौराणिक गाथाओं में राम राज्य को आदर्श राज्य कहा गया है। ऐसा क्यों?

राम राज्य वहीं है, जहाँ लक्ष्मी स्वयं आपके पास आती है। एक सफल राज्य किसे कहते हैं? जब लक्ष्मी यानी धन, संपदा व वैभव आपके पास आते हैं परंतु उनके साथ कलह नहीं होता। इसके साथ ही सरस्वती भी आती है। राम राज्य में ज्ञान और संपदा का एक उचित संतुलन था। उनके पास सत्ता व शक्ति भी थी। इस प्रकार किसी भी राज्य में सफल राज्य बनने के लिए तीन अनिवार्य तत्व चाहिए, जो तभी होंगे, जब वहाँ ज्ञान की देवी सरस्वती, शक्ति की देवी दुर्गा तथा धन और वैभव की देवी लक्ष्मी का वास होगा। इन तीनों के मेल से ही राम राज्य बनता है।

राम को एक अच्छा और भला राजा माना गया क्योंकि वे केवल अपनी प्रजा का हित साधते थे, वे अपनी प्रजा का कल्याण इस हद तक चाहते थे कि उन्होंने उनके सुख के लिए अपने पारिवारिक जीवन तक को नष्ट कर दिया। जो राजा अपने दिए गए वचन का पालन करता है, अपनी प्रजा के सुख-दुःख का ध्यान रखता है, अपने से अधिक उनके बारे में सोचता है, उसे ही एक अच्छा राजा माना जाता है। राम की कथा बहुत ही कारुणिक है क्योंकि उनका निजी जीवन बहुत ही कष्टकारी रहा। वे अपनी पत्नी को केवल इसलिए त्याग देते हैं क्योंकि लोग उनकी पत्नी पर लांछन लगा रहे हैं। वे सदा अपने दिए हुए वचन का पालन करते हैं इसलिए उनके भीतर से वचन पालन, निष्ठा जैसे गुण झलकते हैं और यही एक अच्छे राजा के लक्षण भी माने जाते हैं।

रावण को लंकेश्वर कहते हैं? क्या वह लंका का अच्छा राजा था?

इस प्रश्न का उत्तर देने से पूर्व हमें यह जानना होगा कि राम को अयोध्या का राजा क्यों कहते हैं? वे ऐसा चाहते थे या फिर यह उनका कर्तव्य या उत्तरदायित्व था? राम अपने पूरे जीवन में कभी नहीं कहते कि वे राजा बनना चाहते हैं। जब पिता दशरथ उन्हें राजा बनाना चाहते हैं तो वे उनकी बात मानते हैं परंतु जब उनकी विमाता अपने पुत्र को राजा बनाना चाहती है तो वे स्वेच्छा से पीछे हटते हैं। यहाँ तक कि वन में चौदह वर्ष का समय बिताने के बाद भी, जब वे अयोध्या वापस लौटते हैं और उनके राज्याभिषेक की तैयारी होने लगती है तो वे भरत से पूछते, "क्या तुम वास्तव में चाहते हो कि मुझे अयोध्या का राजा बनाया जाए?" उस समय भी राम यही चाहते हैं कि राजा का पद भरत को सौंपा जाए। उनके मन में राजा बनने की लालसा कभी नहीं रही। यह उनकी महत्त्वाकांक्षा नहीं उत्तरदायित्व है।

अब उनकी तुलना रावण से करते हैं। रावण के मन में राजा बनने की तीव्र महत्त्वाकांक्षा है। लंका का अधिपति, रावण का भाई कुबेर था और रावण उससे लंका छीन लेता है। उसे लंका से बाहर निकाल देता है। इसके बाद वह अपने राज्य की बजाए स्वयं पर अधिक केंद्रित रहता है। वे अपने जीवन में ऐसे निर्णय लेता है, जो उसके राज्य के लिए विनाशकारी सिद्ध होते हैं। लंका को जला दिया जाता है, राक्षसों का वध होता है। एक ऐसा युद्ध छिड़ जाता है जिसके लिए लंकावासी दोषी नहीं थे। वह युद्ध छिड़ा है क्योंकि वह किसी दूसरे व्यक्ति की पत्नी को हर लाया है और उसे वापस करने से इंकार कर दिया है। यह एक अनावश्यक और निरर्थक युद्ध है जो लोगों के लिए कष्ट का कारण बन रही है, जिनका इस पूरे प्रकरण से कोई लेन-देन नहीं है। जिस स्थान पर इतना अहं होगा, वहाँ का राजा अच्छा नहीं हो सकता। राजा प्रजा के लिए होता है या प्रजा राजा के लिए होती है?

'महाभारत' में भी, जब युद्ध छिड़ता है तो कोई हस्तिनापुर के हित के बारे में विचार नहीं कर रहा। वे राज्य के बारे में ऐसे बात करते हैं मानो वह उनकी जागीर हो। यह कोई ज़मींदारी नहीं है। किसी भी राज्य की देख-रेख करना अपने-आप में एक दायित्व है। महाकाव्य में यही बताने का प्रयास किया गया है। पांडव और कौरव, दोनों को यही समझाया जा रहा है। जब कृष्ण 'गीता' का उपदेश देते हैं, तो ठीक यही बात सामने आती है।

तुम राजा क्यों बनना चाहते हो? तुम अधिकारों और सत्ता की बात करते हो परंतु कर्तव्यों की बात नहीं करते, उत्तरदायित्वों की उपेक्षा कर देते हो?

एक राजा को सदा विष्णु का रूप माना गया है। विष्णु वैकुंठ में दरिद्र नारायण यानी निर्धनों के राजा के रूप में आसीन हैं। उनकी पत्नी लक्ष्मी, धन की देवी है। परंतु वे उसकी संपत्ति की चाह नहीं रखते। वे नहीं कहते कि लक्ष्मी मेरी है। वे कहते हैं कि मैं लक्ष्मी से प्रेम करता हूँ। वह मेरे पास आती है। मैं उसका पीछा नहीं कर रहा। वह मेरे पास आती है क्योंकि मैं धर्म, समरसता व व्यवस्था क़ायम कर रहा हूँ और एक ऐसा परिवेश तैयार कर रहा हूँ जिसमें राजा और प्रजा अपना श्रेष्ठ प्रदर्शन कर सके। एक कुम्हार अपना काम अच्छी तरह करेगा, एक व्यापारी अपना काम सही तरह से करेगा।

'मैं एक ऐसा परिवेश बना रहा हूँ जिसमें लक्ष्मी स्वयं मेरे पास आएगी। मैं एक भला आदमी हूँ, मैं परिश्रम करता हूँ इसलिए संपदा स्वयं मेरे द्वार पर होगी। यही एक राजा का धर्म है।' राम के व्यवहार से यही विशेषताएँ प्रकट होती हैं। श्रेष्ठ प्रशासन बहुत महत्त्व रखता है। अपने लोगों पर केंद्रित रहें। राजधर्म का अर्थ है कि यह संपत्ति मेरी नहीं है। यह लोगों के लिए है। 'मैं इसे अपनी ओर आकर्षित करता हूँ ताकि मेरे राज्य में प्रसन्नता का वास हो। कला और संस्कृति का प्रचार व प्रसार हो।' एक राजा का कर्तव्य है कि वह एक समुचित पारिस्थितिकी तंत्र का निर्माण करे। यही विष्णु वृत्ति है, जो रावण में देखने को नहीं मिलती।

यह प्रवृत्ति राम में पाई जाती है। यही कारण है कि रावण लंकेश्वर कहलाने के बावजूद लंका का अच्छा राजा नहीं कहा जा सकता।

आपने अत्याचारी राजाओं के बारे में बात की। क्या रावण के समान अन्य राजा भी हुए हैं?

पुराणों में एक बहुत ही महत्त्वपूर्ण प्रसंग आता है। कहते हैं कि भूदेवी विलाप करते हुए भगवान विष्णु के पास जा कर कहती है, "मुझे अहंकारी राजा बहुत कष्ट दे रहे हैं। वे मुझे मिटाने पर तुले हैं। कृपया आप धरती पर आ कर उनका समूल नाश कर दें।" यह सुन कर विष्णु पृथ्वी को अभय प्रदान करते हैं और विविध प्रकार के अवतार ले कर धरती पर आते हैं ताकि अधर्मी

राजाओं का नाश हो। उन राजाओं को धूल में मिलाया जा सके, जो अपने राज्य या प्रजा का हित साधने की बजाए सदैव अपने हित की चिंता करते हैं।

अंग राजा के एक पुत्र का नाम था 'वेन।' अपने पिता के पश्चात् राजा वेन ने शासन का कार्यभार संभाला। वह दुष्ट प्रकृति का राजा था। उसने अपनी प्रजा पर कई तरह की वर्जनाएँ लगा दीं। उसने तीर्थ यात्राओं पर रोक लगा दी। शैवजन से कहा गया कि वे शिव की पूजा नहीं करेंगे। केवल विष्णु की ही उपासना होगी। ऋषियों का एक दल राजा वेन से मिलने आता है। उन्हें आशा है कि उनके समझाने पर संभवतः राजा को अपने कर्तव्यों का भान हो जाए और वह प्रजा को कष्ट देना कम कर दे।

वे उसे राजधर्म की शिक्षा देते हैं। वे उसे कहते हैं, "महाराज! आप प्रजापति हैं। आप अपनी प्रजा के लिए भगवान के समान हैं परंतु आप भगवान नहीं हैं। आप चाहते हैं कि वे आपको पूजें परंतु उससे पूर्व आपको यह देखना होगा कि आप अपनी संतान समान प्रजा के लिए क्या कर रहे हैं?"

दूसरे ऋषि ने कहा, "महाराज! प्रजा भूखों मर रही है। लोगों के पास रहने को घर नहीं हैं। खेतों में अन्न नहीं उग रहा। चारों ओर भ्रष्टाचार का बोलबाला है। आपके अधिकारी प्रजा पर दिन-रात अत्याचार करते हैं किंतु उन्हें रोकने वाला कोई नहीं है। आपसे याचना करते हैं कि इस दिशा में ध्यान दें। यह राज्य आपका है इसलिए इसकी देख-रेख का भार भी आपका ही बनता है। आप केवल अपने हित के बारे में ही विचार करते हैं।"

राजा बेन ने गुस्से में आ कर अपनी तलवार से उस ऋषि पर प्रहार करते हुए कहा, "क्या उचित है और क्या अनुचित है, इसका निर्णय मैं स्वयं ही कर लूँगा। तुम अपने बारे में विचार करो, ऋषि!" ऋषि वहीं धरा पर ढेर हो गया। उसके अन्य साथी यह देख कर स्तब्ध रह गए। राजा वेन की क्रूरता ने सारी सीमाएँ लांघ दी थीं। उसने अपने ही हितैषियों पर, अपने महल में आघात किया।

ऋषियों के बीच मानसिक संदेशों का आदान-प्रदान हुआ और उन्होंने उसी क्षण मिल कर, दुष्ट राजा को यमलोक पहुँचा दिया।

अब उनके सामने मृत वेन का शव पड़ा था और राज्य राजाविहीन हो गया था। एक समस्या का अंत हुआ किंतु दूसरी समस्या सामने थी। राजा को प्रजा के लिए पिता की तरह माना जाता है। राजा के मरते ही प्रजा अनाथ

हो गई और अगर जल्द ही इस दिशा में कुछ न किया गया तो राज्य को बाहरी शत्रुओं से हानि हो सकती थी।

ऋषि आपस में विचार करने लगे कि अब क्या किया जाए। उनमें से एक ने यह सुझाव दिया कि वे मिल कर शासन कर सकते हैं परंतु दूसरे साधु ने स्मरण करवाया कि वे लोग संसार का त्याग कर चुके हैं और अब शासन का भार संभालना उनके कर्तव्यों की सीमा में नहीं आता। वे ब्राह्मण हैं, यह उनका धर्म नहीं है।

एक ऋषि ने कहा, "नया राजा, इसी राजा के वंश से ही होना चाहिए। यह कोई साधारण वंश नहीं हैं इसने ही हमें राजा दक्ष, ध्रुव व अंग जैसे महान राजन दिए हैं।"

"इस विषय में क्या कर सकते हैं। महाराज वेन की कोई संतान भी नहीं है।"

"राजा किसी खेत में तो नहीं उगते कि वहाँ से उन्हें तोड़ लाएँ। दुष्ट राजा तो नहीं रहा परंतु अब उसके जाने के बाद हमारी समस्या और भी विकराल हो गई है।"

"अरे, आपने तो व्यंग्य में ही हमें नया उपाय सुझा दिया। हम यही काम करेंगे। एक नया राजा पैदा करेंगे। यह नया राजा राज्य की बागडोर उचित प्रकार से संभालेगा।"

"ऐसे राजा को कैसे उत्पन्न किया जाएगा?" प्रश्न का उत्तर शीघ्र ही मिल गया।

सारे ऋषियों ने मिल कर मंत्रणा की और राजा वेन के शव को मध्य में रख कर मंत्रोच्चार करने लगे। उनकी प्रार्थन निष्फल नहीं रही। कुछ ही समय बाद, मृतक राजा की देह से एक नर आकृति प्रकट हुई। उनके हाथ में चक्र था अर्थात वे विष्णु के अवतार थे। ऋषियों ने उन्हें राज्य का भार सौंपते हुए 'पृथु' नाम दिया।

ये पृथु कौन से राजा थे?

यह कहानी एक रूपक की तरह भी ली जा सकती है। ऋषिगण एक बुरे राजा को मार कर, उसके शव से एक अच्छे राजा को उत्पन्न करते हैं।

कह सकते हैं कि हमारे भीतर ही अधर्म भी बसा है। और उसी देह से एक अच्छा और प्रजावत्सल राजा भी पैदा हो रहा है।

कहते हैं कि जब राजा पृथु उत्पन्न हुए तो उन्होंने अपनी प्रजा की दुर्दशा देख कर पूछा कि धरती अन्न और औषधि क्यों नहीं दे रही। धरती ने एक गौ का रूप लिया और अपनी सारी संपदा व अन्न आदि को गर्भ में छिपा लिया।

राजा पृथु को क्रोध आया। वे अपना धनुष ले कर धरती के पीछे भागे। जब धरती ने देखा कि उसकी रक्षा और कोई नहीं कर सकता था तो वह राजा की शरण में आ कर बोली, "महाराज, सदियों से मेरा शोषण जारी है। अधर्मी राजाओं ने मिल कर मेरी ऐसी दशा बना दी कि मुझे अपनी प्राकृतिक संपदाओं को उदर में छिपाना पड़ा। अगर आप मुझे अभय प्रदान करें और वचन दें कि मेरे साथ दुराचार नहीं होगा तो मैं पुनः आपको अन्न, औषधि और प्राकृतिक संसाधनों से परिपूर्ण कर दूँगी।"

महाराज पृथु धरती को अभय प्रदान करते हैं। वे उसके दोहन से प्रजा के लिए सभी प्राकृतिक संसाधन उपलब्ध करवाते हैं। पृथु धरती के अभिभावक के रूप में प्रकट हुए इसलिए उनके नाम पर इसे 'पृथ्वी' भी कहा जाने लगा। पृथ्वी ने गौ का रूप लिया था। पृथु उनके गोपाल बने और धरती माँ को अपने संरक्षण में ले लिया। चारों ओर हरियाली छा गई। प्रजा खुशहाल हुई और सबका कल्याण हुआ।

हमने राम राज्य के बारे में सुना है परंतु कृष्ण के राज्य के बारे में नहीं सुना जबकि वे भी विष्णु के अवतार हुए हैं?

विष्णु का संबंध धर्म से जोड़ा जाता है इसलिए वे धर्म की स्थापना करने के लिए अनेक रूप धारण करते हैं। कई बार वे राजा हैं, कहीं अनुयायी बनते हैं तो कहीं नेता बनते हैं और कहीं सलाहकार के तौर पर सामने आते हैं। राम राजा हैं परंतु कृष्ण उन लोगों में से हैं जो राजा को बनाते हैं। कृष्ण यदुवंश में जन्मे हैं और यदुवंश एक तरह का गणतंत्र था। उनका कोई राजा नहीं था। यह एक तरह का प्रजातंत्र था। कृष्ण बलराम के छोटे भाई हैं, वे द्वारिका के अभिभावक या संरक्षक हैं, उन्हें द्वारिकाधीश कहते हैं। यह शब्द राजा के लिए प्रयुक्त नहीं होता।

राजा के कुछ लक्षण होते हैं जैसे जो भी राजा होगा, उसके लिए चँवर डुलाया जाएगा जो याक की पूँछ के बालों से बना होगा। राम के लिए चँवर डुलाया जाता था। कृष्ण को मोर पंखों से बनी चँवर डुलाई जाती थी और इसका प्रयोग राजा से एक पद नीचे आसीन होने वाले व्यक्ति के लिए किया जाता था। वे राजा के समान हैं परंतु राजा नहीं हैं।

राजा के और क्या लक्षण होते हैं?

एक राजा को भगवान या विष्णु का रूप माना जाता है - विष्णुस्वरूप, जो अपने साथ लक्ष्मी ले कर आता है इसलिए विष्णु से जुड़े अनेक प्रतीकों का प्रयोग राजा के लिए भी किया जाता रहा है जैसे चँवर, राज सिंहासन, सुवर्ण चरण पादुका। केवल राजाओं को ही पैर में सुवर्ण धारण करने की अनुमति होती थी। कोई दूसरा ऐसा नहीं कर सकता था। उसके पैरों में एक चौकी रखी जाती थी, सिर पर छत्र धारण करवाया जाता था। महाराष्ट्र में शिवाजी को छत्रपति कहते हैं, यह उनके राजत्व का प्रतीक है। एक राजा के हाथ में धनुष होता है जो संतुलन का प्रतीक है। उसके सिंहासन के आसपास चक्र का चिन्ह अंकित होगा। जिसका अर्थ होगा कि राजा केंद्र में है और उसका शासन सीमाओं तक फैला है। इस प्रकार एक राजा चक्रवर्ती कहलाता है।

मैंने अमर चित्र कथा में राजा भोज और विक्रमादित्य की कहानियों के बारे में पढ़ा है परंतु उनसे यह नहीं पता चलता कि उनका मूल क्या है?

ये सब कहानियाँ दंत कथाओं से उपजी हैं। दंतकथाओं व पौराणिक कथाओं में थोड़ा सा अंतर पाया जाता है। पौराणिक कहानियों में माइथोलॉजी होती है जो हमें सनातन सत्य की जानकारी देती हैं। दंत कथाओं या लोक कथाओं में कहानियाँ पूरी तरह से ऐतिहासिक नहीं होतीं। हो सकता है कि इतिहास में ऐसे राजा हुए हों परंतु ये कहानियाँ सनातन नहीं, तत्कालीन समय के अनुसार व्यावहारिक होंगी।

'कथासरित्सागर' यानी कथाओं का समुद्र, ये कहानियाँ इस पुस्तक में दी गई हैं।

विक्रमादित्य का अस्तित्व वास्तव में था। मान्यता है कि इनका संबंध उज्जैन से था। यह एक हज़ार वर्ष पूर्व, इस्लामिक काल आरंभ होने से पूर्व

की घटना है। ये कहानियाँ 'पंचतंत्र' की तरह रची गईं ताकि राजकुमारों को अच्छा राजा बनने की शिक्षा प्रदान की जा सके जैसे आजकल केस स्टडीज़ तैयार की जाती हैं।

इन कहानियों की सबसे बड़ी विशेषता यही है कि इनमें एक पहेली दी जाती है। कई तरह की पृष्ठभूमि विकसित की जाती हैं और राजा से पूछा जाता है कि अगर उन परिस्थितियों में, पात्र के स्थान पर वह होता तो वह क्या करता।

राजा के सामने जो भी समस्या रखी जाती है। वह बड़ी उलझन से भरी होती है। उसके लिए उचित या अनुचित, सही या ग़लत जैसे कोई दो टूक उत्तर नहीं होते। वे प्रश्न उसे दुविधा में डाल देते हैं। विक्रमादित्य को उसी समय और उसी स्थान पर, उस प्रश्न का उत्तर, अपनी सहज बुद्धि के आधार पर देना होता था। सबसे बड़ी बात यह थी कि उसे यह भी नहीं पता कि उसके उत्तर का प्रभाव या परिणाम सकारात्मक होगा या नकारात्मक? वैदिक युग में इस प्रकार निर्णय लेने वाला व्यक्ति यजमान या राजा कहलाता था। वह अपनी ओर से ही सारे पक्षों की पड़ताल करके निर्णय लेता था जिसे अंग्रेज़ी में सोलोमन जजमेंट कहते हैं। विक्रमादित्य भी वेताल को इसी प्रकार उत्तर देता है जिससे उसकी सहज बुद्धि, न्याय क्षमता तथा अन्य मानवीय व शासकीय गुणों का परिचय मिलता है।

14

बौद्ध धर्म

बौद्ध धर्म लगभग ढाई हज़ार वर्ष पुराना है। आज इसके अनुयायी संसार के अनेक देशों में पाए जाते हैं। यह मूल रूप से भारत में उपजा। 'बुद्ध' शब्द का क्या अर्थ है? क्या यह बुद्धि शब्द से निकला है?

जी, यह बुद्धिमत्ता से संबंध रखता है। अगर इसका अंग्रेज़ी में अर्थ देखें तो इसे, 'द एनलाइटिड वन' यानी प्रबुद्ध कहा जाएगा परंतु सही मायनों में इसका अर्थ है, 'जो जागा हुआ है।' सत्य भाव को जान कर, अज्ञान की निद्रा से जागने वाला ही बुद्ध है। हम इस जीवन को सही तरह से नहीं देख पा रहे क्योंकि हम 'अज्ञान की निद्रा' में सोए हुए हैं। जो ज्ञान के प्रकाश में जीवन को देख सकता है, वही बुद्ध है।

बुद्धं शरणं गच्छामि, धम्मं शरणं गच्छामि, संघं शरणं गच्छामि, इन पंक्तियों का क्या अर्थ है?

बुद्धं शरणं गच्छामि, धम्मं शरणं गच्छामि, संघं शरणं गच्छामि! इन पंक्तियों का अर्थ है कि बौद्ध धर्म में प्रवेश करने के लिए, हम अपने गुरु की शरण ले रहे हैं, हम उनके बताए मार्ग या पथ की शरण ले रहे हैं और उनके द्वारा स्थापित संघ की शरण ले रहे हैं।

बुद्ध एक राजकुमार थे, जिनका जन्म आज से लगभग ढाई हज़ार वर्ष पूर्व नेपाल में हुआ। वे महाराज शुद्धोदन के पुत्र थे। वे यह जानना

चाहते थे कि हमारे दुःखों का मूल क्या है। यह दुःख हमारे जीवन में कहाँ से आता है? उन्होंने ध्यान किया और प्रज्ञावान हो कर, बुद्ध कहलाए। उन्होंने जीवन के दुःखों के मूल को जाना और उनसे पार पाने के लिए एक पथ का निर्माण किया। इसे 'धम्म' कहा गया। उन्होंने इसे व्यवस्थित किया ताकि इस ज्ञान को सामान्य जन तक पहुँचाया जा सके। उन्हें यह चिंता थी कि क्या वे शब्दों के माध्यम से इस सत्य को, इसके सार को लोगों के बीच पहुँचा सकेंगे। क्या शब्दों में इतना सामर्थ्य होगा कि वे भाव को व्यक्त कर सकें। कहते हैं कि उस समय ब्रह्मा उनके पास आए और उन्हें कहा कि वे उस संदेश का प्रचार व प्रसार करें। इस प्रकार बुद्ध ने संघ की स्थापना की।

यह संसार का पहला धार्मिक संगठन था। बौद्ध धर्म 525 ई. पू. में पहला व्यवस्थित धर्म बना। यह ईसाई धर्म (पहली ईस्वी), इस्लाम (610 ईस्वी) से पहले की बात है, जो बहुत बाद में आए। उन्होंने भिक्खुओं और अध्यापकों को प्रशिक्षित किया ताकि वे धर्म का प्रचार कर सकें। बुद्ध नेपाल में लुम्बिनी से, बिहार के बोधगया में पहुँचे, वहीं उन्हें बोधि प्राप्त हुई और वे बुद्ध बन गए। इसके बाद वे बनारस में, सारनाथ नामक स्थान पर गए और वहीं उन्होंने अपना प्रथम धर्मोपदेश दिया। भिक्षु उनके साथ आ कर जुड़ने लगे। यह भारत के लिए ही नहीं बल्कि पूरे विश्व के लिए बड़ी क्रांति थी।

इससे पूर्व, भारत में श्रमण परंपरा थी, जिसके अनुसार लोग अपने गृहस्थ और सांसारिक जीवन का त्याग कर वनों के एकांत में जा कर धूनी रमा लेते। वे जीवन से संन्यास ले कर, संन्यासी हो जाते। परंतु यह सब व्यक्तिगत स्तर पर होता था। उन्हें जो भी ज्ञान होता, वे उसे अपने तक सीमित रखते या फिर उसे अपने समकक्षी संन्यासियों और मुनियों के बीच आश्रमों में बाँटते। वे आम गृहस्थ जन को इस योग्य नहीं मानते थे कि उन्हें भी यह ज्ञान सौंपा जाए। बुद्ध इस ज्ञान को आम लोगों के बीच लाए। वे किसी विचार या उपाय को बेच नहीं रहे थे। उन्होंने उदार हृदय से, करुणास्वरूप, उसे लोगों के बीच बाँटा। उन्होंने केवल बुद्धिजीवी वर्ग को ही ज्ञान नहीं सौंपा बल्कि सांसारिक जीवन जी रहे गृहस्थ को भी विश्वास दिलाया कि उसके भीतर भी एक बुद्ध है, जो अज्ञान की निद्रा से जगाए जाने की प्रतीक्षा में है। इस तरह उन्होंने एक नई परंपरा का सूत्रपात किया जिसमें समाज के बौद्धिक वर्ग के अतिरिक्त सामान्य संसारी लोगों को भी आर्य सत्य तक जाने और उसे पाने की चर्चा का अंग बनाया गया।

हमें बुद्‌ध के बाल्यकाल की जानकारी दें।

यह कथा 'बुद्‌धचरितम्' नामक महाकाव्य में आती है। जिसे लगभग दो हज़ार वर्ष पूर्व रचा गया था। बुद्‌ध का जन्म एक राजसी परिवार में हुआ। उनकी माता का नाम माया था। पुत्र को जन्म देने के साथ ही उनकी मृत्यु हो गई। नवजात शिशु के पालन-पोषण का भार, उसकी माता की बहन महाप्रजापति गौतमी ने उठाया। उस समय शिशु के जन्म के साथ ही ज्योतिषियों द्‌वारा शिशु के भावी जीवन की रूपरेखा जानने की प्रथा थी। प्रथा के अनुसार इस बालक का भी भविष्य बाँचा गया। ज्योतिषियों ने नाना प्रकार की गणनाओं के बाद जो निष्कर्ष प्रस्तुत किया, वह पिता शुद्‌धोदन को त्रस्त करने के लिए पर्याप्त था।

वे बोले, "महाराज! आपका पुत्र सिद्‌धार्थ महा प्रतिभाशाली है। यह चक्रवर्ती सम्राट होगा अथवा एक महान परिव्राजक बनेगा।" शुद्‌धोदन कदापि नहीं चाहते थे कि उनकी एकमात्र पुत्र संतान आगे जा कर मुनि बन जाए और गृहस्थ जीवन का त्याग कर दे। वे दिन-रात इसी चिंता में घुलने लगे और फिर पुत्र के सुखद जीवन की आशा करते हुए, उन्होंने स्वयं ही एक उपाय खोज निकाला। महाराज ने तय किया कि वे अपने पुत्र को बाल्यकाल से इतनी सुख-सुविधाओं व भोग-विलास के बीच रखेंगे कि वह कभी उनका त्याग कर ही न सके। उसे आरंभ से ही जीवन के समस्त सुख और वैभव के बीच रखा जाएगा ताकि उसे दुःख व कष्ट अनुभव न हो और वह जीवन की सुंदरता का आनंद लेता रहे। इस प्रकार महाराज की आज्ञा के अनुसार ही शिशु महल की अनंत सुविधाओं के बीच पाला गया। उसके आसपास सदा नृत्य-संगीत की सभाओं का आयोजन रहता। संगीतज्ञ व नर्तकियाँ सदा अपनी सुंदर प्रस्तुतियों से उसे मोहित करते। कुल मिला कर उस कलात्मक और सुरुचिपूर्ण परिवेश में चारों ओर प्रसन्नता का ही समावेश था। महाराज स्वयं समय-समय पर सारे आदेशों का निरीक्षण करते। वे उनकी प्रगति से संतुष्ट थे। उनके एक आदेश का सदा कड़ाई से पालन होता। सिद्‌धार्थ को नगर में जाने की अनुमति नहीं दी गई थी। उसे केवल देखना और सुनना था, जो महाराज की इच्छा थी और महाराज नहीं चाहते थे कि उनका पुत्र संसार के कष्टों और कटु यथार्थ का सामना करे।

इस प्रकार सिद्‌धार्थ विवाह योग्य आयु का हुआ। यशोधरा नामक रूपवती कन्या वधू बन कर महल में आई और कुछ ही समय में, परिवार

में संतान का जन्म भी हो गया। फिर एक दिन सिद्धार्थ ने नगर भ्रमण की इच्छा प्रकट की। अब महाराज को निश्चिंतता थी कि उनका विवाहित पुत्र अपने परिवार को छोड़ कर नहीं जा सकता। वे उसकी ओर से आश्वस्त थे इसलिए नगर भ्रमण की अनुमति दे दी गई। सिद्धार्थ ने पहली बार प्राकृतिक वातावरण व परिवेश को इतने निकट से देखा व जाना। उसके हर्ष की सीमा नहीं थी। परिचारक छंदक को आदेश दिया गया था कि राजकुमार को शीघ्र से शीघ्र वापस लाना है परंतु राजकुमार का मन नहीं भरा था।

उस दिन सिद्धार्थ ने पहली बार जाना कि पुष्पों के साथ कांटे भी होते हैं। अंगुली में काँटा चुभा, रक्त बहा और उसने आश्चर्य से कहा, "...परंतु हमारे महल के बाग में तो ऐसा कोई पुष्प नहीं देखा जिसके साथ कष्टकारी कंटक भी होते हों?" छंदक चुप रहा। वह कैसे बताता कि महाराज ने दुःख की छाया से भी पुत्र को बचाया है। तभी राजकुमार की नज़र एक वृद्ध पर गई। वह उसके चेहरे की झुर्रियों को देख कर सिहर उठा। उसे लगा कि उक्त व्यक्ति को कोई रोग हो गया है।

वृद्ध ने उसे प्रणाम किया और बोला, "राजकुमार, यह तो बुढ़ापे की मार है। भला इससे कौन बचा है? आने वाले समय में आप भी तो इसी तरह हो जाएँगे। देह इतनी जीर्ण हो जाती है कि कुछ कहते नहीं बनता..." छंदक ने उसे बीच में ही डपट दिया, "शांत रहो। राजकुमार से ऐसी बातें मत करो।" हतप्रभ सिद्धार्थ को छंदक अपने साथ खींच ले गया। महल वापस जाने की तैयारी थी कि राजकुमार ने एक नवयुवक की अंतिम यात्रा का दृश्य देखा। यह देख कर तो उसके आश्चर्य की सीमा न रही। उसके पिता ने तो बताया था कि व्यक्ति बूढ़ा होने बाद प्राण त्यागता है परंतु यह तो नवयुवक था, यह असमय मृत्यु को कैसे प्राप्त हुआ? फिर उन्हें वन की ओर जाता एक संन्यासी दिखा। वे उसे देख कर व्यथित हो उठे।

छंदक उन्हें वापस ले आया परंतु राजकुमार नगर भ्रमण के बाद बहुत व्याकुल थे। पिता ने कारण पूछा तो उन्होंने अपने मन की व्यथा बाँटी। वे तो जानते ही नहीं थे कि संसार में इतना दुःख व कष्ट है। मनुष्य रोग और बुढ़ापे की मार से मृत्यु को प्राप्त होता है। महाराज ने पुत्र के प्रलाप को निरस्त करते हुए कहा, "तुम नगर की चिंता मत करो। वह भार मुझ पर छोड़ो। कुछ ही समय पूर्व, पुत्र राहुल के पिता बने हो। अपने परिवार के

साथ समय व्यतीत करो। अपने पुत्र के बाल्यकाल का आनंद लो।" सिद्धार्थ सांसारिक प्रलोभनों की सीमा से बाहर हो चुके थे और अब उन्हें कोई भी मोह रोक नहीं सकता था। उन्होंने एक रात अपने महल का त्याग किया और भिक्षु बन कर परम सत्य की खोज में चल दिए।

उन्होंने जो दुःख व कष्ट देखे, वे उनके पीछे छिपे कारण को जानना चाहते थे। उन्होंने अनेक गुरुओं व उपदेशकों की शरण ली परंतु कोई भी उनके प्रश्नों और जिज्ञासाओं का उत्तर नहीं दे सका। उन्होंने उरुवेला में ज्ञान प्राप्ति के लिए घोर साधना की किंतु जैसे कहीं से भी उनके लिए कोई सांत्वना नहीं आ रही थी। इसके बाद वे गया में वट वृक्ष के नीचे आसन लगा कर बैठ गए और समाधिस्थ होते हुए निर्णय लिया कि बोध प्राप्त होने तक अपने स्थान से हिलेंगे भी नहीं।

वैशाख पूर्णिमा को उन्हें ज्ञान की प्राप्ति हुई और वे बुद्‌ध हो गए। इसके बाद उन्होंने संघ की स्थापना की और अपने धर्म का प्रचार व प्रसार करने लगे। यही उनके जीवन की कथा हे। परंतु बुद्‌ध के आगमन के तीन सौ या चार सौ वर्ष उपरांत, लोग बुद्‌ध के पिछले जन्मों की कथाएँ भी सुनाने लगे। बौद्‌ध धर्म व जैन धर्म के आगमन से पूर्व तथा उपनिषदों के भी लिखे जाने से पहले, कर्म का सिद्‌धांत केवल यज्ञ करने तक सीमित था। इन धर्मों के आने के साथ, कर्म की अवधारणा अर्थात इस धारणा में बदल गई कि कर्म ही वह बीज है जो आपको सौभाग्य या दुर्भाग्य रूपी फल देगा। आप अच्छा कर्म करेंगे तो अच्छा फल मिलेगा और अगर आपके कर्म बुरे होंगे तो आपको बुरा फल मिलेगा।

यहीं से पुनर्जन्म का सिद्‌धांत भी सामने आया। 'भगवद् गीता' लिखी गई, जातक कथाओं में बुद्‌ध के पूर्व जन्मों की गाथाएँ सुनाई गईं। मान्यता यह थी कि बुद्‌ध के तौर पर उनका जन्म, उनके पिछले जन्मों के कर्मों का संग्रहित फल था। इसमें पाँच सौ पचास कहानियाँ दी गई हैं। वे उन जन्मों में वानर, हाथी व मनुष्य आदि रूपों में थे। इन जन्मों में उन्हें सदा करुणा भाव से ओत-प्रोत दिखाया जाता है। जब आप आरंभिक बौद्‌ध ग्रंथ व पिटक आदि पढ़ते हैं तो आप देखेंगे कि वे बहुत ही बौद्‌धिक प्रकार के ग्रंथ हैं। उनमें आपको नियम व ध्यान की तकनीकें व अन्य जटिल विषय मिलेंगे परंतु जातक कथाओं में पहली बार भावात्मक पक्ष के दर्शन होते

हैं - इसमें करुणा की बात आती है। इस तरह बौद्ध धर्म में एक परिवर्तन आता दिखाई देता है।

जिस प्रकार हिंदू धर्म में, वेदों से पुराणों तक आते-आते बदलाव आया।

जी, ठीक बिलकुल वैसे ही। कोई धर्म अचल नहीं होता। इसमें समय और स्थान के अनुसार परिवर्तन आता है।

बोधिसत्व की क्या अवधारणा है?

बुद्ध ने बोधि पाने के बाद निर्वाण प्राप्त किया। उन्होंने हमें यह ज्ञान दिया कि निर्वाण कैसे प्राप्त किया जा सकता है। परंतु इस बात में बहुत अधिक भावात्मकता नहीं है। यह काफ़ी हद तक तकनीक और बौद्धिकता से भरपूर है। जब बौद्ध धर्म में भावात्मकता का उदय हुआ, तो बोधिसत्व की अवधारणा भी प्रकट हुई। बोधिसत्व वे हैं, जो निर्वाण के अंतिम चरण को नहीं अपनाते क्योंकि वे शेष संसार की सहायता करना चाहते हैं। वे सारे संसार के दुःखों का शमन करने से पूर्व अपने लिए निर्वाण या मोक्ष प्राप्ति की कामना नहीं रखते। इसे आप करुणामयी बुद्ध कह सकते हैं। मूलतः बोधिसत्व वे हैं, जो भावी जीवन में बुद्ध होंगे।

क्या स्तूप बौद्ध मंदिर हैं?

नहीं, जब बुद्ध ने निर्वाण प्राप्त किया, तो लोगों ने उनके शव का दाह संस्कार कर दिया परंतु शरीर के जो तत्व जलने से रह गए, उन्हें उनके शिष्यों ने स्मृति चिन्हों के तौर पर संजो लिया जैसे उनके दाँत व बाल। उन्होंने उसे मिट्टी से ढँक कर एक टीला बनाया। इस पर उन्होंने एक छत्र लगा कर पुष्प अर्पित किए और वह एक स्तूप बन गया। इसके आसपास भिक्खु बैठ कर ध्यान करने लगे। वे आपस में मिल कर गुरु से मिली ज्ञान संपदा को बाँटते और उन विषयों पर चर्चा किया करते। उनकी गूढ़ और रहस्यमयी देशनाओं को सरल शब्दों में अनूदित करते ताकि उन्हें व्यवस्थित रूप दिया जा सके। इस तरह वे स्तूप संघ के केंद्र बन गए। उन्हें बुद्ध का प्रतीक मान लिया गया। इसके आसपास, जिस स्थान पर लोग बैठते थे,

उस स्थान को चैत्य कहा जाने लगा। उन दिनों भारत में मंदिरों की कोई अवधारणा नहीं थी। चैत्यों से ही देवालयों की अवधारणा सामने आई।

इस प्रकार हिंदू धर्म भी एक तरह से, इन विचारों से प्रभावित रहा। वैदिक काल में, भगवान या ईश्वर की कोई मूर्तियाँ नहीं थीं। ईश्वर को साकार रूप देना उचित नहीं माना जाता था। इस प्रकार उन्होंने बुद्ध को भी कोई साकार रूप नहीं दिया। उनके हाथों की छाप, पदचिन्ह व चक्र आदि की पूजा-अर्चना की जाती थी। वे सब बुद्ध के प्रतीक थे। बुद्ध को कोई मानवीय रूप नहीं दिया गया था।

आज हम बुद्ध की शांतिपूर्ण मुद्रा में जो मूर्ति देखते हैं, वह पहली बार कब सामने आई?

बुद्ध के जाने के बाद लगभग पाँच सौ वर्ष उपरांत यानी आज से लगभग दो हज़ार वर्ष पूर्व, गांधार परंपरा से यह बौद्ध कला सामने आई। यह उत्तरपश्चिमी सीमावर्ती इलाक़ों में थी जिसे वर्तमान में पाकिस्तान या अफ़गानिस्तान कहते हैं। यूनानी वहाँ बसे हुए थे और वे मूर्ति निर्माण की कला में पारंगत थे। उन्होंने बुद्ध की कथाएँ सुनीं तो उन्हें वे बहुत पसंद आईं और उन्होंने अपनी कल्पना और आस्था के मेल से, बुद्ध की पहली मूर्ति तैयार की। दर्शन में यही मान्यता है कि यदि कोई व्यक्ति ज्ञानी है तो वह निश्चित रूप से मनोरम और मोहक भी होगा। यह कोई नहीं जानता कि बुद्ध वास्तव में कैसे दिखाई देते थे।

ठीक इसी प्रकार, ईसा के बारे में भी कोई नहीं जानता। आप आजकल की फ़िल्मों में देखें तो उन्हें गोरी चमड़ी और लाल आँखों वाला दिखाया जाता है परंतु वे तो अरब देश से थे इसलिए उनकी चमड़ी का रंग गहरा होना चाहिए परंतु कलाकार ने उन्हें अपनी संपूर्णता की कल्पना के अनुसार रूप दिया। इस तरह बुद्ध को लंबे कानों, तीखे नैन-नक़्श, चौड़ी छाती, पतले नितंबों के साथ दिखाया जाता है मानो कोई तपस्वी एक स्थान पर बैठा तप कर रहा हो। उनकी अनेक मुद्राएँ प्रचलित हैं। कई बार वे भूमि का स्पर्श करते दिखते हैं, कई बार उनके हाथ ज्ञान मुद्रा में दिखाई देते हैं, मूलतः उन्हें एक उपदेशक या देशना देने वाले की भूमिका में दिखाया जाता है।

उनकी ध्यानरत मुद्रा ही सबसे अधिक लोकप्रिय हुई। कुछ स्थानों पर उन्हें दस हाथों वाला भी दिखाया गया है?

यह उनका बोधिसत्व रूप है। यह प्रमुखतः ध्यान मुद्रा थी। धीरे-धीरे उन्हें सक्रिय भाव में दिखाया जाने लगा। बोधिसत्व करुणामयी हैं, वे दूसरों की बात सुनते हैं, उनके दुःख पहचानते हैं और उन्हें देखते हैं इसलिए उनके पास बहुत सारे सिर होंगे, उनके सारे नेत्र खुले होंगे, वे लोगों की बातें सुनते हुए, बहुत सारे हाथों से उन्हें सांत्वना प्रदान करेंगे। इस जगह हम बौद्ध धर्म में एक परिवर्तन देखते हैं। बौद्ध धर्म के प्राचीन पंथ को थेरवाद कहा जाता था, उसमें बुद्ध को एक गुरु के रूप में दर्शाया गया जो तकनीक और विचार प्रदान करते हैं। इसके बाद महायान पंथ के साथ ही बुद्ध का करुणामयी रूप भक्तों के सम्मुख आया, जिसमें ध्यान से अधिक भक्ति को प्रश्रय दिया गया।

मैंने कुछ हिंसक आकृतियाँ भी देखी हैं जिसमें बुद्ध को हाथों में तलवार लिए हुए दिखाया गया है, कुछ स्थानों पर वे शिव की तरह रौद्र रूप में दिखते हैं - यह थोड़ा विचित्र लगता है क्योंकि बौद्ध धर्म का संबंध तो अहिंसा से जोड़ा जाता रहा है।

यह वज्रयान बौद्ध पंथ के कारण है जो तिब्बत, भूटान और हिमालय के कुछ क्षेत्रों में पाया जाता है। एक बौद्ध गुरु पद्मसंभव बौद्ध धर्म को हिमालय के क्षेत्र में ले गए। कहते हैं कि उन्होंने एक मादा चीता पर सवार हो कर, उस स्थान की यात्रा की थी। वज्रयान बौद्ध संप्रदाय, महायान पंथ से अलग है क्योंकि इसमें तंत्र परंपराओं पर अधिक बल दिया गया। तंत्र परंपरा में आपको हिंसक और यौन संबंधों से जुड़ी आकृतियाँ व चित्र देखने को मिलेंगे, यही वजह है कि इनमें बुद्ध की मूर्तियों को इस तरह दिखाया गया मानो शिव तांडव कर रहे हों। तिब्बती भित्ति चित्रों व विहारों में इसे देखा जा सकता है। संभवतः ये हमारे भीतरी आवेगों या वासनाओं के चित्र हैं जिन्हें वश में किया जाना चाहिए। इसे आप एक रूपक भी कह सकते हैं कि करुणा के अभाव में आपको ज्ञान की प्राप्ति नहीं हो सकती। संसार के इसी तनाव और द्वंद्व को इस प्रकार हिंसक रूप में दिखाया गया है।

आपने बौद्ध धर्म की विभिन्न परंपराओं के बारे में बात की - थेरवाद, महायान और वज्रयान। वर्तमान में बहुत से लोग बौद्ध धर्म का पालन करते दिखाई देते हैं। यह बौद्ध धर्म की कौन सी परंपरा या पंथ है?

बीसवीं सदी में बौद्ध धर्म का यह पुनरुद्धार नवयान या बौद्ध धर्म का नया पंथ कहलाता है। इस जगह बौद्ध धर्म का राजनीतिक रूप अधिक लोकप्रिय हुआ। भारत में दलितों को जाति प्रथा के कारण अनेक कष्टों का सामना करना पड़ता था। इसे चुनौती देने के लिए, अंबेडकर ने बौद्ध धर्म को अंगीकार किया ताकि जाति प्रथा के ख़िलाफ़ आवाज़ उठाई जा सके। म्याँमार और थाईलैंड में, बौद्ध धर्म ने राजनीतिक स्वरूप लिया और लोगों को लोकतंत्र की ओर प्रेरित किया। एक और कारण यह भी है कि पश्चिमी समाजों के लोग धर्म को नकार कर नास्तिक बन रहे हैं। अध्यात्म का यह रूप उनके लिए प्रचलित हो रहा है, जिसमें कोई ईश्वर नहीं है। इसमें एक गुरु हैं, बुद्ध! जो उन्हें धम्म या पथ दिखाएँगे। रिचर्ड गेरे और दलाई लामा ने इसे लोकप्रिय बनाया। इस तरह बीसवीं सदी में बौद्ध धर्म की एक नए सिरे से खोज हुई।

अजंता की गुफाओं में, बुद्ध को विभिन्न रूपों में दिखाया गया है। उन्होंने मुकुट और आभूषण आदि धारण किए हुए हैं। क्या आप इसके विषय में और अधिक जानकारी दे सकते हैं?

वह पद्मपाणि का चित्र है जिनके हाथ में एक कमल है। इस कथा के अनुसार, एक देशना के बाद बुद्ध का एक शिष्य उनके पास गया और बोला कि उसे कुछ भी समझ नहीं आया। उसने उनकी सारी देशना को ध्यान से सुना पर वह किसी निष्कर्ष पर नहीं आ सका। कहते हैं कि बुद्ध ने उसी समय एक कमल, इसी मुद्रा में, अपने हाथ में लिया और शिष्य ने ज्ञान पा लिया। ज्ञान सदा शब्दों के माध्यम से ही संप्रेषित नहीं होता। चित्रों या आकृतियों के माध्यम से भी ज्ञान मिल सकता है। कई बार आपको ध्यान लगाना पड़ता है। कई बार आपको किसी यात्रा पर जाना पड़ता है। इस तरह पद्मपाणि की यह मूर्ति अपने-आप में बहुत रोचक है।

सामान्यतः बुद्ध को पुरुषोचित भंगिमा में स्थिर भाव से बैठा दिखाया जाता है। पद्मपाणि की आकृति त्रिभंगी है, वे किसी नर्तक की भाँति झुके

हुए हैं। उन्होंने आभूषण पहने हुए हैं और इस रूप से स्त्रैण भाव झलक रहा है। बौद्ध धर्म ने पौरुषेय से होते हुए स्त्रैण भाव तक आने की यात्रा भी की है। इस प्रकार इस धर्म में नारी शक्ति का प्रवेश होता है। ऐसा होने पर बुद्ध की मूर्तियाँ भी स्त्रैण होने लगीं।

जब बौद्ध धर्म चीन तक गया तो सुई वंश की पहली साम्राज्ञी शासन चला रही थी और उसने सारे देश को एकता के सूत्र में पिरोने के लिए बौद्ध धर्म का सहारा लिया। अन्यथा वह कन्फ़्यूशियस और ताओ परंपराओं को एक नहीं कर सकती थी। प्रजा ने अपनी रानी की छवि में बुद्ध को देखा।

चीन में आपको स्त्री बुद्ध या क्वानयिन की प्रतिमाएँ देखने को मिलेंगी। वहाँ बोधिसत्व भी स्त्रैण रूप में पाए जाते हैं। यह चीन, ताइवान और सिंगापुर में लोकप्रिय है। जिसका संबंध पद्मपाणि से है। यह बौद्धों की महायान परंपरा थी जिसमें स्त्रैण नियमों को स्वीकार किया गया।

15

शबरी

'रामायण' में हमारी भेंट, राम के अनेक भक्तों से होती है जिनमें हनुमान का नाम ले सकते हैं। भारत के अनेक स्थानों पर उनके मंदिर हैं और उनकी पूजा-अर्चना की जाती है। आज हम एक और राम भक्त के विषय में चर्चा करेंगे। मैंने पहले सीज़न में देखा था कि शबरी राम को अपने जूठे अंगूर खिलाती है पर मुझे तो पता था कि शबरी ने राम को अपने जूठे बेर खिलाए थे?

शबरी के बेरों वाली यह कहानी सबसे पहले 18वीं सदी में सुनी गई। अगर आप 'रामायण' के विविध संस्करण देखें तो आप पाएँगे कि पहली बार लिखे जाने के दो हज़ार वर्षों के दौरान इस कथा में अनेक परिवर्तन आए। वास्तव में 'रामायण' कोई एक कहानी नहीं, यह सतत चलने वाली परंपरा है। यह अब तक अनेक परिवर्तनों की साक्षी रही है। आरंभिक संस्करणों जैसे 'वाल्मीकि रामायण' में, शबरी का नामोल्लेख तक नहीं मिलता। जब श्री राम सीता की खोज में वन-वन भटक रहे हैं तो जटायु नामक गिद्ध उन्हें बताता है कि सीता को एक राक्षस दक्षिण दिशा की ओर ले गया है। उनके पास इसके अतिरिक्त अन्य कोई सूचना नहीं होती।

राम और लक्ष्मण दक्षिण दिशा की ओर प्रस्थान करते हैं। वहीं उनकी भेंट कबंध राक्षस से होती है। इस विचित्र राक्षस का मस्तक और गर्दन नहीं थी और पेट के स्थान पर मुख था। उसकी केवल एक ही आँख थी, पूरा

शरीर रोयों से भरा था और उसकी भुजाएँ एक योजन लंबी थीं। राक्षस मारे क्षुधा के तड़प रहा था। उसने राम व लक्ष्मण को मारने के लिए उन्हें अपने हाथों में उठा लिया। राम और लक्ष्मण ने अपनी तलवारों से उसकी दोनों भुजाएँ काट दीं। इस तरह वह शापमुक्त हो कर अपने असली रूप में आ गया। कबंध ने राम के प्रति आभार प्रकट किया और बोला, "आप ऋष्यमूक पर्वत के पास पंपा सरोवर पर जाएँ, वहाँ अनेक ऋषि-मुनि आपकी प्रतीक्षा कर रहे हैं। वहीं मतंग मुनि का आश्रम भी है। आप उनसे भी भेंट करना।" राम और लक्ष्मण मतंग मुनि के आश्रम में पहुँचते हैं तो उन्हें पता लगता है कि वे तो समाधि ले चुके हैं परंतु उनकी सहायिका शबरी राम की प्रतीक्षा कर रही है।

राम शबरी से भेंट करते हैं। शबरी जाने कब से उनकी राह में पलकें बिछाए बैठी थी। वह अपने प्रभु राम के चरण स्पर्श करती है। उनका स्वागत करती है और आसन बिछा कर स्नेह से बिठाती है। प्रभु राम और लक्ष्मण के आगे भोजन परोसा जाता है। उनका यथोचित अतिथि सत्कार करने के पश्चात् शबरी स्वयं समाधि ले लेती है क्योंकि उसके जीवन का उद्देश्य पूर्ण हो गया है और प्रभु राम उस स्थान से मिली सूचना के आधार पर लंका की ओर चल देते हैं।

क्या शबरी राम को बेर खिलाती है?

इस बात को इतना महत्त्व नहीं दिया गया है कि शबरी राम को भोजन में क्या परोसती है। संभवतः वह उसने भोजन में कंद-मूल ही परोसे होंगे क्योंकि यही वनोपज है जिसे अक्सर वनवासी खाते हैं। यहाँ यह बात ध्यान देने योग्य है कि 'वाल्मीकि रामायण' में शबरी की कथा भक्ति, धर्म और सेवा भाव का परिचय देती है। इस कथा में कहीं भी बेरों का उल्लेख नहीं है। वाल्मीकि को इससे कोई अंतर नहीं पड़ता कि शबरी राम को बेर खिलाती है या उन्हें अंगूर परोसती है। वे अपनी कथा के माध्यम से शबरी की भक्ति और सेवा भाव को दर्शाना चाहते हैं और शबरी से भेंट के बाद दक्षिण में किष्किंधा चल देते हैं।

क्या इस कथा के अन्य संस्करण भी मिलते हैं?

एक हज़ार वर्ष पूर्व, तमिल में 'कम्ब रामायण' लिखी गई, यह लोक भाषा में लिखी गई थी। इस कथा में सेवा भाव को ही दिखाया गया है। इसमें भी यह नहीं बताया गया कि शबरी राम को क्या परोसती है। इस कथा में भोजन का कोई विस्तृत विवरण नहीं मिलता। तपस्विनी शबरी बहुत समय से राम की प्रतीक्षा कर रही है परंतु जब वे कुटिया के द्वार पर आते हैं तो वह बाहर आ कर उनका स्वागत करने में संकोच करती है। इसका कारण यह है कि वह शूद्र है और उसका कहना है कि नीची जाति की होने के कारण वह राम के समक्ष नहीं आ सकती। राम शबरी से बाहर आने का आग्रह करते हैं ताकि वे प्रत्यक्ष भेंट कर सकें। शबरी किसी तरह कुटिया से बाहर आ कर अपना उल्लास प्रकट करती है। वह राम और लक्ष्मण के चरणों में पुष्प वर्षा करती है। उसकी प्रसन्नता का अंत नहीं है। स्वयं राम उसके द्वार पधारे हैं परंतु अब भी वह उन्हें अपनी आँखें खोल कर नहीं देख रही।

आसन पर विराजने के बाद प्रभु राम कहते हैं, "माता! आप अपनी आँखें तो खोलें ताकि आप हमें देख सकें।" इस तरह शबरी पहली बार राम को देखती है और स्नेह विगलित हो उठती है। "मुझे मेरे गुरु ने कहा था कि आप एक दिन मुझे दर्शन देने अवश्य आएँगे और उसी दिन मैं मुक्ति पा लूँगी। आज मेरे गुरु का कहा सच हो गया।" शबरी आभार प्रकट करती है और प्रभु राम से पूछती है कि क्या वे कुछ खाना चाहेंगे। उनके हामी भरने पर वह उनके लिए भोजन लाती है। इस कथा में धर्म और सेवा भाव का भी अधिक वर्णन नहीं है। कबंध से भेंट के बाद किष्किंधा की ओर जाते हुए शबरी से भेंट हुई है और वह उनका अभिनंदन कर रही है।

तेलुगु में रंगनाथ की 'रामायण' मिलती है। इस कथा में बताया गया है कि शबरी राम को कई तरह के फल परोसती है। यह भी कोई महत्त्वपूर्ण प्रसंग नहीं है। वह उन्हें भोजन करवा रही है और यह हमारी भारतीय संस्कृति की अभिन्न परंपरा रही है कि घर आने वाले अतिथि का स्वागत-सत्कार कर, उसे भोजन करवाया जाता है क्योंकि हमारे यहाँ अतिथि को देवता माना गया है। जब हमारे घर कोई अतिथि आता है तो हम एक देवता की भाँति उसका आतिथेय करते हैं।

इस कहानी में बेरों का उल्लेख कब आता है?

शायद यह प्रसंग सबसे पहले, लगभग पाँच सौ वर्ष पूर्व एक उड़िया कथा में आता है। बलराम दास ने 'दंडी रामायण' की रचना की। दंडी संगीत का छंद है। यह 'रामायण' उड़िया में थी इसलिए इसे मंदिर में नहीं गाया जा सकता था क्योंकि मंदिर में केवल संस्कृत का प्रवेश था। उसे देववाणी माना जाता था। जगन्नाथ मंदिर के बाहर वाली सड़क को बड़ोदांडा कहा जाता है, जिससे बरांडा शब्द निकला है। लोग लोकभाषा में रची गई इस 'रामायण' का मंदिर के बाहर पाठ करते थे और यह 'दंडी रामायण' कहलाने लगी। जब यह बहुत लोकप्रिय हो गई तो इसे मंदिर में प्रवेश करने का सौभाग्य प्राप्त हुआ। तब इसे 'जगमोहन रामायण' का नाम दिया गया। जगमोहन शब्द का अर्थ है 'मंदिर' तो इस तरह यह मंदिर की रामायण बनी। इस कथा में राम शिकार करने वाले एक व्याध और उसकी पत्नी शबर और शबरुनी से भेंट करते हैं।

यहाँ शबरी किसी एक महिला का नाम नहीं, भील जाति की स्त्री के लिए शबरी शब्द का प्रयोग किया गया है। इस प्रसंग में अनूठी बात यह है कि वह राम और लक्ष्मण को आम परोसती है। राम वे आम उठाते हैं जिन पर दाँतों से काटने के निशान हैं यानी वे आम झूठे हैं। उन्हें पहले से किसी ने चखा है। लक्ष्मण उन आमों को हाथ लगाते हैं जिन पर दाँतों के निशान नहीं हैं यानी वे जूठे नहीं हैं। राम एक आम चखने के बाद कहते हैं, "जिन आमों पर दाँतों के निशान दिख रहे हैं। वे बहुत मीठे हैं। मुझे खाने के लिए केवल वही आम दो।" इस जगह पहली बार देखा गया कि वे किसी दूसरे का चखा हुआ फल खा रहे हैं। इस प्रसंग में जूठा चखने वाली बात बहुत महत्त्वपूर्ण है। पुरी में कृष्ण का एक मंदिर है जिस का संबंध शबर जाति के लोगों से जोड़ा जाता है। वे लोग शिकारी थे। कहते हैं कि इस मंदिर में पहले केवल वही लोग पूजा करते थे और बाद में ब्राह्मण उस स्थान पर पूजा करने लगे। आज भी ब्राह्मणों का एक दल ही पूजा-अर्चना का भार संभालता है जिन्हें 'दैत्यपति' कहते हैं। वे लोग उसी शिकारी समुदाय से ही हैं। यही वजह हो सकती है कि जब इस जगह 'रामायण' लिखी गई तो जनजातियों को अधिक महत्त्व दिया गया और शबर की कहानी को विशेष तौर पर रचा गया। दरअसल इस स्थान पर तो यह मान्यता भी है कि अगर कोई शबर, अपना झूठा फल भगवान को मंदिर में अर्पित करता है तो देव उसे निश्चित

रूप से स्वीकारेंगे क्योंकि जगन्नाथ को उनके चखे हुए फल प्रिय हैं। संभवतः पाँच सौ वर्ष पूर्व की इस संस्कृति के कारण ही यह प्रसंग रचा गया होगा। इस प्रसंग में बलराम ने दिखाया कि भगवान को शबर का चखा हुआ आम खाने में भी कोई आपत्ति नहीं है और वे इस भेदभाव को नहीं मानते।

फिर भी इसमें बेर का कोई उल्लेख नहीं आता?

नहीं, तीन सौ वर्ष पूर्व, हिंदी साहित्य में भीलनी शबरी की कथा आती है, जो राम के आगमन पर उन्हें बेर खिलाती है। राम और लक्ष्मण को आसन देने के बाद भीलनी एक टोकरी में बेर ले आती है। वह कहती है, "प्रभु आप इनका भोग लगाएँ।" वह बेरों को चख कर केवल उन्हीं बेरों को राम के लिए लाई है जो मीठे हैं। लक्ष्मण के पूछने पर वह यही बताती है कि टोकरी में केवल बेर हैं जिन्हें चख कर देखा गया है। राम बड़े ही स्नेह से वे बेर खाते हैं। इस प्रसंग में एक अपना ही सौंदर्य और निश्चलता है। द्वार पर प्रभु आए हैं और शबरी भीलनी एक अच्छे मेज़बान का कर्तव्य निभाते हुए उन्हें मीठे बेर खिलाना चाहती है। इस जगह किसी खाने की वस्तु के स्थान पर उसकी मंशा महत्त्वपूर्ण है।

कुछ लोग तो यह भी कहते हैं कि भीलनी ने राम को बेर नहीं शकरकंद खिलाया था। संस्कृत में इसे शबरकंद कहा गया है। बेर और शकरकंद, दोनों ही वन में मिलते हैं और भीलों के प्रिय आहारों में से हैं। शबर और ऋषि जो खाते थे, वे उसे ही स्नेह भाव से अपने अतिथि को परोस रहे हैं।

जूठा न खाना या जूठा भोजन जैसी बातें इसी प्रसंग से आईं?

जब हम जूठा खाने की बात करते हैं तो विदेशियों को इस बारे में समझाना बहुत कठिन हो जाता है। जब हम मंदिर में भगवान को भोग लगाते हैं तो यह माना जाता है कि हम उनका जूठा खा रहे हैं और वह हमारे लिए प्रसाद हो जाता है। इस तरह हम भगवान का जूठा खा रहे हैं। इसी तरह लोक संस्कृति में ब्राह्मण का जूठा खाना भी पवित्र माना जाता था या हम अपनी माँ का जूठा खाने में परहेज नहीं करते क्योंकि उसमें माँ के लिए हमारा स्नेह छिपा है।

कुछ बातें हमारी जाति और वर्ण व्यवस्था से जुड़ी हैं जिनमें यह देखा जाता है कि कौन किसका जूठा खा सकता है। कौन छोटा है या कौन बड़ा। संभवतः उस समय इन बातों और धारणाओं का प्रचलन बहुत अधिक रहा होगा। जब बलराम दास ने शबरी की कथा में लिखा कि राम उसके चखे हुए जूठे आम खाते हैं तो वे उस समय एक राजनीतिक वक्तव्य दे रहे थे। आज से लगभग तीन सौ साल पहले, यह बात स्वास्थ्य की देखरेख की नहीं थी। जैसा कि आप आधुनिक युग में कहेंगे कि किसी का जूठा खाना सेहत के लिए हानिकारक होगा। उस समय यह सब जात-पाँत से जुड़ा था। यही हमारे समाज की हक़ीक़त है। आज भी कई घर ऐसे हैं जिनमें अलग-अलग जाति के लोगों के लिए अलग बर्तन रखे जाते हैं। उन्हें उन बर्तनों में खाना या पानी नहीं दिया जाता जो सबके लिए सामान्यतः प्रयुक्त होते हैं। यह मसला सैकड़ों वर्ष पूर्व उठाया गया जिसमें लोगों से कहा गया कि भगवान को इस बात से कोई अंतर नहीं पड़ता कि वे किसी छोटी जाति की स्त्री का जूठा खा रहे हैं। यही वजह है कि भारत में शबरी की कथा को इतना महत्त्व दिया जाता है। राम को पतित पावन कहा जाता है जो नीचे गिरे हुओं को उठाते हैं। वे नीच और छोटे माने जाने वाले लोगों को भी अपने साथ ले कर चलते हैं।

क्या 'रामायण' के प्रत्येक संस्करण में शबरी को नीची जाति की महिला कहा गया है?

यह बात स्पष्ट तौर पर आरंभ में नहीं कही गई। केवल कुछ बातों से संकेत मिलता है कि वे नीची जाति से रही होंगी जैसे यह लिखा है कि वे मतंग ऋषि के आश्रम में रहती थीं और वे ऋषि बनने से पहले एक चांडाल थे। जब हम मतंग ऋषि का नाम लेते हैं तो उनके विवरण को जान कर यह संकेत मिलता है कि शबरी भी नीची जाति से रही होगी। 'रामायण' में जब भी राम ऋषि और मुनियों से भेंट करते हैं तो वे उनके चरण-स्पर्श कर आशीर्वाद लेते दिखाई देते हैं परंतु इस प्रसंग में दिखाया गया है कि शबरी राम के चरण पखारती है। क्या यह लिंग अथवा जाति के आधार पर होने वाला भेदभाव है?

यह एक विचारणीय प्रश्न है। राम तो मर्यादा पुरुषोत्तम थे और वे अच्छी तरह जानते थे कि किस स्थान पर, किसके साथ, कैसा आचरण

करना चाहिए। वैसे भी शबरी एक वृद्ध तपस्विनी थी और वृद्ध सदैव आदर के पात्र होते हैं। इस तरह राम को उनके चरण छूने चाहिए थे परंतु शबरी चरण छू रही है यानी वह नीची जाति से है। बलराम दास अपनी 'रामायण' में वनों में रहने वाली शबर जाति की बात करते हैं। बाद में आने वाले 'रामायण' संस्करणों में जाति को पूरी तरह से स्थापित कर दिया गया है।

वास्तव में कथा में कहा गया है कि उस स्थान के सभी ऋषि-मुनि राम के स्वागत की व्यवस्था करते हैं और मिल कर उनका अभिनंदन करते हैं परंतु वे शबरी से कोई मेल-जोल नहीं रखते इसलिए शबरी को अकेले राम के स्वागत की व्यवस्था करनी है। राम अन्य मुनियों के आग्रह को उपेक्षित कर, पहले शबरी की कुटिया के द्वार पर जा खड़े होते हैं। वे उपेक्षिता भीलनी के मन की पीड़ा को समझते हैं और उसे सांत्वना और समाज में उसके स्थान को गरिमा देने के लिए ही उसके हाथ का जूठा भी सहर्ष स्वीकार करते हैं।

मैंने किसी संस्करण में पढ़ा था कि शबरी राम भक्त नहीं थी। सीता की तलाश में निकले राम की उनसे यूँ ही मार्ग में भेंट हुई थी?

यह तो सत्य है। शबरी राम भक्त नहीं थी। वह मतंग ऋषि की सेविका थी। मतंग ऋषि ने ही शबरी से कहा था कि उनकी अनुपस्थिति में आश्रम में राम का आगमन होगा और शबरी को उनका सत्कार करना है। तभी से शबरी राम के आगमन की प्रतीक्षा में थी। पिछले पाँच सौ वर्षों के दौरान इस प्रसंग के साथ भक्ति भाव को भी जोड़ा गया। इस प्रसंग में कहा गया कि शबरी राम की परम उपासिका थी। इससे पूर्व भक्ति भाव का इतना महत्त्व नहीं था। वाल्मीकि की 'रामायण' में लिखा है कि राम जिस पंपा सरोवर के साथ-साथ यात्रा कर रहे हैं, उसमें मछली और पक्षी आदि भी थे। राम क्षत्रिय थे और क्षत्रिय परंपरा के अनुसार मांसाहार भी उनके भोजन में शामिल था। इस तरह जल से मिलने वाला भोजन ही उनके लिए प्रमुख स्रोत रहा होगा।

इसके बाद वाले संस्करणों में राम को पूरी तरह से शाकाहारी दिखाया जाने लगा और लिखा गया कि वे वनवासी थे इसलिए वे केवल फल, कंद-मूल व सब्ज़ियों आदि का आहार ही लेते थे। बेरों का चुनाव भी जाति की चेतना

से गहरा संबंध रखता है। आम सामान्य जन का भोजन नहीं है परंतु बेर एक ऐसा भोजन है जो शूद्र और वन में रहने वाली भील जाति के लिए सर्वसुलभ है। भोजन का भी जाति से गहरा नाता रहा है जैसे आम ब्राह्मणों का फल है और वन के मुनि कंद-मूल व बेर आदि खाते होंगे।

कथा में राम को जूठा खाने में आपत्ति नहीं है किंतु लक्ष्मण जूठा दिए जाने पर रोष प्रकट करते हैं?

जी, इस जगह पर दोनों भाइयों के विचारों में अंतर दिखाया गया है। राम को शबरी के जूठे बेरों में उसके भक्ति भाव और स्नेह के दर्शन हो रहे हैं परंतु लक्ष्मण को केवल जूठा भोजन दिखाई देता है। यही वजह है कि राम भगवान हैं किंतु लक्ष्मण नहीं हैं। लक्ष्मण देखते हैं कि भोजन क्या है और कैसे परोसा गया परंतु राम केवल इतना देखते हैं कि भोजन किसी भाव से परोसा गया। उन्हें जूठे आम या बेरों में भी शबरी के स्नेह और भक्ति का परिचय मिलता है और वे तपस्विनी के उसी स्नेह का मान रखने के लिए जूठे बेरों को भी अमृतस्वरूप मान कर ग्रहण करते हैं।

दक्षिण भारत में शबरी का एक मंदिर है। क्या यह वही शबरी है जो 'रामायण' में भी है?

केरल में शबरीमाला मंदिर है। मान्यता है कि राम ने इसी स्थान पर शबरी से भेंट की थी। इसी जगह पर ऋष्यमूक पर्वत और पंपा सरोवर भी है। मध्य प्रदेश में भी एक स्थान है, जिसका संबंध शबरी से जोड़ा गया है। इसी प्रकार पुरी के जगन्नाथ मंदिर का भी इससे संबंध है। जिन-जिन स्थानों पर जनजातियों का वास है, वे शबरी के स्थान माने जाते हैं।

16

रावण

रावण को हमारी माइथोलॉजी का सर्वश्रेष्ठ खलनायक कहा जा सकता है। 'रामायण' की कथा जितनी राम की है, उतनी ही रावण की भी है। वाल्मीकि को भी यह निर्णय लेने में कठिनाई हुई थी कि वे अपने ग्रंथ का शीर्षक राम के नाम पर रखें या रावण के। रावण एक बहुत ही रोचक पात्र है। वह एक ब्राह्मण है और साथ ही एक राक्षस भी है। यह कैसे हो सकता है?

ब्रह्मा के अनेक पुत्र थे। कश्यप मुनि की अनेक पत्नियाँ थीं जिन्होंने देवों व असुरों को जन्म दिया। उनका एक और पुत्र पुलस्त्य था, जिसने यक्षों व राक्षसों को जन्म दिया। एक राक्षस कन्या कैकसी का विवाह विश्रवा नामक ब्राह्मण से होता है। रावण उनकी ही संतान है। उसके भीतर पुलस्त्य यानी एक राक्षस का रक्त है और विश्रवा, एक ब्राह्मण का रक्त है इसलिए वह ब्राह्मण होने के साथ-साथ एक राक्षस भी है। राक्षस एक जाति है जबकि ब्राह्मण का संबंध वर्ण व्यवस्था से है। ब्राह्मण एक सामाजिक ढाँचा है जबकि राक्षस का संबंध वंश से है।

राक्षस और असुर के बीच थोड़ा भ्रम बना रहता है। इनके बीच क्या अंतर है?

पुराणों में देवों व असुरों के बीच युद्ध दिखाया जाता है। असुर धरती तले

पाताल लोक में रहते हैं और देवता आकाश में, स्वर्ग में वास करते हैं। इस प्रकार ये एक लम्ब रेखा है। राक्षस मनुष्यों से लड़ते हैं। वे वनों में रहते हैं और मत्स्य न्याय यानी जंगल के क़ानून का पालन करते हैं। मनुष्य ऋषियों के मार्गदर्शन के अनुसार, धर्म के पथ पर चलने का प्रयत्न करते हैं। दिति के पुत्र दैत्य कहलाते हैं तथा दनु के पुत्रों को दानव कहते हैं। इन्हें असुर भी कहते हैं।

ये शब्द आपस में अलग-अलग स्थानों पर प्रयुक्त होते आए हैं। असुर धरती के नीचे रहते हैं, राक्षस वनों में रहते हैं। 'महाभारत' में असुरों को ही राक्षस कहा गया है। हिडिम्बा को असुर कहा गया जबकि वह राक्षसी लगती है क्योंकि वह वन में रहती हे। लोग कहते हैं कि राक्षस दक्षिण भारत से थे और राम उत्तर भारत से थे और यहीं आ कर ये शब्द काले और गोरे के विभाजक शब्द हो जाते हैं। अंग्रेज़ अपने साथ इस तरह के जातिगत विभाजन लाए और बहुत से लोग अब भी इन पर विश्वास करते हैं। हमारे पुराणों में कहीं भी, ऐसा कुछ भी नहीं लिखा गया।

रावण को शिव भक्त कहा जाता है। यह कौन सा संबंध था?

ग्यारहवीं सदी के बाद, तमिल में 'कम्ब रामायण' तथा तेलुगु में रंगनाथ की 'रामायण' लिखी गई, इन दोनों रामायणों में शिव को बहुत अधिक महत्त्व दिया गया। उस समय के दौरान शैव और वैष्णव परंपरा के बीच कड़ा बैर था। उनके बीच एक तरह की प्रतियोगिता जारी रहती थी। तुलसीदास ने आज से लगभग चार सौ वर्ष पूर्व 'रामचरितमानस' की रचना की थी।

उन्होंने भी इस तनाव को लक्ष्य किया था। उन्होंने कहा कि राम और रावण, दोनों ही शिव भक्त थे और शिव जी के लिए दोनों भक्तों में कोई अंतर नहीं था। यही बात चारों ओर प्रसारित हुई कि सभी शिव भक्त हैं। दोनों ही शक्ति की पूजा करते हैं। राम शरद नवरात्रि में शक्ति का पूजन करते हैं। रावण भी शक्ति का पूजन करता है। ऐसी कथाएँ भी मिलती हैं जिनके अनुसार रावण हिमालय में शिव जी के दर्शन पाने का प्रयत्न करता है। जब वह उनसे भेंट करने जाता है तो पहले उसकी भेंट शिवजी के गण नंदी से होती है। नंदी के कुरूप स्वरूप को देख कर रावण ने उनका उपहास किया तो नंदी को क्रोध आ गया और उसने रावण को शाप दिया, "मेरे जिस

पशु स्वरूप को देख कर तू उपहास कर रहा है। एक दिन इसी पशु स्वरूप के जीव तेरे विनाश का कारण होंगे।" इस प्रकार नंदी ने रावण के सर्वनाश के विषय में भविष्यवाणी कर दी थी जो आगे चल कर सच साबित हुई और वानर ही रावण की मृत्यु का कारण बने।

रावण के बारे में एक और कथा कही जाती है, जब उसने अपने सारे दस शीश काट कर, भगवान शिव को अर्पित कर दिए थे। शिव जी रावण की तपस्या और भक्ति भाव से प्रसन्न हो उठे। उन्होंने उसे दर्शन दे कर कहा, "भक्त रावण! हम तुम्हारे तप से अति प्रसन्न हुए। तुमने अपने शीश ही हमें अर्पित कर दिए। तुम्हारे सारे शीश पहले की तरह हो जाएँगे और इसके साथ ही हम तुम्हें एक तलवार भेंट में देंगे, वह सदा विजयी होने में सहायक होगी।" इस तरह रावण को शिव जी ने चंद्रहास नामक खड्ग उपहार में दी।

कुछ कहानियों में कहा जाता है कि रावण के वास्तव में दस शीश नहीं थे। यह तो एक रूपक है। दस शीश कहने का अर्थ है कि वह बहुत ही ज्ञानी था। उसके पास बुद्धि का अथाह भंडार था।

इसी तरह रावण की शिव भक्ति और तप की अन्य कहानियाँ भी मिलती हैं। एक और प्रसंग के अनुसार रावण को संगीत आदि अन्य कलाओं का गहरा ज्ञान था। उसने शिव की जी स्तुति करते हुए 'रुद्र स्तोत्र' की रचना की और उनके लिए रुद्र वीणा तैयार की। यह कोई साधारण वीणा नहीं थी। कहते हैं कि उसने अपनी भुजा काट कर वीणा बनाई और उसके तार बनाने के लिए अपने स्नायु का प्रयोग किया। जब उसने शिवजी के लिए वीणा पर 'रुद्र स्तोत्र' का गायन किया तो वे अतीव प्रसन्न हुए और रावण से कहा कि वे उसके प्रत्येक मनोकामना पूर्ण करेंगे। वह जो जी चाहे माँग सकता है। उस समय रावण ने अपनी हार्दिक इच्छा प्रकट करते हुए कहा, "हे प्रभु! मैं आपके दर्शनों से कृतार्थ हुआ। मुझे आपसे और कुछ नहीं चाहिए था परंतु जब आप कुछ माँगने को कह ही रहे हैं तो केवल इतना चाहता हूँ कि आप ही मेरे साथ लंका चलें। अगर आप मेरे साथ होंगे तो संसार में मेरा कभी कोई कुछ नहीं बिगाड़ सकेगा। मैं अजेय हो जाऊँगा। मेरी लंका कभी किसी के हाथों पराजित नहीं होगी। आप जिसके साथ हों, उसे कभी कोई हानि नहीं हो सकती।" शिव जी वरदान दे कर वापस नहीं ले सकते थे। उन्हें रावण के साथ जाना पड़ता है किंतु वे एक ऐसी शर्त रख देते हैं

जिससे रावण पूरा नहीं कर पाता और वे लंका तक नहीं जाते।

एक और कथा के अनुसार रावण इतना बलशाली था कि वह उन्हें कैलाश पर्वत सहित उठा लेता है ताकि अपने इष्ट देव को लंका में स्थापित कर सके। अचानक झटका लगने से सती घबरा कर पति से पूछती हैं कि यह क्या हो रहा है। सारा शिव परिवार भयभीत हो जाता है। शिवजी रावण के अभिमान को तोड़ने के लिए अपने पैर के अँगूठे से पर्वत को हल्का सा दबा देते हैं। रावण उस पर्वत के तले दब जाता है। वह अपनी ओर से लाख कोशिश करने पर भी पर्वत के नीचे से नहीं निकल पाता। वह शिव की स्तुति करते हुए उनसे क्षमायाचना करता है और किसी तरह जान बचा कर लंका वापस लौट जाता है।

इन कथाओं में रावण को एक भक्त तथा अभिमानी शिष्य के रूप में दिखाया गया है; यह काफ़ी हद तक गुरु व शिष्य के संबंध के समान है। कहा जाता है कि रावण ने शिव जी से ही ज्योतिष शास्त्र का ज्ञान भी पाया था, से ही 'लाल किताब' या 'रावण संहिता' कहते हैं। 'आयुर्वेद' पर लिखी गई एक पुस्तक मिलती है, उसे भी रावण से संबंधित कहा जाता है। इस तरह रावण हमारे सामने एक ज्ञानी, विद्वान, पंडित, अनेक कलाओं का ज्ञाता, संगीतज्ञ, लेखक, सुसभ्य व्यक्ति तथा महान योद्धा के रूप में सामने आता है। अगर उसके नकारात्मक पक्षों पर ग़ौर करें तो उसने अपने ही भाई कुबेर के राज्य लंका से उसे निष्कासित कर दिया और लंका को अपने अधीन कर लिया। रावण को दुराचारी के रूप में भी दर्शाया जाता है।

कहते हैं कि उसने एक बार वेदवती नामक योगिनी से बलपूर्वक संबंध बनाने चाहे। उसने वेदवती से पूछा कि इतनी सुंदरी युवती होने के बावजूद वह किसी की विवाहिता न बन कर, वन में तपस्या क्यों कर रही है। वेदवती उसे बताती है कि वह विष्णु को अपने पति के रूप में वर चुकी है और वह उनके सिवा किसी को नहीं वरेगी। रावण उसकी इन बातों पर ध्यान नहीं देता और बलपूर्वक केश खींचते हुए अपने पास लाने का प्रयत्न करता है।

वेदवती अपने केश स्वयं काट कर अग्नि में प्रविष्ट हो जाती है परंतु जाने से पूर्व रावण को श्राप देती है, "तूने सब कुछ सुनने के बाद भी मेरा अपमान किया। मेरा सतीत्व भंग करना चाहा। मैं ही पुनः जन्म ले कर तेरे

पूरे वंश के विनाश का कारण बनूँगी।" कहते हैं कि माता सीता वेदवती का ही रूप थीं जिनके कारण रावण का पूरा वंश नष्ट हो गया।

रावण को एक नायक के रूप में दिखाया जाए या एक खलनायक के रूप में, अधिकतर कथाओं में तो रावण एक खलनायक के तौर पर ही दर्शाया गया है?

जी। दशहरे वाले दिन रावण का पुतला भी जलाया जाता है। यह सब गंगा के मैदानी इलाक़ों में, आज से लगभग पाँच सौ वर्ष पूर्व आरंभ हुआ। भारत में कुछ समुदायों का मानना है वे रावण के वंशज हैं या फिर रावण की पत्नी मंदोदरी उनके वंश से है। पुराणों में, किसी को भी पूरी तरह से सकारात्मक या नकारात्मक रूप में नहीं दिखाया गया। चाहे उसमें नकारात्मक लक्षण थे परंतु उसके पास कुछ अच्छे गुण भी थे। जीवन में भी, कोई भी पूरी तरह से अच्छा या बुरा नहीं होता। इन सब पात्रों को भी इसी संदर्भ में देखा जाना चाहिए।

हम अधिकतर रावण की वही कथाएँ सुनते हैं जो राम से जुड़ी हैं। क्या इसके अतिरिक्त भी रावण की कोई और कथाएँ मिलती हैं?

रावण की अनेक कथाएँ हैं। ये कथाएँ इतनी लोकप्रिय नहीं हो सकीं परंतु 'उत्तर रामायण' में ऐसी अनेक कहानियाँ हैं। रावण का वानर सुग्रीव और बाली के साथ होने वाले युद्‌ध का प्रसंग मिलता है। कहते हैं कि रावण को अपने बल पर बहुत अभिमान था। एक दिन अपने उसी बल के घमंड में आ कर उसने बाली का उपहास किया और उसे वानर कह कर चिढ़ाने लगा। बाली के साथ उसका घनघोर युद्‌ध हुआ और देखते ही देखते बाली ने रावण को परास्त कर दिया। उसने उसे अपनी पूँछ से बाँध लिया और अपने साथ घसीटते हुए, अपनी नगरी किष्किंधा तक ले गया। कुछ माह तक रावण उसका बंदी रहा और फिर एक दिन रावण किसी तरह बच कर भाग निकला और अपने प्राणों की रक्षा की।

एक अन्य कथा के अनुसार कार्तवीर्य अर्जुन नामक पात्र आते हैं। उनके सात हाथ थे। वे अपने हाथों के बल पर, नदी पर बाँध बना कर जल का प्रवाह रोक सकते थे। उनके साथ रावण के युद्‌ध का प्रसंग आता

है जिसमें रावण की पराजय होती है। बाली को राम ने परास्त किया और कार्तवीर्य अर्जुन को परशुराम ने परास्त किया, जिन्हें राम ने परास्त किया। जिसने भी रावण को परास्त किया, वे सभी योद्‌धा कालांतर में राम के हाथों पराजित हुए। इस प्रकार यह स्पष्ट किया गया कि राम, रावण से कहीं भारी और महान योद्‌धा थे।

'रामायण' में सीता हरण के बाद का प्रसंग है जिसमें रावण अपनी ओर से सीता को मनाने व बहलाने का हर संभव प्रयत्न करता है। जब वह सीता को अपनी नगरी में लाया तो उसे अपने वैभव और श्री का बहुत घमंड था। रावण को अपने पर बहुत अभिमान था। उसके एक संकेत पर स्त्रियाँ उसका साथ पाने को प्रस्तुत हो जातीं। उसे पूरा विश्वास था कि सीता भी शीघ्र ही उसके रूप और वैभव पर मोहित हो कर उसे अपना लेगी परंतु उसकी यह इच्छा पूरी नहीं हो पाती। रावण सीता को प्रलोभन देता है कि यदि वह उसके साथ विवाह के लिए सहमति देगी तो वह उसे अपनी पटरानी बना लेगा और लंका का समस्त वैभव उसके चरणों पर होगा। जब सीता रावण की कोई भी बात सुनने से इंकार कर देती हैं तो वह क्रोधित हो उठता है और उसे धमकी देता है कि वह भले ही आजीवन अपने प्रभु राम की प्रतीक्षा करती रहे परंतु रावण अनुमति के बिना वह कभी राम से भेंट नहीं कर सकेगी।

वह सीता को स्पष्ट शब्दों में कहता है कि उसकी अनुमति के बिना लंका में कोई प्रवेश नहीं कर सकता और न ही नगरी से बाहर जा सकता है। सीता को लुभाने के उपाय असफल होते देख रावण कहता है, "मैं तुमसे कितनी अच्छी तरह शालीनता से व्यवहार कर रहा हूँ और तुम मेरी कोई बात नहीं सुन रहीं।" सीता व्यंग्य करते हुए कहती हैं कि छल से किसी की स्त्री का अपहरण करना सभ्य मनुष्य का लक्षण अथवा शालीनता कहलाता है? रावण अपना आपा खो कर चिल्लाता है, "यदि मैं चाहूँ तो तुम्हें बलपूर्वक घसीट कर विवाह मंडप में ले जा कर विवाह कर सकता हूँ कि यही चाहता हूँ तुम स्वेच्छा से मेरा वरण करो अन्यथा यह स्मरण रखना कि तुम्हारे जिस रूप पर मोहित हुआ हूँ, उसी रूप और सौंदर्य को नष्ट करने में, मुझे क्षण भर भी नहीं लगेगा।" यह कह कर रावण कक्ष से बाहर निकल जाता है किंतु मन ही मन उसे भी सीता के आगे अपनी व्यर्थता का बोध हो जाता है।

क्या रावण ने सीता पर अत्याचार किया था?

नहीं। कथा के अनुसार, रावण सीता को लंका में ले जा कर, अशोक वाटिका में रखता है परंतु वह कभी उस पर शारीरिक रूप से प्रहार नहीं करता। इसके अनेक कारण कहे जाते हैं। यह कहा जाता है कि रावण को श्राप मिला हुआ था कि यदि उसने किसी स्त्री को उसकी इच्छा के विरुद्ध स्पर्श करना चाहा तो उसी समय उसके सिर के दो टुकड़े हो जाएँगे और उसकी मृत्यु होगी। इस प्रकार एक और कथा कहती है कि सीता अपने हाथ में घास का तिनका ले कर कहती हैं, "यदि रावण ने उस तिनके को लांघा तो उनके सतीत्व के बल से, वह उसी समय मृत्यु को प्राप्त होगा।" इस प्रकार अनेक सीमाएँ रहीं जिन्हें तोड़ना रावण के वश के बाहर था। 'कम्ब रामायण' में कहा गया है कि रावण को सीता से प्रेम हो गया था और वह चाहता था कि सीता भी स्वयं प्रेम के वशीभूत हो कर उसके पास आए। वह उसके अहंकार की सबसे बड़ी जीत होती। एक प्रकार से, सीता का हृदय उसके लिए रणभूमि के समान था, जिसके माध्यम से, वह राम को परास्त करना चाहता था। इस स्थान पर भी उसकी विजय नहीं होती। उसके पास धन, संपदा, संपत्ति, वैभव व सुंदरता आदि सब कुछ था और विवाहित स्त्रियाँ अपने पतियों को त्याग कर भी उसके पास आ जातीं परंतु उसके लिए यही पर्याप्त नहीं था। सीता को लुभाने के लिए साम, दाम, दंड और भेद... कोई भी उपाय काम नहीं आता। वह तंत्र विद्या का प्रयोग भी करता है। माया से राम का कटा हुआ सिर तैयार किया जाता है। उसे सीता को दिखा कहा जाता है कि राम की मृत्यु हो गई है और अब सीता के पास रावण की शरण में आने के सिवा कोई विकल्प नहीं है परंतु सीता उसके प्रत्येक उपाय को विफल करती हैं क्योंकि वे पतिव्रता हैं। इस बात से रावण के अहं को ठेस लगती है। यह राम के साथ भौतिक युद्ध के साथ-साथ, अहंकारों के मनोवैज्ञानिक युद्ध का भी प्रदर्शन है। हालाँकि अयोध्या की प्रजा को सीता पर विश्वास नहीं है। जब रावण के अंत के बाद सीता अपने पति के साथ नगर में वापस जाती हैं तो प्रजा उनके चरित्र पर संदेह प्रकट करती है और यह समाज का एक विकृत पक्ष है। सीता पर परपुरुष के घर रहने का कलंक लगता है। एक प्रकार से, रावण सीता के पूरे जीवन को नष्ट कर देता है।

कहते हैं कि रावण को परास्त करने के बाद राम के मन में पश्चाताप का भाव आया था। ऐसा क्यों?

कर्म तो कर्म ही होते हैं। भले ही आप एक क्षत्रिय हैं, आपने अपनी पत्नी के अपहरणकर्ता का वध किया है परंतु हिंसा तो हिंसा ही है। वैसे भी, रावण एक ब्राह्मण था। भारत में ब्रह्म हत्या को पाप माना जाता है। प्राचीन काल में हमारे पास ज्ञान का कोई लिखित रूप नहीं था। शास्त्र आदि ग्रंथों को कंठस्थ करना होता था और यह काम ब्राह्मणों का था। किसी ब्राह्मण की हत्या करने का अर्थ था, किसी पुस्तकालय को जला कर राख कर देना तो ऐसा करना पाप माना जाता था क्योंकि इस तरह उस व्यक्ति के पास संग्रहित विद्या भी नष्ट हो जाती। यह एक प्रकार से ब्राह्मणों का सुरक्षा कवच था। राम के मन में इस पाप का अपराध बोध था। वे एक क्षत्रिय थे और जाति व्यवस्था के अनुसार रावण से एक पद नीचे थे।

कथा के अनुसार राम ब्राह्मण का वध करने के लिए क्षमायाचना करते हैं। एक नकारात्मक पक्ष को मारने के लिए सकारात्मक पक्ष प्रभावित हुआ है।

एक प्रसिद्ध लोक कथा के अनुसार राम लक्ष्मण से कहते हैं, "लक्ष्मण, रावण अपने जीवन की अंतिम घड़ियाँ गिन रहा है। तुम उसके पास जा कर शिक्षा लो क्योंकि कहते हैं कि किसी व्यक्ति की मृत्यु के साथ ही उसके ज्ञान का भी अंत हो जाता है।" जब लक्ष्मण रावण के पास जाते हैं तो रावण मुख फेर लेता है। लक्ष्मण राम को आ कर कहते हैं कि रावण का अहं अभी गया नहीं है। उसने तो उन्हें देखते ही मुख फेर लिया। राम पूछते हैं, "लक्ष्मण, जब तुम रावण के पास गए तो उसके सिर की ओर खड़े हुए थे या उसके पैरों के पास खड़े हुए थे?"

लक्ष्मण बताते हैं कि वे रावण के सिर की ओर खड़े थे। तब राम उन्हें फटकारते हैं कि गुरु के सिर के पास खड़े हो कर ज्ञान पाने की अपेक्षा कैसे की जा सकती है। किसी को गुरु बना कर ज्ञान पाना हो तो उसके चरणों की ओर खड़ा होना चाहिए। राम कहते हैं, "भले ही उसने सीता का अपहरण किया। वह एक बुरा व्यक्ति था परंतु अब उसके साथ हमारी कोई शत्रुता नहीं रही। अब वह एक गुरु है, जिससे हम ज्ञान पाना चाहते हैं।" राम रावण के चरणों मे जा कर बैठते हैं और कहते हैं, "मैंने एक खलनायक

को पराजित किया है परंतु मैं विश्रवा के पुत्र का आदर करता हूँ। कृपया इस संसार को त्यागने से पूर्व मुझे ज्ञान दें।"

रावण का सारा अहंकार गल जाता है और वह विलाप करते हुए कहता है, "अब मुझे आपकी महानता का एहसास हो गया है। अब तक मेरे अहं ने मुझे इसे अनुभव करने से रोक रखा था।" इस वार्तालाप के दौरान रावण राम और लक्ष्मण को केवल एक सीख देता है कि जीवन में हमें बुराई सदा अपनी ओर खींचती है और हम अच्छाई को त्याग कर उसकी ओर भाग खड़े होते हैं।

इसके पीछे जो प्रसंग कहा जाता है, उसके अनुसार विष्णु वैकुंठ में रहते हैं। उनके दो द्वारपाल हैं - जय और विजय। उन्हें धरती पर राक्षस के रूप में जाने का श्राप मिलता है। रावण भी उनमें से एक है। राम रावण का वध करके, उसका उद्धार कर रहे हैं ताकि वह पुनः वैकुंठ वासी हो सके। और अधिक जानकारी के साथ यह कहानी नए दृष्टिकोण के साथ सामने आती है।

तब यह कहानी एक नया रूप ले लेती है जिसमें राम केवल एक नायक नहीं जो खलनायक रावण का वध करते हैं। दरअसल रावण विपरीत भक्ति का प्रदर्शन कर रहा है। वह द्वारपाल के रूप में राक्षस है और वह सीता का अपहरण कर, राम को उकसा रहा है कि वे उसे शीघ्र से शीघ्र मारें ताकि उसका उद्धार हो सके। वह वासना के वशीभूत हो कर सीता का अपहरण नहीं करता। यह उसकी प्रभु भक्ति है।

अगर आप इसे अलग दृष्टिकोण से देखें तो वही कहानी एक नए अंदाज़ में दिखने लगती है। यह पुराणों का बहुत ही महत्त्वपूर्ण ज्ञान है। परम ज्ञान के प्रकाश में देखें तो रावण के पास सकारात्मक और नकारात्मक, दोनों प्रकार की विशेषताएँ हैं। वह एक भक्त, द्वारपाल और लंकापति है। परंतु वेदों के संपूर्ण ज्ञान को पाने तथा शिव की उपासना करने के बाद भी, वह यह नहीं देखता कि राम एक भगवान हैं, और वे किसी से घृणा नहीं करते। जब रावण के अहं से प्रेरित कर्म 'रामायण' जैसा महाकाव्य रचते हैं तो वे राम शांत भाव से सब देखते रहते हैं।

मैंने सुना है कि दक्षिण भारत में अनेक स्थानों पर रावण के मंदिर हैं। क्या यह सत्य है?

रावण एक वीर है और यही कारण है कि उसकी पूजा भी की जाती है। मध्य प्रदेश (रावणग्राम रावण मंदिर), उत्तर प्रदेश (बिसरख रावण मंदिर) व राजस्थान (जोधपुर रावण मंदिर) में रावण के छोटे मंदिर स्थित हैं। कुछ समुदाय रावण के साथ अपना संबंध जोड़ते हैं और कुछ की मान्यता है कि मंदोदरी उनके कुल की पुत्री थी, कुछ का मानना है कि वे रावण के वंशज हैं। यह भी मान्यता है कि अनेक शिव मंदिरों की स्थापना रावण ने की थी जैसे कर्नाटक का गोकर्ण मंदिर व आंध्र प्रदेश का काकीनाड़ मंदिर। इनमें रावण की मूर्तियाँ भी पाई जाती हैं। वास्तव में, शिव मंदिर में सदा रावण की एक प्रतिमा हुआ करती थी क्योंकि वह परम शिव भक्त था।

रावण की कथा से शिक्षा ली जा सकती है कि भले ही आप शिक्षित, ज्ञानी व समर्थ हों परंतु उसके बावजूद आप मूर्ख हो सकते हैं। हम महिलाओं का सम्मान नहीं करते। जब एक महिला कहती है कि उसे आपमें कोई रुचि नहीं है तो इसका अर्थ है कि वह आपको अपनी सहमति नहीं दे रही। तो भले ही आपको उससे कितना भी प्रेम क्यों न हो, आपको उसे जाने देना चाहिए। उसका पीछा छोड़ देना चाहिए ताकि वह चैन से अपना जीवन जी सके। 'रामायण' में यही कहने का प्रयत्न किया गया है कि रावण हम सबके भीतर बसता है। जो स्त्रियों की बात नहीं सुनता, उसे जला देना चाहिए।

17

संस्कार

भारत संस्कारों व रिवाजों का देश है। किसी भी कार्य का आरंभ करने से पूर्व, कई प्रकार के रीति-रिवाजों का पालन किया जाता है जैसे विवाह के समय या किसी के अंतिम संस्कार के समय। ये सभी रिवाज संस्कार कहलाते हैं। वास्तव में 'संस्कार' शब्द का क्या अर्थ है?

संस्कार शब्द का अर्थ जानने के लिए हमें इसकी गहराई में जाना होगा। अगर सादा शब्दों में कहें तो यह संस्कृति का अनुभव है। इसे वेदों में बहुत महत्त्व दिया गया। एक शब्द है, आकृति। इसके दो रूप हैं - प्रकृति व संस्कृति। प्रकृति नैसर्गिक और सहज है जिस पर मनुष्य ने अपने आकार रचे, जो संस्कृति है और इसी से संस्कार उपजे हैं। प्रकृति के लिए 'संसार' शब्द का प्रयोग भी होता है। वह संसार, जो कर्म यानी क्रिया और प्रतिक्रिया से उपजा है। जब मनुष्य संसार में संस्कार मिलाता है तो उसका हाथ दिखाई देता है। तब संसार में संस्कार आते हैं।

इसमें 'क' शब्द शामिल हो जाता है। वेदों में इस शब्द को भगवान और मनुष्य की प्रज्ञा से जोड़ा गया है। मनुष्य ही ऐसा जीव है जो प्रश्न पूछता है - क्यों, कब और कहाँ; ये तीनों 'क' से ही आरंभ होते हैं। पशु प्रश्न नहीं पूछते। इन प्रश्नों से जो आकार उत्पन्न होते हैं, वे ही संस्कार हैं। संस्कारों के माध्यम से मैं मनुष्य होने का अनुभव लेता हूँ। एक पशु को

किसी प्रकार का प्रशिक्षण नहीं देना पड़ता। उसके पास अपनी उत्तरजीविता के लिए सहज बुद्धि है।

पक्षी के बच्चे को पता है कि उसे चुग्गा खाना है और जब वह बड़ा होगा तो उसे अपने पंखों की मदद से आप ही उड़ना आ जाएगा। वह स्वयं ही खाना खोजना और उड़ना सीख लेता है। यह सब पहले से उसकी बुद्धि का हिस्सा है। मनुष्य इंसान बनना सीखता है। उसे प्रशिक्षण देना पड़ता है। उसे मनुष्य होना सीखना पड़ता है वहीं से संस्कारों की भूमिका आरंभ होती है।

संस्कारों को आप दो प्रकार से देख सकते हैं। मैं अपने अतीत या पिछले जन्म से जो संस्कार ले कर आया हूँ, जिनकी छाप मेरे अवचेतन में अंकित है, वे एक तरह के संस्कार हैं और दूसरी तरह के संस्कार वे हैं, जो मैंने इस जीवन में अपने पालन-पोषण के दौरान अपने माता-पिता, समाज व अपने रीति-रिवाजों के माध्यम से सीखे हैं।

आजकल टी.वी. धारावाहिकों में, हम प्रायः संस्कारी शब्द सुनते हैं, जिसे विशेष तौर पर स्त्रियों के लिए प्रयुक्त किया जाता है। इसका क्या अर्थ है?

अगर आप इसका अंग्रेज़ी अनुवाद करें तो अर्थ होगा, 'कल्चर्ड' यानी सुसंस्कृत या सभ्य। मान लें कि आप किसी के घर जाते हैं। आप देखते हैं कि उन्होंने अपने घर को बहुत ही सुरुचिपूर्ण रूप से सजाया-संवारा हुआ है। घर में साफ़-सफ़ाई और शुचिता का वास है। आपको लगेगा कि कितना संस्कारी घर है। अगर आपको उस घर में जाते ही यथोचित आदर-सत्कार न मिले या आपको कोई पीने के लिए पानी तक न पूछे तो आप कहेंगे कि इनमें कोई संस्कार ही नहीं हैं। इन्हें यह भी नहीं पता कि घर आए अतिथि को सबसे पहले पानी पूछा जाता है। उसे आसन दे कर कुशल क्षेम पूछी जाती है। अगर आप किसी के बच्चे को देखें। उसके दाँत साफ़ हों, बाल अच्छी तरह से कंधी किए हुए हों, उसने साफ़-सुथरे वस्त्र पहने हों और वह खाते समय अच्छी आदतों का पालन कर रहा हो तो आप उसे देख कर ही अनुमान लगा सकते हैं कि वह किसी संस्कारी या सभ्य परिवार से है।

कहते हैं कि बच्चे माता-पिता का रिपोर्ट कार्ड होते हैं। उन्हें देख कर ही अनुमान लगाया जा सकता है कि माता-पिता ने उन्हें संस्कार दिए हैं या नहीं?

इस बात को जानने का एक उपाय यह भी है कि आप दूसरे लोगों के साथ कैसा व्यवहार करते हैं। अपनी देख-रेख तो एक पशु भी कर लेता है। परंतु आप दूसरों से कैसे पेश आते हैं, यही दर्शाता है कि आप कैसे मनुष्य हैं। आप अपनी पुत्र-वधू, अजनबियों व अतिथियों से कैसा व्यवहार करते हैं; आप अपने घर की देख-रेख कैसे करते हैं; आप पैसा होने पर कैसे पेश आते हैं; जब आपके पास पैसा नहीं है, तब आप कैसे पेश आते हैं। ये सब बातें बताती हैं कि आपके भीतर संस्कारों की जड़ें कितनी गहरी हैं। तभी पता लगता है कि आपने ऊपर से संस्कारों की ओट ले रखी है या ये आपके जीवन का एक अंग हैं।

आप श्री रामचंद्र को ही लें। वे जंगल में जा कर भी संस्कारी ही रहते हैं, जंगली नहीं बन जाते। जैसा कि कहा भी जाता है, 'आप राम को अयोध्या से निकाल सकते हो पर राम के भीतर से अयोध्या को नहीं निकाल सकते।' जिससे पता चलता है कि संस्कार और अनुशासन राम के भीतर कूट-कूट कर भरे थे। उन्होंने वन में जा कर भी अपने आचरण व संस्कारों को नहीं बदला।

संस्कार और धर्म का आपस में क्या संबंध है?

धर्म अपने-आप में एक विस्तृत अवधारणा है। किसी मनुष्य के लिए सही मायनों में मनुष्य बनना ही सबसे बड़ा धर्म है। आप इसे कैसे प्रकट कर सकते हैं? इसे नियमों, रीति-रिवाजों व संस्कारों से प्रकट किया जा सकता है। यह आपकी मानवता को दिखाने का माध्यम है। वर्तमान में धर्म शब्द का प्रयोग धार्मिकता के अर्थ में किया जाने लगा। है। वह मंदिर जाता है/जाती है तो वह संस्कारी है। ऐसा कहना अनुचित है। धार्मिक होने का अर्थ संस्कारी होना नहीं है।

हमारी संस्कृति में कितने प्रकार के संस्कार पाए जाते हैं?

यह सूची समय-समय पर बदलती रही है। कहीं इनकी गिनती सोलह तो कुछ स्थानों पर अड़तालीस संस्कार कहे गए हैं। पूर्व मीमांसा में तो दंत मंजन करने तथा स्नान करने को भी संस्कारों की श्रेणी में शामिल किया गया है। हमारे धर्म संस्कारों में संस्कारों की संख्या सोलह निर्धारित की गई है। जिन्हें

चार समूहों में विभाजित किया गया है - विवाह के समय होने वाले संस्कार, जन्म के समय होने किए जाने वाले संस्कार, पालन-पोषण से जुड़े संस्कार व मृत्यु के बाद किए जाने वाले संस्कार।

हमें विवाह के समय किए जाने वाले संस्कारों के विषय में जानकारी दें।

भारत में विवाह को एक अनुभव कहा गया है। वर्तमान, विवाह को कानूनी तौर पर रजिस्टर्ड करवाया जाता है और मूलतः एक अनुबंध के तौर पर देखते हैं। यह परंपरा हमारे यहाँ ईसाई व इस्लाम धर्म से आई। जिसमें दो व्यक्तियों के बीच आदान-प्रदान होता है और यह ईश्वर की बनाई एक संस्था है। हमारे शास्त्रों में ऐसी मान्यता नहीं थी। उसमें इसे एक अनुभव के तौर पर लिया गया था। आप एक मनुष्य हैं और आपको गृहस्थ जीवन का अनुभव लेना ही होगा। मूल विचार यह था कि स्त्री और पुरुष स्वतंत्र हैं। स्त्री पुरुष पर निर्भर है आदि, ऐसे विचार बाद में 'मनुस्मृति' के कारण आए।

वैदिक युग में, स्त्री और पुरुष पूरी तरह से स्वतंत्र थे। विवाह उन्हें एक साथ लाता था ताकि वे मिल कर रहने का अनुभव पा सकें। मिल कर एक संतान को जन्म देने का अनुभव ले सकें। किसी भी विवाह संस्कार में तीन-चार तरह के रीति-रिवाज बहुत महत्त्व रखते हैं। एक कन्यादान है जिसके अनुसार पिता अपनी पुत्री का दान करता है। दूसरा है पाणिग्रहण, जिसमें लड़का लड़की का हाथ स्वीकार करता है। आजकल इसे वरमाला की रीति में बदल दिया गया है। लड़का और लड़की एक-दूसरे के गले में जयमाल पहना देते हैं। इसके बाद सप्तपदी आता है। वर और वधू एक साथ सात क़दम भरते हुए इस बात पर सहमति प्रकट करते हैं कि वे ऋतुएँ, भोजन, धन व संपदा, संतान, ज्ञान तथा प्रेम आपस में बाँटेंगे। इस प्रकार विवाह दो व्यक्तियों का मिलन है। भारत में, इसे दो परिवारों या समुदायों का मिलन भी कहा जाता है।

विवाह के पश्चात किसी भी घर का परिवेश बदल जाता है। अधिकतर लड़की ही नए घर में प्रवेश करती है। कई बार युवक भी पत्नी के घर रहने चले जाते हैं। 'महाभारत' में अर्जुन का विवाह चित्रांगदा से होता है परंतु वह कभी अर्जुन के घर नहीं जाती। अर्जुन ही उसके घर में कुछ समय के लिए रहता है।

क्या कन्यादान की अवधारणा सदा से थी?

स्वयंवर की प्रथा या गंधर्व विवाह के दौरान कन्यादान नहीं होता था। स्वयंवर में कन्या अपना वर स्वयं चुनती थी और गंधर्व विवाह एक प्रकार का प्रेम विवाह था जिसे केवल प्रकृति की साक्षी में ही संपन्न किया जाता था। उसके लिए किसी प्रकार की सामाजिक स्वीकृति या घोषणा की आवश्यकता नहीं थी।

जब माता-पिता द्वारा विवाह तय किए जाने लगे और पुरुष प्रधान समाज हुआ, तब एक कन्या को वस्तु माना जाने लगा। वह अपने पिता से संबंध रखती थी जिसे पिता दूसरे युवक को दान में देता था। आजकल कई युवतियाँ कन्यादान की रीति का विरोध करती हैं कि वे कोई वस्तु नहीं जिसका दान किया जा सके। संस्कार का सबसे महत्त्वपूर्ण बिंदु यह है कि आपके अनुभव को समाज की ओर से स्वीकार किया जा रहा है। आप समाज में इसकी विधिवत घोषणा कर रहे हैं। अन्यथा एक स्त्री और पुरुष किसी को कुछ बताए बिना भी आराम से अकेले रह सकते हैं। संस्कार सदैव सार्वजनिक रूप से किए जाते हैं। जब एक कन्या किसी के घर में प्रवेश करती है तो वह अपने साथ कुछ मूल्य ले जाती है। उसका भोजन पकाने का तरीक़ा और घर को संभालने की शैली आदि सब पूरी तरह से अलग होंगे।

प्राचीन समय में विवाह के बाद कन्या अपने साथ अपने ससुराल के गाँव जाते समय, बीज ले जाती थी। वह अपनी ससुराल में उस उपज के बीज देती थी जो उसके यहाँ बोई जाती थी। वह उस नए घर में नई वनस्पति ले जाती थी। तभी उसे लक्ष्मी कहा जाता था। एक तरह से वह सरस्वती भी है क्योंकि वह उनके घर में नई सोच और नई विचारधारा ले जा रही है। अगर आप विस्तार में जाएँ तो देखेंगे कि विवाह को शारीरिक संबंधों से अलग रखा गया है।

विवाह एक सामाजिक कर्म है। जब युवक और युवती संतान पाने के लिए शारीरिक संबंध स्थापित करते हैं तो वह गर्भाधान संस्कार कहलाता है। पहले जमाने में बहुत कम आयु में ही लड़का और लड़की का विवाह कर दिया जाता था और वे अपने-अपने माता-पिता के पास रहने के लिए वापस चले जाते। जब वे बड़े हो कर, विवाह योग्य आयु के होते तो उन्हें पति-पत्नी की तरह गृहस्थ जीवन में प्रवेश करना होता था। कई स्थानों पर आज भी यही रीति गौना के रूप में प्रचलित है।

लड़का और लड़की को शारीरिक संबंधों के प्रति सहज बनाने के लिए भी रीति-रिवाज बनाए गए थे। एक रिवाज के अनुसार अरुंधती तारा दिखाया जाता था। लड़का और लड़की ने कभी एक-दूसरे को स्पर्श नहीं किया। इस रिवाज के अनुसार जब लड़का बात करते हुए लड़की को स्पर्श करता था तो उसे यह इतना असहज नहीं लगता था। उनके बीच स्वयं ही नैसर्गिक स्नेह सूत्र बँध जाता। लड़के को पहले से ही सिखाया जाता है कि उसे क्या कहना है। वह लड़की से पूछता है कि क्या उसने आकाश में अरुंधती तारा देखा है? वह हामी भर सकती है या न भी कह सकती है। तब वह खिड़की खोल देता है और लड़की को कहता है कि वह उसे तारा दिखाए या फिर स्वयं उसका हाथ थाम कर तारे की ओर इंगित करता है। यह उनका प्रथम शारीरिक संपर्क है।

अरुंधती तारा ही क्यों दिखाया जाता है? यह भी एक महत्त्वपूर्ण बात है। वह वशिष्ठ ऋषि की पत्नी है और निष्ठावान पतिव्रता के रूप में जानी जाती है।

बाल्यकाल से जुड़े संस्कार कौन से हैं?

ये संस्कार एक स्त्री की गर्भावस्था के साथ ही आरंभ हो जाते हैं। इनमें से एक सीमंतोन्नयन संस्कार। यह संस्कार गर्भ धारण के छठे या आठवें माह में होता है और उसे सीमंत संस्कार भी कहते हैं। गर्भिणी के मन को प्रसन्न करने के लिए उसका पूजन होता है। उसे भोजन करवा कर उपहार दिए जाते हैं। वह इस बात के लिए सजग हो जाती है कि आने वाले समय में उसके जीवन में परिवर्तन आने वाला है। वह एक शिशु की माता बनने वाली है जो उसके परिवार के सभी लोगों के लिए स्नेह का पात्र होगा।

जब पिता पहली बार अपने नवजात बालक को गोद में लेता है तो उस समय जातकर्म संस्कार किया जाता है। युवक को पितृत्व का अनुभव दिया जा रहा है। पिता अपनी संतान का गोद में लेते हुए उसके स्वस्थ व दीर्घजीवी होने की कामना करता है।

जन्म से ग्यारहवें दिन बच्चे का नामकरण संस्कार होता है। सनातन धर्म में इस संस्कार का बहुत अधिक महत्त्व है क्योंकि नाम से किसी बालक को संसार में एक पहचान मिलती है और यह उसके व्यक्तित्व के विकास में सहायक होता है।

बाल काटने या मुंडन करने के लिए भी संस्कार होता है ताकि जन्म से उत्पन्न बालों को हटा दिया जाए और उसके स्थान पर नए बाल आ जाएँ। हमारे यहाँ मुंडन के बालों को अपने-अपने कुलों के अनुसार अलग-अलग स्थानों पर प्रवाहित करने की रीत रही है।

जब बालक को पहली बार ठोस आहार दिया जाता है तो उसे अन्नप्राशन संस्कार कहते हैं। शुद्ध आहार से ही हमारी आत्मा व बुद्धि का पोषण मिलता है इसलिए इस संस्कार का विशेष महत्त्व माना गया है।

जब बच्चे को पहली बार घर से बाहर ले जाते हैं तो उसके लिए एक अलग संस्कार होता है। जब उसका कर्णछेदन होता है तो भी एक संस्कार किया जाता है। केवल मनुष्य ही ऐसा प्राणी है जो आभूषण धारण करता है।

इसके पश्चात् जब बालक अपनी विद्या का आरंभ करता है, तब भी उसके लिए संस्कार की व्यवस्था है। विद्या को मनुष्य की आत्मिक उन्नति का साधन माना जाता है। विद्यारंभ के साथ ही उसके जीवन में एक नया आयाम खुलता है।

पालन-पोषण से जुड़े संस्कार कौन से हैं?

लड़के और लड़कियों के लिए तारुण्य प्राप्ति से जुड़े संस्कार अलग-अलग होते हैं। लड़कों के लिए पहली बार हजामत बनाना भी एक संस्कार होता था। आजकल तो जब लड़का पहली बार हजामत करता है तो उसकी तसवीर खींच कर सोशल मीडिया पर लगा दी जाती है।

लड़कियों के मामले में, यौवनावस्था में, शरीर में प्रभावशाली परिवर्तन आते हैं। उसे ऋतुस्राव होने लगता है। पहले समय में, उसे उस दिन स्नान करवा कर आभूषण पहनाए जाते थे। बड़ी धूमधाम से समारोह होता था जिसमें सभी इष्ट-मित्र व संबंधी उसे उपहार आदि देते थे। दक्षिण भारत में आज भी कुछ स्थानों पर यह प्रथा चली आ रही है। कन्या के पहली बार रजस्वला होने पर, इस घटना को एक उत्सव की तरह मनाया जाता है। पूजा-पाठ और खान-पान की धूम रहती है। यह एक प्रकार की सार्वजनिक घोषणा है कि हमारी पुत्री परिपक्व हो गई है।

मृत्यु से जुड़े अंतिम संस्कार कौन से होते हैं?

भारत में अंत्येष्टि संस्कारों का बहुत महत्त्व है। हमारे धर्म शास्त्रों की मान्यता है कि अगर मृतक की सही तरह से क्रिया की जाए तो उसकी अतृप्त वासनाओं को शांति मिलती है। यदि किसी बच्चे की मृत्यु होती है तो उसे मिट्टी में ही दफ़नाया जाता है। उसका अग्नि संस्कार नहीं करते। किसी परिपक्व या वयस्क व्यक्ति की अंत्येष्टि की जाती है। जब शरीर जल जाता है तो बची हुई अस्थियों व भस्म को जल में प्रवाहित करके, श्राद्ध कर्म किया जाता है।

विभिन्न परिवारों में इसकी अलग-अलग रीतियाँ हैं। मान्यता यह है कि आत्मा मृत्यु के तुरंत बाद शरीर का साथ नहीं छोड़ती। यह उसके आसपास ही मंडराती रहती है। इसे उससे अलग होने में थोड़ा समय लगता है। जब हम कुछ अनुष्ठान पूरे करते हैं तो यह देह से छूट कर वैतरणी पार करती है और पितरलोक में जाती है जिसे मृतकों की धरती भी कहते हैं।

ये सभी अनुष्ठान और कर्मकांड इसलिए किए जाते हैं ताकि मृतक की आत्मा को एहसास हो सके कि अब उसके पास देह नहीं रही और उसे जाना होगा। अगर ये धरती पर ही रहे तो यह भूत या प्रेतात्मा बन सकती है। मृतक की देह को दक्षिण दिशा की ओर रखा जाता है क्योंकि माना गया है कि दक्षिण मृतकों की भूमि, यम लोक है। शव को मुखाग्नि देते हुए, तीन बार उसकी खोपड़ी को फोड़ा जाता है जिससे प्राण मुक्त हो कर नए जीवन की ओर उन्मुख होते हैं। सिर में ब्रह्मा का वास माना जाता है इसलिए शरीर को पूर्ण रूप से मुक्ति देने के लिए ऐसा किया जाता है।

श्राद्ध कर्म के दौरान पिंड दान किया जाता है। इसमें चावलों के लड्डू बना कर उसमें काले तिल मिलाए जाते हैं। हम जो भोजन करते हैं, वह हमारे शरीर का मांस बनता है। मान्यता है कि मृतक की आत्मा अपने लिए देह की तलाश में है और शरीर का स्थूल रूप भोजन ही है। उस समय एक कौए को बुलाया जाता है जो पितरलोक का प्रतिनिधित्व करता है। यहाँ श्राद्ध करने वाले के मन में भाव है, 'मैं तुम्हें भोजन दे रहा हूँ यानी तुम्हें देह दे रहा हूँ। मैं आने वाले समय में संतान पैदा करूँगा या दूसरे लोगों को सहारा दूँगा जो संतानवान हैं ताकि आपका पुनर्जन्म हो सके।'

श्राद्ध कर्म इसलिए किया जाता है ताकि पितर को यह आश्वासन दिया जा सके कि हम संतान पैदा करेंगे ताकि आप फिर से भूलोक में जन्म ले सको और जीवन का चक्र अबाध गति से चलता रहे।

जब भी कभी हमारे अंत्येष्टि संस्कारों की बात होती है तो प्रायः सती प्रथा का भी ज़िक्र आता है। मान्यता यही है कि प्राचीन काल में विवाहित स्त्री को अपने पति की मृत्यु होने पर उसे जीवित ही जला कर सती कर दिया जाता था। हमारे वैदिक काल में सती प्रथा का यह रूप नहीं था इसके लिए विशेषज्ञों की राय कुछ अलग ही है।

वैदिक काल में, जब किसी व्यक्ति की मौत होती थी तो अंत्येष्टि संस्कार के समय उसकी चिता सजाई जाती थी और उसके साथ ही एक और चिता बनती थी जिस पर उसकी पत्नी लेटती थी। जब पति की चिता जलाई जाती तो उससे पूर्व पत्नी को दूसरी चिता से उठा दिया जाता। यह इस बात का सूचक था कि उस स्त्री के जीवन का एक अंश समाप्त हो गया और दूसरा अंश आरंभ होगा। यदि वह चाहे तो उसे पुनः विवाह करने की भी अनुमति थी। वैदिक काल में सती प्रथा नहीं थी। यह बाद में आई और अब उसे ग़ैर क़ानूनी घोषित कर दिया गया है क्योंकि यह अपने-आप में एक भयानक प्रथा थी।

क्या आप मुझे बता सकते हैं कि जनेऊ पहनने का चलन कहाँ से आरंभ हुआ?

पहले जब बालक का वेदारंभ संस्कार किया जाता था तो उसे जनेऊ या यज्ञोपवीत धारण करवाया जाता था। वेदों का ज्ञान गुप्त व पवित्र माना जाता था और जनेऊ धारण करने वाला द्विज हो जाता था यानी उसका दोबारा जन्म हुआ और वह उस गुप्त व पावन ज्ञान को पाने का अधिकारी हो गया है। आजकल केवल कुछ ही स्थानों पर जनेऊ संस्कार होता है। और केवल विवाह के समय धार्मिक रीति-रिवाजों को पूरा करने के लिए, वर को जनेऊ धारण करवा दिया जाता है।

18

ईसाई धर्म और बाइबल

ईसाई धर्म विश्व के विशालतम धर्मों में से है। इकतीस प्रतिशत लोग इसका पालन करते हैं। यह भारत में पहली बार कब आया और इसका भारत से क्या संबंध रहा?

ईसाई धर्म आगमन अनुमानतः दो हज़ार वर्ष पूर्व हुआ। जब ईसा मसीह को सूली पर लटकाया गया तो उसके क़रीब दस या बीस बरस बाद, उनके एक चेले संत थॉमस भारत आए। वे दो बार भारत आए ताकि ईसा मसीह के संदेश का प्रचार व प्रसार कर सकें।

संत थॉमस को उनके संदेह करने वाले स्वभाव के आधार पर संदेहवादी थॉमस भी कहा जाता है। वे यीशु के बारह प्रेरित शिष्यों में से एक थे। जीसस ने कहा कि वे अपने मारे जाने के तीन दिन बाद जीवित हो कर लौट आएँगे। उनके शव को दफ़ना कर गुफा का द्वार अच्छी तरह बंद कर दिया गया ताकि कोई उनके शव को बाहर निकाल कर, उनके पुनः जीवित हो उठने का दावा न कर सके।

जब जीसस के शिष्य उनकी समाधि पर माथा टेकने गए तो उन्होंने पाया कि समाधि वाली गुफा का पत्थर हटा हुआ था। अंदर एक देवदूत बैठा था। उसने उनसे कहा, "तुम सब जीसस की तलाश कर रहे हो। जिन्हें सूली पर चढ़ाया गया था। वे अब यहाँ नहीं हैं। वे अपने वचन के अनुसार दफ़नाए जाने के तीन दिन के भीतर पुनर्जीवित हो गए हैं। वे तुम्हें

गैलीली में मिलेंगे। उनके अनुयायियों को वहीं जाने को कहो।"

उस दिन जीसस ने अपने शिष्यों को दर्शन दिए और उन्हें यक़ीन हो गया कि परमात्मा का पुत्र वापस आ गया था। थॉमस ने कहा कि मैं तब तक जीसस के वापस आने का विश्वास नहीं करूँगा जब तक उनके उन घावों में अँगुली न डाल कर देख लूँ जिनमें कीलें चुभोई गई थीं। जब तक उनके पंजर में हाथ नहीं डाल लूँगा, तब तक मुझे उनके वापस आने का विश्वास नहीं होगा।

जीसस उसके सामने प्रकट हुए और कहा, "अपने हाथ फैला कर मेरे पंजर में डाल। मेरे घावों को देख। संदेह छोड़ और विश्वास करना सीख। तूने देख कर विश्वास किया पर धन्य हैं वे जो बिन देखे विश्वास करते हैं।"

इस तरह थॉमस को भी ईश्वर पुत्र के स्वर्ग से वापस लौट आने का विश्वास हुआ। जीसस पूरे चालीस दिन तक धरती पर रहे और अपने शिष्यों को कहा, "तुम सब संसार में जाओ और जा कर सबको यह सुसमाचार सुनाओ। जो लोग विश्वास करेंगे, वे सब बच जाएँगे। उन्हें पिता, पुत्र और पवित्र आत्मा के नाम की दीक्षा दो। मैंने तुम्हें जितनी भी शिक्षाएँ दी हैं, उनके बारे में लोगों को बताओ। उनका उपचार करो और उनके अंदर से बुराई को बाहर निकाल फेंको। शांति तुम्हारे साथ है।"

जीसस के चेलों ने यह निर्णय लिया कि वे चारों दिशाओं में मसीह के संदेश का प्रचार करेंगे और इस तरह संत थॉमस को भारत भेजा गया। पहली बार वे उत्तर पश्चिम की ओर से भारत आए तथा दूसरी बार वे समुद्र के रास्ते केरल पहुँचे।

माना जाता है कि सबसे प्राचीनतम ईसाई समुदाय केरल में है जो सीरियन ईसाई कहलाते हैं। भारत में ईसाई धर्म का आरंभ केरल के तटीय नगर क्रांगानोर में हुआ। किंवदंतियों के अनुसार संत थॉमस ईस्वी सन् 52 में वहाँ पहुँचे और ईसा मसीह के संदेशों को लोगों तक पहुँचाया।

कहते हैं कि वे तमिलनाडु में चेन्नई भी गए, वहीं कुछ ब्राह्मणों के साथ उनका वाद-विवाद हो गया और वे मारे गए। चेन्नई में सेंट थॉमस बेसलिका चर्च है, यह वही जगह है जहाँ वे शहीद हुए। कुछ लोग कहते हैं कि ये वे संत थॉमस नहीं थे। यह संभवतः थॉमस नामक कोई व्यापारी था।

कुछ लोग इस बात को भी मानने से इंकार करते हैं कि संत थॉमस उस स्थान पर शहीद हुए थे।

भारत में दो बार ईसाई धर्म का आगमन हुआ। पहले ईसाई धर्म का संदेश आया परंतु दूसरी बार यह धर्म के रूप में स्थापित हो चुका था। चर्चों का निर्माण हो गया था और अनेक लोग अपना धर्म बदल कर, ईसाई धर्म को अपना चुके थे।

जब इस्लाम का उदय हुआ तो उसके साथ ही ईसाईयों के धर्मयुद्ध आरंभ हुए, यह ईसाईयों और मुसलमानों के बीच की जंग थी। इस्लामी साम्राज्य ने सारे व्यापारिक मार्ग बंद कर दिए ताकि ईसाई व्यापारी यात्रा न कर सकें। हो सकता है कि इसी वजह से समुद्री मार्गों की खोज की गई हो और वास्को डि गामा भारत पहुँचा।

वास्को डि गामा एक रोमन कैथोलिक था और वह अपने साथ यही परंपरा भारत लाया। इसके बाद भारत में पुर्तगाली शासक आए। उन्होंने भारत में मलाबार तट से प्रवेश किया और आरंभिक रोमन कैथोलिक चर्चों की स्थापना की जैसे गोवा में बैसलिका ऑफ़ बॉम जीसस, केरल, कोच्चि में सेंट फ़्रांसिस चर्च।

जब अंग्रेज़ भारत आए तो उनके साथ देश में एंग्लिकन चर्च की परंपरा आई। इन दोनों में थोड़ा सा अंतर था। रोमन कैथोलिक चर्च में मान्यता है कि पोप इनके प्रमुख होते हैं जबकि एंग्लिकन चर्च में इंग्लैंड के राजा को ही प्रमुख माना जाता है।

क्या ये भी हिंदुओं के शैव और वैष्णव परंपराओं की तरह हैं?

अक्सर सारे ईसाई धर्म को एक ही बक्से में डाल कर देखा जाता है और यही हिंदू धर्म के साथ भी होता है परंतु इनके भीतर भी अनेक परंपराएँ, पंथ व संप्रदाय हैं। रोमन कैथोलिक चर्च का संबंध वेटिकन से है। वे पोप को अपना धर्माध्यक्ष मानते हैं। उनका मानना है कि उनका धार्मिक संगठन आरंभिक ईसाई संगठन की परंपरा को जीवित रखे हुए है।

एक ईस्टर्न आर्थोडॉक्स चर्च है जिसके प्रमुख केंद्र रशिया, ग्रीस व तुर्की में हैं।

प्रोटेस्टेंट चर्च में पोप को चर्च के प्रमुख के तौर पर मान्यता नहीं दी जाती। इनकी मान्यता है कि धर्मशास्त्र 'बाइबल' ही उद्घाटित सत्य का असली स्रोत है। अमेरिका व जर्मनी प्रोटेस्टेंट संप्रदायों के लिए जाने जाते हैं।

फ्रांस में कैथोलिक परंपरा का पालन किया जाता है। भारत में ये सभी संप्रदाय और परंपरा मौजूद है। केरल में सीरिया के ईसाई हैं; तमिलनाडु और आंध्र प्रदेश में दक्षिण भारत के चर्च हैं। उत्तर में रोमन कैथोलिक व एंग्लिकन चर्च हैं।

हिंदू धर्म व ईसाई धर्म में क्या समानताएँ हैं?

हिंदू धर्म व ईसाई धर्म में यह समानता पाई जाती है कि दोनों ही ईश्वर में विश्वास रखते हैं। ये दोनों ही ईश्वरवादी धर्म हैं। दोनों के पास ही भक्ति की एक परंपरा है जो भक्त और उसके प्रभु के आपसी संबंध को समझती है।

यदि अंतर की बात करें तो हिंदू व ईसाई धर्म के बीच बहुत अंतर हैं?

जी, जिन धर्मों का मूल भारत में है जैसे हिंदू धर्म, बौद्ध धर्म, जैन धर्म आदि - ये सभी कर्म व पुनर्जन्म के सिद्धांत में विश्वास रखते हैं। इन धर्मों में मान्यता है कि मनुष्य को अपने पिछले जन्मों के कर्मों के आधार पर फल मिलता है। जैसे कर्म होते हैं, उसे वैसे ही परिणाम मिलते हैं। वह मृत्यु के बाद पुनः इस धरती पर वापस आता है। जबकि ईसाई धर्म में यह अवधारणा नहीं है। इब्राहीमी परंपराएँ - यहूदी, ईसाई व इस्लाम धर्म में एक ही जीवन में विश्वास किया जाता हे। आप इस जीवन में जिस तरह जीए, उसके आधार पर ही तय होगा कि आपको जन्नत नसीब होगी या आप जहन्नुम में जाएँगे। ईश्वर ही यह तय करेगा क्योंकि उसने ही इस धरती की रचना की है। उसने कुछ नियमों की रचना की है जिनका हर मनुष्य को पालन करना चाहिए। अगर आप इन कथाओं को देखें तो पता चलता है कि मनुष्य परमात्मा के बनाए नियमों का पालन नहीं कर पाते और यहीं से भक्त व उसके प्रभु के बीच तनाव का आरंभ होता है। इब्राहीमी कथाओं की मुख्य विषयवस्तु यही है जबकि हिंदू धर्म में ऐसा नहीं है।

ईसाई धर्म की सबसे लोकप्रिय कहानी कौन सी है?

जिनेसिस या उत्पत्ति की कहानी बहुत महत्त्व रखती है। यह कहानी हमें बताती है कि दुनिया की रचना कैसे हुई व इस धर्म की मूल अवधारणा क्या है।

'बाइबल' के अनुसार परमात्मा ने स्वर्ग व धरती तो बना दिए परंतु किसी चीज़ का कोई आकार नहीं था। फिर उसने प्रकाश बनाया और उसे दिन व रात में बाँटा। परमात्मा ने सात दिन में धरती को रचा। तीसरे दिन धरती को हरियाली से भर दिया गया। चौथे दिन सूरज बना कर प्रकाश दिया गया। फिर जल में रहने वाले तथा आकाश में उड़ने वाले जीव बनाए गए। इसके बाद पृथ्वी पर रहने वाले जीवों की रचना हुई। फिर उसने आदम और हव्वा को बनाया और सारा काम करने के बाद सातवें दिन आराम किया जिसे सबाथ नाम दिया गया।

ईश्वर ने पहले धरती की धूल से आदम को बनाया। उसने अदन के सुंदर बाग में सारे जीवों के साथ आदम को रखा और आदम की पसली से उसके लिए हव्वा यानी उसकी साथी बनाई। वह संसार की पहली औरत थी। आदम और हव्वा ही धरती के लोगों के पहले माता-पिता बने।

ईश्वर ने आदम को ज्ञान के पेड़ का फल खाने से मना कर रखा था। शैतान सर्प के रूप में आया और उसने हव्वा को वह फल खाने के लिए उकसाया। हव्वा ने पहले स्वयं वह फल खाया और फिर आदम को भी दिया। वह फल खाते ही आदम और हव्वा को अपनी नग्नता का एहसास हुआ। उन्हें यौन संबंधों के बारे में पता चला और वे एक-दूसरे से अपना शरीर ढँकने लगे।

परमात्मा को बहुत बुरा लगा कि उन्होंने उसके नियम को तोड़ा। उन्होंने आदम और हव्वा को अदन के बगीचे से निकाल दिया। यह आदम और हव्वा का पहला पाप था। उन्होंने पहली बार प्रभु के आदेश को तोड़ा था। उन्हें सजा भुगतने के लिए धरती पर भेजा गया।

उन्हें कहा गया कि जब तक तुम नियमों का पालन नहीं करोगे, तुम्हें इसी तरह कष्ट भुगतने होंगे। संसार की अधिकतर मिथक कथाओं में यही समझने का प्रयास किया जाता है कि यह दुनिया ऐसी क्यों है। हमारे जीवन

में समस्याएँ इसलिए हैं क्योंकि हमने परमात्मा का कहा नहीं माना। हम आदम के वंशज हैं। हमें आदम का पाप विरासत में मिला है। इसी पाप से मुक्ति पाने के लिए विभिन्न प्रकार के संप्रदाय व समाधान उपस्थित हुए हैं। यहूदी कहते हैं कि हमें ईश्वरीय आदेशों या नियमों का पालन करना चाहिए जो उनके पैगंबर ने दिए हैं। एक दिन, एक मसीहा आएगा और सभी मनुष्यों को उनके पापों से मुक्त कर देगा। ईसाई धर्म का मानना है कि मसीहा - ईसा मसीह आ चुका है। वह न केवल मसीह बल्कि ईश्वर का पुत्र भी है। इस्लाम धर्म की मान्यता है कि मुहम्मद आख़िरी पैगंबर हुए और 'कुरान' ही उनका संदेश था।

पहले पाप की कथा 'बाइबल' में आती है। 'बाइबल' में और किस तरह की कहानियों को शामिल किया गया है?

'बाइबल' के दो भाग हैं :

ओल्ड टेस्टामेंट

न्यू टेस्टामेंट।

ओल्ड टेस्टामेंट की कहानियों से ऐसा लगता है कि परमात्मा स्वभाव से बहुत कड़ा है। वह नियम बनाता है और नियम न मानने वाले लोगों को दंडित करता है। जबकि न्यू टेस्टामेंट की कहानियों में भगवान दयालु और पहले से कहीं करुणामयी लगने लगता है। वह अपने भक्तों को क्षमा प्रदान करता है। इनमें पैगंबर नियमों की बात नहीं करते। वे प्रेम, समर्पण और निष्ठा की चर्चा करते हैं, हालाँकि इसमें भी नियमों का महत्त्व कम नहीं हुआ है। एक और भावात्मक पक्ष उभरता है जो जीसस से संबंध रखता है। न्यू टेस्टामेंट में जीसस से जुड़े प्रसंग हैं - उनका जन्म, उनका जीवन, येरूशलम में उन्हें सूली पर लटकाया जाना और फिर उनका जीवित हो कर वापस लौटना।

न्यू टेस्टामेंट को आप एक फल की तरह मान सकते हैं। जिसका बीज ओल्ड टेस्टामेंट में छिपा है। यह यहूदियों की एक लंबी कहानी है जो पहले पाप या ओरीजिनल सिन से आरंभ होती है। इसमें बार-बार यह बात दोहराई जाती है कि मनुष्य ईश्वर के बनाए नियमों का पालन नहीं करता इसलिए उसे कष्ट का भागी बनना होगा।

आदम और हव्वा का परिवार बहुत बड़ा हो जाता है पर लोग लालच, नफ़रत, जलन व हिंसा आदि भावों से घिरे हैं। यह देख कर परमात्मा को बहुत दुख होता है। जब लोग उसकी चेतावनी नहीं सुनते तो उसे क्रोध आता है और वह अपनी सारी रचना का विनाश करने की ठान लेता है। वह धरती को प्रलय में डुबो देना चाहता था परंतु तब उसे एक ऐसा इंसान दिखा जो बहुत दयालु और नेक था। उसका नाम नूह था। भगवान ने सोचा कि वह नूह और उसके परिवार को बचा लेगा ताकि वे मिल कर नई सृष्टि आरंभ कर सकें।

उसने एक दिन नूह को बुला कर उससे बात की।

"इस धरती पर प्रलय लाने वाला हूँ जिसमें सब कुछ समाप्त हो जाएगा। एक ऐसा पोत तैयार करो जिस पर पानी का असर न हो। इस नाव में हर जीवित प्राणी का जोड़ा अपने साथ रखो। जो लोग तुम्हारे साथ होंगे क्योंकि केवल वही इस धरती पर जीवित रह सकेंगे।"

परमेश्वर ने नूह को यह काम पूरा करने के लिए सात दिन का समय दिया। जब वह पोत यानी बड़ा जहाज बन कर तैयार हुआ तो नूह ने धरती के सारे जीवों के एक-एक जोड़े और अपने परिवार को उसमें बिठा कर दरवाज़े बंद कर दिए।

इसके बाद आकाश से चालीस दिन और रात तक मूसलाधार वर्षा होती रही। धरती पर चारों दिशाओं में जलप्लावन हुआ व पर्वत पानी में डूबने लगे। धरती के सारे जीव नष्ट होने लगे। जल की सतह पर केवल नूह का पोत ही तैरता दिख रहा था। इसके अलावा चारों ओर पानी ही पानी था।

एक सौ पचास दिन के बाद बाढ़ का पानी घटने लगा। जब नूह ने अपने पोत की खिड़की से बाहर झाँका तो उसने पाया कि सारी घाटियाँ और पर्वत पानी में डूब गए थे। धरती कहीं दिखाई नहीं दे रही थी।

उसने कई सप्ताह और महीनों तक प्रतीक्षा की और आख़िर में उनका पोत अरात पर्वत पर आ कर रुका। जल का स्तर घटा, एक नए जीवन व नए संसार की रचना हुई।

हमारे पुराणों में भी ऐसी ही एक कथा आती है। भगवान विष्णु मत्स्य रूप में, द्रविड़ देश के राजा वैवस्त मनु के समक्ष प्रकट हुए और उन्हें कहा,

"सात दिन बाद सारी भूमि जल प्रलय में डूब जाएगी। एक बड़ी नाव तैयार करो। उसमें समस्त प्राणियों के सूक्ष्म शरीर व वनस्पतियों के बीज आदि ले कर सवार हो। जब प्रचंड आंधी में नाव हिचकोले खाएगी तो मैं मत्स्य बन कर उसकी रक्षा करूँगा।" मनु ने ऐसा ही किया। जल प्रलय के समय नाव को मत्स्य के सींगों से बाँध दिया गया और उसने सबकी रक्षा की। मनु ने अपने साथ-साथ पशु-पक्षियों, जीवों व वेदों को भी नाव में स्थान दिया। यह मत्स्य अवतार की कथा है। यह कथा उस कथा के समान नहीं पर दोनों में समानता है।

'बाइबल' में इसके अलावा और कौन सी कहानियाँ आती हैं?

'बाइबल' में इब्राहिम की कथा आती है। यह कहानी 'बाइबल' में नहीं परंतु 'बाइबल' की परंपरा में मिलती है। इब्राहिम मिट्टी और पत्थरों से देवी-देवताओं की प्रतिमाएँ बनाया करता था। एक दिन उसे भगवान दर्शन दे कर कहते हैं कि वे सभी मूर्तियाँ नक़ली देवी-देवता हैं क्योंकि ईश्वर केवल एक है और वह निराकार है इसलिए इब्राहिम को सारी मूर्तियों को नष्ट कर देना चाहिए। इब्राहिम को यह बात समझ आ जाती है और वह सारी मूर्तियों को तोड़ देता है। वह पहला संदेशवाहक बनता है जो लोगों को यह संदेश देता है कि ईश्वर केवल एक है।

यही सबसे बुनियादी अंतर है जो ईसाई और हिंदू धर्म को अलग करता है। हिंदू धर्म में मान्यता है कि ईश्वर के अनेक रूप हैं। ईश्वर इब्राहिम को जो नियम देता है, लोग उनका पालन नहीं करते इसलिए वे गुलाम बन जाते हैं। 'बाइबल' में बार-बार इसी संदर्भ में कथाएँ आती हैं और नियमों का पालन व उनका टूटना जारी रहता है।

'बाइबल' में ही राजा डेविड की कहानी आती है। उसने अपने सिपाही उरिया की पत्नी बाथशीबा को मनमोहक मुद्रा में स्नान करते देखा। वह अपने महल के बरामदे में टहल रहा था। महल के समीप पूरब की ओर बने घरों में से, एक घर में वह सुंदरी स्नानरत दिखी। वह इतनी सुंदर थी कि उसे देखने के बाद राजा डेविड उसे भुला नहीं सका। उसने अपने अंगरक्षक को बुलवा कर पूछा तो उसे पता चला कि वह उसके एक सिपहसालार की पत्नी है जो युद्ध में गया हुआ है।

राजा डेविड अगले ही दिन बाथशीबा को अपने पास बुला कर उसकी मेहमाननवाज़ी करता है। वह उसे बातों ही बातों में प्रकट करता है कि वह उसे चाहने लगा है।

राजा कहता है, "मैंने तुम्हें कल देखा और तब से एक क्षण के लिए भी चैन नहीं आया। तुम्हारा पति कैसा है। सुना है कि विवाह को सात माह हुए और वह तुम्हारे साथ केवल छह दिन बिता कर जंग में चला गया?"

वह युवती उत्तर देती है, "हुजूर! मेरा शौहर आपका सिपाही है और आपके लिए जंग लड़ना तो उसका फ़र्ज़ है। मैं उसे उसका काम करने से कैसे रोक सकती हूँ। वह अपना कर्तव्य निभा रहा है और मैं उसकी पत्नी होने का कर्तव्य निभा रही हूँ।"

पहले तो बाथशीबा उसे अपने विवाहित होने और अपने शौहर के प्रति वफ़ादारी निभाने का हवाला देती है परंतु अंत में वह भी राजा के प्रलोभन में आ जाती है। हालाँकि इस विषय में विद्वानों में प्रायः मतभेद रहता है कि वास्तव में राजा ने उस युवती को लुभाया या वह युवती अपनी इच्छा से राजा के साथ के लिए प्रस्तुत हुई।

जीसस इन सब कथाओं के बहुत बाद में आते हैं?

ये कहानियाँ अंदाज़न तीन हज़ार साल पुरानी हैं और जीसस का आगमन दो हज़ार वर्ष पूर्व हुआ था।

हमें ईसाईयों की पाप-स्वीकरण की अवधारणा यानी कन्फ़ेशन के बारे में जानकारी दें।

यह मान्यता है कि अगर आप प्रतिदिन के जीवन में कोई भूल करने के बाद, चर्च में जा कर अपना अपराध स्वीकार कर लेते हैं तो परमात्मा आपको क्षमा कर देगा परंतु यह बहुत महत्त्व रखता है कि आप दिल से अपनी भूल को स्वीकार करें। कैथोलिक संप्रदाय में इसकी बहुत मान्यता है। प्रोटेस्टेंट संप्रदाय में कन्फ़ेशन को नहीं माना जाता। उनके चर्च में पादरी नहीं होते। कैथोलिक ईसाई चर्च में पादरी के आगे अपने मन की बात कह कर, मन का भार हल्का कर लेते हैं और ईश्वर से प्रार्थना करते हैं कि वह उनके गुनाहों को

क्षमा करे। कन्फ़ेशन करने के लिए एक छोटा सा बॉक्स बना होता है जिसके बाहर पर्दे के दूसरी ओर पादरी बैठ कर सारी बात सुनता है और अपनी राय देता है। प्रोटेस्टेंट चर्च में यह परंपरा नहीं है। उसमें भक्त ईश्वर के साथ अपना प्रत्यक्ष संबंध रखते हैं।

हमें मुंबई के माउंट मैरी चर्च व दक्षिण के वेलणकन्नी चर्च के बारे में जानकारी दें।

वेलणकन्नी की कथा तटीय प्रांतों से आती है। यह लगभग चार सौ वर्ष पुरानी है, जब पुर्तगाली भारत के इस हिस्से पर राज करते थे। कहते हैं कि एक बार, एक ग्वाला बाज़ार में दूध बेचने के लिए ले जा रहा था। तभी उसे एक स्त्री मिलती है जिसके साथ एक नन्हा शिशु है। वह ग्वाले लड़के से कहती है, "मुझे अपने शिशु के लिए दूध चाहिए। क्या तुम थोड़ा दूध दोगे?"

ग्वाला दूध का एक कटोरा दे देता है। वह एक और कटोरा दूध चाहती है। ग्वाला उसे दूध का दूसरा कटोरा भर कर दे देता है। इस तरह वह तीन बार दूध से भरा कटोरा लेती है पर ग्वाले के बर्तन से दूध कम नहीं होता। वह बाज़ार में जा कर व्यापारियों को इस चमत्कार के बारे में बताता है कि उसके साथ यह सब घटा है। सीरियन ईसाईयों की मान्यता है कि वह स्त्री मदर मैरी ही थी। उन्होंने वहीं मदर मैरी के चर्च - अवर लेडी ऑफ़ गुड हेल्थ की स्थापना की।

जिस तरह कुछ हिंदू मंदिरों जैसे तिरुपति आदि में बाल काट कर दान किए जाते हैं, उसी तरह वेलणकन्नी चर्च में भी लोग अपनी श्रद्धा व आस्था का प्रदर्शन करने के लिए केश मुंडन करवाते हैं। कई बार यह भ्रम होने लगता है कि यह कोई हिंदू है या फिर ईसाई। दरअसल भारत आस्था और विश्वास का देश है। इस देश में ईश्वर को सभी रूपों में स्वीकार किया जाता है। यही हमारा धर्मनिरपेक्ष स्वभाव है।

मैंने कई स्थानों पर पढ़ा है जीसस कश्मीर भी आए थे, क्या यह सच है?

कश्मीर में एक जगह पर दरगाह है। मान्यता है कि वह जीसस की दरगाह है, उनका कहना है कि उसी स्थान पर जीसस को दफ़नाया गया था। यह

प्रसंग लोक कथाओं में आता है। जबकि इतिहासकार इसके विषय में निश्चित तौर पर कुछ नहीं कह सकते। ईसाई इस बात पर विश्वास नहीं करते। दरअसल हमें जीसस की युवावस्था के बारे में बहुत जानकारी या कहानियाँ नहीं मिलतीं। उनके जन्म और बचपन की कथाओं के बाद, जीवन के बाद वाले वर्षों के प्रसंग आते हैं।

कुछ लोगों का मानना है कि हो सकता है कि वे अपनी तीर्थ यात्रा के दौरान कभी कश्मीर आए हों। वे अरब देशों की यात्रा करते हुए फ़ारस आए और फिर कश्मीर आ गए हों क्योंकि कश्मीर भी सूफ़ियों और ऋषियों के लिए जाना जाता था और इसे ऋषि भूमि का नाम दिया गया था। आज से दो हज़ार वर्ष पूर्व बुद्‌ध विहार था, तक्षशिला आदि थे तो इस बात की संभावना हो सकती है कि ईश्वर की खोज में निकला व्यक्ति पूरब की ओर भी आया हो। वैसे हमें इस बात के कहीं कोई प्रमाण नहीं मिलते हैं।

रूपांतरकार की ओर से

देवलोक 3 देवदत्त पट्टनायक के संग... एपिक चैनल के इस लोकप्रिय टेलीविज़न कार्यक्रम के तीसरे सीज़न पर आधारित पुस्तक का रूपांतरण व प्रस्तुतिकरण एक बार फिर उसी मोड़ पर ले आया जहाँ देवदत्त पट्टनायक जी के शब्दों को संजोते हुए निरंतर स्वयं को स्मरण दिलाना पड़ता था कि एक दर्शक या श्रोता को मिलने वाले आनंद से परे जा कर, पुस्तक को प्रस्तुत करना है और मैं अपने लेखन के दौरान बार-बार इन दोनों भावों के बीच संतुलन साधती रही। कभी उनके शब्दों की रौ में बह कर, वीडियो को चमत्कृत भाव से केवल सुनती रह जाती तो कभी एक लिपिकार की भाँति केवल शब्दों, व्याकरण और वर्तनी के जाल में उलझ जाती।

कहते हैं कि सुने गए शब्दों की अपेक्षा लिखित शब्दों का प्रभाव और छाप कहीं गहरी और प्रबल होती है। इसी बात को ध्यान में रखते हुए, पुस्तक के प्रस्तुतिकरण व रूपांतरण का निर्वाह किया गया और विषयों को यथायोग्य विस्तार भी दिया गया है।

देवलोक के आख्यानों, पौराणिक गाथाओं, देश-विदेश के मिथकों, अनुष्ठानों, कर्मकांडों, परंपराओं व रीतिरिवाजों की मंत्रमुग्ध और विस्मित कर देने वाली इस अनूठी यात्रा में सहभागी बन कर सभी धारावाहिकों को एक स्थान पर प्रस्तुत करना कुछ ऐसा रहा मानो किसी अनमोल ख़ज़ाने की मंजूषा संजोई जा रही हो। एक ऐसी अमूल्य धरोहर, जिसके लिए भावी पीढ़ियाँ देवदत्त जी के प्रति आभार प्रकट करेंगी। देवलोक सीज़न 3 पर आधारित यह पुस्तक हमारी संस्कृति और सभ्यता की जड़ों का प्रतिनिधित्व करती है। कठिन दार्शनिक विषयों, चिंतन-मनन से जुड़े आख्यानों में छिपे

प्रतीकों व सरल अर्थों को लेखक, सहज, सरल और बोधगम्य शैली में प्रकट करते हैं। वे उन जड़ों को सिंचित कर रहे हैं, जिनके बल पर आज हमारी अखंड संस्कृति रूपी सलिला, सदियाँ बीतने के बावजूद, गर्व से अक्षुण्ण प्रवाहित होती चली जा रही है।

उनके पास ऐसी रोचक व मनोरंजक कथाओं, तथ्यों, प्रसंगों व आख्यानों का भंडार है और वे अपने प्रशंसकों के बीच 'माइथोलॉजी एक्सपर्ट' के रूप में जाने जाते हैं। केवल भारत की ही नहीं, विभिन्न सभ्यताओं की अद्भुत व्याख्याएँ करने में सिद्धहस्त लेखक के पास अपने श्रोताओं, दर्शकों व पाठकों को बाँधे रखने की अद्भुत कला है। पाठकों के लिए यह पुस्तक रोचक, उपयोगी व ज्ञानवर्द्धक सिद्ध हो।

—रचना भोला 'यामिनी'

epic

ऐसी कहानियाँ जो आपने कभी नहीं सुनी होंगी और ऐसे प्रश्न जिनका उत्तर आपको कहीं न मिला हो -

EPIC चैनल पर दिखाए जाने वाले

देवलोक : देवदत्त पट्टनायक के संग में आप यह सब जान पाएँगे! भारतीय मिथक के मनोहर संसार को जानने के लिए इस धारावाहिक की सभी कड़ियाँ देखें।

हिन्दी में देवदत्त पट्टनायक की अन्य क़िताबें